街巷

故事

（一）

◎ 济南市市中区文联/编

图书在版编目（CIP）数据

街巷故事 : 全四册 / 济南市市中区文联编. -- 济南 : 济南出版社, 2021.5

ISBN 978-7-5488-4665-9

Ⅰ.①街… Ⅱ.①济… Ⅲ.①城市道路—介绍—济南 Ⅳ.①K925.21

中国版本图书馆CIP数据核字（2021）第079970号

出 版 人	崔　刚
责任编辑	戴梅海
封面题字	马兴园
装帧设计	戴梅海
出版发行	济南出版社
地　　址	济南市市中区二环南路1号（250002）
发行电话	（0531）86131729　86131746
	82924885　86131701
印　　刷	济南龙玺印刷有限公司
版　　次	2021年5月第1版
印　　次	2021年5月第1次印刷
成品尺寸	170 mm×240 mm　16开
印　　张	60
字　　数	540千
定　　价	399.00元（全四册）

（济南版图书，如有印装质量问题，请与印刷厂联系调换）

《街巷故事》编委会

主编　马兴园

编委　张继平　窦洪涛　傅　悦

　　　张　新　徐　昕　孙明光

　　　朱　梅　杨玲娇　刘丽丽

序言/ 跨越千年　根脉永存

城市因文化而生动。城市的进步，往往就是文化的进步。城市的根在人，城市的魂在人，而城市的人，从小街小巷走向高楼大厦，文明的根却永不消逝。

城市是人的城市，人是城市的主人，城市的活力在于不忘初心，不忘根本。

一部漫长的城市文明史，凝聚了这座城市文化的力量与文明的内涵。而街巷是城市的基本元素，承载着城市最为细腻、广阔而深厚的文化。唤醒逐渐消失的记忆，梳理街巷的历史文脉，存史、资治、育人，承上启下，继往开来。

一座岁月沧桑的老城，密如蛛网的街巷，留下了太多儿时的记忆、年轻时的记忆、一生的记忆，一代又一代的记忆。

一座城市从初建开始，这方水土上的人的根在哪里？可能是在一个故事里，在一个美丽的传说中，也可能是凝聚在一段奇闻轶事里。那些从他乡走进来的人，从这里走出去的人，还有一直住在这里的人，共同创造了这座城市的文明。

文化是民族的精神命脉和创造源泉。

文化是一个国家、一个民族的灵魂。文化自信是更基础、更广泛、更深厚的自信，是一个国家、一个民族发展中更基本、更深沉、更持久的力量。习近平总书记强调："没有高度的文化自信，没有文化的繁荣兴盛，就没有中华民族伟大复兴。"坚定中国特色社会主义道路自信、理论自信、制度自信，更要坚定文化自信。

李克强总理说，只有践行社会主义核心价值观，弘扬中华优秀传统文化，才能产生强大凝聚力和深远影响力。所以，面对城市逐渐消失的历史文化记忆，选择用口述历史的方式，进行记录，来传承城市文化的变迁和宝贵精神财富，使文化遗产得到更好的保护并使之更久远更广泛地传承下去，这是现代人的使命。

美国前总统老布什曾经与夫人在北京的胡同里骑自行车兜风，或许正是靠着细致入微地体验与观察，让他早在20世纪70年代，便"预见了中国的崛起"。这也提示我们，了解中国，既需要看到雄伟的万里长城，也需要深入毛细血管般的"胡同"。中国宏大而复杂，具体又真实，需要细致入微的观察家。

对一座城市而言，读懂一座城市，就要深入毛细血管般的"胡同"，读懂街巷里的前尘往事，让我们记住我们的根，我们城市的发展沿革，还有那些人间烟火里生发的故事。我们要让我们的子孙知道，我们从哪里来，要到哪里去。

一座城市的文化，包含着住在这里的人对这座城市的一种情结，这种聚集成蜘蛛网般的情绪就是乡愁。曾几何时，我们遗忘了一路走来的岁月，乡愁渐行渐远，只能从唐诗宋词里寻觅点点滴滴。更准确地说，乡愁是人对自己生长地方的自然环境、历史文化、风土人情等深沉的情感投入，是一种刻骨的生活记忆，孕育成难忘的故土情结，乡愁是城市文化具有厚重感的重要组成部分。无论你在还是不在，无论你驻足还是远行，无论你从哪里来，也无论你是否从未离开过，这种情结都会环绕着你，把你和这座城市牢牢地连接在一起。

所谓城市文化的厚重感，核心是一个城市的文化遗产和历史记忆。说起英国威尔特郡，人们会想起那里的巨石阵；谈到埃及开罗，我们会提及金字塔；提起古希腊雅典，人们会说到那里的神话故事和对人性自由价值的推崇。一座城市如果能找到自己的历史记忆与文化个性，市民也就能共享这份集体记忆，它便能唤起人们对城市的文化认同。市民的自豪和自信也就成了城市的活力，这种活力随着历史的远去，就是我们的乡愁，我们的根脉。

无论是生命还是心灵，我们每一个人都拥有自己的故乡。城市也好，乡村也罢，故乡不仅仅是我们的生命诞生地，也是我们的精神和灵魂的依附，是印在我们心灵里最柔软的部分。一座城市的人文特色是在长期的历史文化积淀和城市人文精神培育的基础上逐渐形成的。

我们永远不能忘了我们的根，为了让我们走得更远，飞得更高，挖掘街巷故事，可以打通过去和未来的根脉。这本书里呈现了济南市中区十六里河、舜玉、六里山三个街道办事处的街巷故事。

十六里河社区那些村史由来、奇闻轶事、人文景观、村风民俗，习俗、方言、谚语、歇后语、民间歌谣……遍访民间百姓口述历史，丰富、真实、珍贵，我们并为此深入挖掘，在城市的高楼大厦拔地而起的同时，以此留住我们的根，我们的血脉，我们的天，我们的地，我们的祖宗，我们的前生，我们的未来……

居民口述的故事，真实生动地反映了城市百姓的生活：一个人藏在内心深处最难忘的事，一个老物件，一张张泛黄的旧照片，都如实反映出一个家庭，一个家族，甚至一个行业的兴衰变迁，最终承载的正是一座城市的文化记忆。那一个个朴实无华的故事，恰恰反映了那个时代的中国人艰苦创业追寻中国梦的心路历程。

文明、和谐、敬业、诚信、友善……引领这个时代潮流的词语的内涵到底在何处，通过一个个口述故事我们不难找到答案，一部关于城市的文化记忆在口述史中得到传承和发扬。

所有的这些记录都是为了铭记我们从哪里来，也为了使我们走得更远，感知时代发展变迁，每一个讲述者既是见证者也是参与者。

本书多元并收，涵盖内容广泛，体裁也不拘一格。以还原再现鲜活、生动而饱满的地方风情、历史、人文为初衷，将独特的村容、村貌、村志、村史，融合人间烟火气息的故事和传说，记录、留存，不忘历史，不忘祖宗，留住乡愁。仰不愧于天，俯不怍于人。

本书是"街巷故事"系列之一，我们还将陆续出版其他街道办事处的街巷故事，用三到五年时间完成全区所有街道的街巷故事的挖掘、采编等工作。通过"笔底斑驳的记忆和苍茫的留恋，偶然渗出一点诗的消息"的文风，将小巷子里的人物故事以及传说与历史变革娓娓道来，融文化脉络、地域风貌、人文情怀为一体，使得城市发展的轨迹了然于目，让读者跟随作者铺陈的思路前行，穿越千年的乡愁，一种深深的欢欣和愉悦涤荡心头。

最后，本书得以顺利出版，首先感谢宣传部等上级领导的关心和支持，感谢办事处领导们对此事的重视，也感谢窦洪涛先生和他的团队为此付出的艰辛努力。

济南市市中区文联党组书记、主席　马兴园

2019 年 8 月 16 日

目　录

第一编

十六里河街道

石匣村

石匣村的传说

　　这是一个古老而又具有传奇色彩的山村，据史料载，它诞生在明朝洪武二年，即 1369 年。

　　相传自盘古开天地，女娲补天，水系变迁以来，石匣山川已定。其南仰五岳之首泰山灵光，其东沐千佛山佛霞之辉，其西偎道家圣地灵岩寺之魂，其北听华夏母亲黄河之韵。这里春天满坡碧绿花红、百鸟竞喉；夏天满野林木威蕤扶疏，众溪潺流；秋天满山红透金黄铺地，娆妖迷人，冬天，满岗阜陵瑞雪压翠，冰封亘坤，一派瑶池霞蔚，令人神怡的乾坤无处不呈现生、位、仁、财、义的知变，应变和适变的万千缘气。

　　石匣村是块风水宝地，至今保持着原生态的地貌、山貌和人貌。这里自古战乱未及此。但据传，只有在春秋战国时期，鲁成公二年（前 589）齐国攻打鲁国和卫国时，晋国为了抑制齐国势力的发展，在鲁国和卫国的求援下，出师阻遏齐军，先屯兵于石匣山沟，后以奇兵越过靡笄（今千佛山）进入鞌地打败齐军，追至华不注（今华山）围赶三周而胜，这也是历史上有名的"鞌之战"（《左传·成公二年》）。

　　之后，便是解放济南战役。石匣村成了粟裕大军的指挥前沿。所以这里的生态环境从未遭到任何大的破坏，成为人杰地灵的地方，并有"小联合国"之称。在这里居住着全国十一个省市的居民和越南等国家的侨民。

石匣村的古文化始于明代

石匣村从十三世纪四十年代朱元璋派兵在此种谷米以来，一直没有外人进住。直到明洪武二年一户姓王的人家搬来，与明朝种米屯军混杂而居，才算有了村落的主人。南部山脉因朱元璋部队在此安营扎寨种过谷米，所以山中尚有众多历史留下的断垣残壁。其中，屯军的两座较高的山峰称为大寨山和小寨山。峰顶山坡古迹最多，峰竣雄伟，至今比较明显和有记载的残留有着当时驻军做饭用过的大小石锅，插大势的旗杆窝，养殖鱼虾的蛤蟆嘴，捕猎守望育鹰的老鹰窝，以及清代留下的"四山门"和达官显贵驿马用的拴马撅。在石匣村的山峰上，还有明朝遗存的望乡石、仙人躺，在这里屯军士兵虽望不到故乡的亲人，但可以望五岳之首，赏灵岩之光，拜千佛之释，思黄河之恩。

石匣村，在群山环抱之中，流水长年潺潺，泉井旱年不涸，山林自生自长。其山鳞如鲤，光亮诱人；其壑沟腐叶蔽间，野香醇厚；其山坡蔚然深秀，青翠绿碧。春夏秋冬，日出日落，风霜雨雪，这里仍然是他处寻找不到的待开发的原生态处女地。这里虽然古迹众多，多是三千多年前遗留下来，但未经开发，令人遗憾。石匣村虽然终日群泉喷涌，山溪永流，屋绕水而筑，山因树而绿。其石墙石屋，砖垒新房，迎壁门联，古色古香，朴实笃厚的原汁原味，但很少有去问津开发石匣村，的确是一个国人

赖以休养生息的好去处，怪不得这里的村民都健康长寿，名扬泉城。

石匣村是一个宁静而甜蜜的山村，清晨，岚霞映红，紫气缭绕于丛林之间，白天，阳光普照，温暖四季，午后群山雀鸣鸟叫，满坡椒香花郁。就连夜幕降临，石匣村静得狗皆无吠，月静篱影，美妙幽梦。即便山雨到来，风雪飘舞，这里也是会发出天籁般的美妙音韵，山洞也会弹奏出醉人的琴声。这里的确是一个休养生息原生无华的好地方。

北京有位画家，来到这里写生，住了几天，他感慨地叹曰："石匣夜静如水天，泉流似琴弦，林碧若翡翠，山踞像龙蟠；人朴实而老诚，街巷干净而芳香，村路古老而文化，夜宿山村，不闭户则安而睡之。"

朝阳洞：朱元璋梦想开始的地方

朝阳洞，远望去，山有小口，仿佛若有光，初极狭，才通人。洞里有小小流水，深不过脚面，然而源源不竭，蜿蜒流至山下，前行五六分钟，豁然开朗，土地平旷不过十几平方米，屋舍俨然。

石匣村在十三世纪三十年代，还是一个荒山野坡岗阜。相传一个大雨滂沱的秋天，从安徽皇觉寺走来了一个头戴破帽，肩背小包，一手拿木鱼，一手托瓦钵的化缘讨饭的小和尚。他一路乞讨，一路流浪，年复一年，山栖野宿，串村走户，在大雨水涨之时，他从泰山之侧，过灵岩之路，沿五峰山和莲台山坡走进了石匣山谷，在一个暗潮的口小内大的山洞里住了下来，由于洞口较小，内室较大，冬避寒，夏拒炎，早出晚归，也挺自在。这个小和尚就是明太祖朱元璋，他当了明朝皇帝后，将其赐名为"朝阳洞"，当地老百姓也叫它"潜龙洞"。

元顺帝至正四年，濠州一带百姓遭受了严重的灾难，旱灾、蝗灾、瘟疫纷纷而来。朱元璋的家里也遭受了灭顶之灾，他的父亲、母亲、大哥、大哥的儿子在这场灾难中相继去世，大嫂带孩子回了娘家，家里只剩下他和二哥。朱元璋兄弟俩穷得连丧事都办不了，邻居给了他一块地，才把亲人埋葬。

其实下葬了父母仅仅是苦难日子的开启，由于旱灾肆虐，蝗害大作，淮河及其周边地区的人们深陷极度饥荒状态，"里人缺食，草木为粮"。朱元璋兄弟靠着吃草根和树皮果腹度日，这样勉强度过了半年左右，到了后来连草根和树皮都不易找到，眼看就要被活活饿死。生存本能的需要使得小兄弟俩不得不作出抉择：要是留在家里，那就等于坐着等死，与其这样，还不如出去谋个生路，能活一个是一个。朱元璋与二哥抱头痛哭，个个都哭得泪人似的，"兄为我伤，我为兄哭，皇天白日，泣断心肠"。

哭声惊动了邻居汪大娘，汪大娘家也不好过，但比朱家稍稍要好些，听到朱家的哭声，她主动上了门，说出了当年朱五四为小儿子朱元璋生病在皇觉寺许愿的事情。刚说完那事，汪大娘就跟朱元璋讲：既然你的父亲已经在佛爷前面许过了愿，要让你舍身佛门，这可不能失信啊，否则要遭遇不测的。再说，舍身佛门，这是天定的"缘分"啊！当时17岁的少年朱元璋，面对如此的绝境，也没了主意，只好听从汪大娘的话。"那好吧，既然这样，我就去当和尚吧！"再说二哥也觉得汪大娘的话很有道理，当即便同意小弟朱元璋出家出去。

然而，在那时当和尚，也并非剃个头入了寺就得了，假如要进寺庙，你得带上见面礼，才可走进佛门。这个时候的朱元璋连生存都成问题，哪有什么银两来置办什么见面礼？汪大娘看他实在困顿不堪，虽然自己家的日子也不好过，可还是帮他准备了点香烛，并让自家儿子送他去了皇觉寺。

在宗教意识淡化的中国传统社会里，出家修道在世俗人们心目中的地位并不算高，有时还有几分贬义。朱元璋后来发迹当了皇帝，而在中国历史上的帝王中，像朱元璋这样贫贱到了只有当和尚混饭吃的地步，还真是绝无仅有的。为了对这段在普通人看来多少带有缺憾的人生经历有个美满的解释，明朝开始人们就流传着这么个说法：为了报答佛神的大恩大德，少年朱元璋日后必须有舍身佛门的这段经历。一段不愉快的经历甚至可以说是苦难就这样被演绎成如此美丽的命定说了。

进了寺庙，温饱问题是解决了。但乱世中的寺庙也并非想象中的一方净土。小小年纪刚刚踏入社会，朱元璋可不知世事的繁复和社会的深浅，

为此他受足了别人的欺凌。

由于年纪小，又刚刚进入寺庙，庙里打扫佛堂、上香点烛、击鼓打钟、洗衣做饭等各种杂务活都由朱元璋一人来承担。据说当时朱元璋拜的师傅是高彬法师。元朝时期有地位的和尚居然拥有妻室，高彬法师就是这样一个"花和尚"，他的老婆孩子就住在佛堂的边上，所以少年朱元璋除了要干寺院里的活外，还得要上高彬法师家去做家务，甚至给师娘作使唤一天忙到晚，总有干不完的活。不久之后，他发现寺庙这种地方可真不是那么的清净啊！

有一次，正在打扫卫生，突然一个老和尚走了过来，劈头盖脸就是一顿臭骂："你这个懒鬼！"朱元璋可真是丈二和尚摸不着头脑了："师傅，我犯了什么错儿？"老和尚指着大殿上的蜡烛说："你这个懒鬼，也不看着点儿老鼠，它们把大殿上的蜡烛都给偷吃了！"在那灾荒频仍的年代，这老鼠也给饿慌了，居然饥不择食，把寺庙里的蜡烛给吃了；而这老和尚也怪不讲理的，朱元璋一天到晚忙里忙外，再怎么的也不可能一个人看住老鼠啊！因此说，这无论如何也不应怪到朱元璋头上啊！在受了莫名之冤后，朱元璋越想越恼火："老鼠偷吃了蜡烛也怪到我头上，真是太不讲道理了，我也不能一天到晚守候在蜡烛旁等着老鼠出来！"他边扫地边琢磨，突然间被绊了一跤。谁绊他呢？正是佛堂里的伽蓝神。他顿时火冒三丈，抢起手里的扫帚就往伽蓝神身上打，可再怎么打也不解气，据说打了有五十棍后刚好他的一个师兄拿了笔墨，正要去庙宇外给砖头瓦块涂色。朱元璋见状叫住了师兄，把师兄手里的笔墨抢了过来。师兄看到他气呼呼的样子，不知他要干吗，正欲阻拦相问，不曾想到，朱元璋提笔在伽蓝大佛的后背上写下赫然一行大字："发配三千里！"

遁入佛门，虽然受足了别人的欺凌，但温饱还是不成问题的。可是元末天下大乱，灾荒不断，社会上到处都是流浪的、要饭的，人们对寺庙的施舍越来越少，皇觉寺很快就难以为继了。在朱元璋进入皇觉寺后的第50天，老方丈将寺院里所有和尚都召集起来，说："如今天下大乱，到处都是灾荒，本寺院也无法维持了，你们还是各自回家或出去'化缘'吧！"

事已至此，还能说什么呢？朱元璋还没有来得及识读几句佛经就这样被迫"下岗"，离开皇觉寺，开始了四处"化缘"生涯。

于是，朱元璋一路化缘讨饭到了现在的石匣村朝阳洞。

现在此洞仍深藏石匣村的山脉之中，灵秀气清，整年紫气缭绕，光晕罩顶，在碧绿相拥的山川里，泉涌溪流，确是一块风水宝地，并在一侧如圆宝的山势间不知哪个年代建盖了一座泰山奶奶庙，至今香火不断，人仰众多。一天，讨饭化缘归来的朱元璋，翻泰岱，绕灵岩，从九如山之麓又来到了龙盘虎踞的"朝阳洞"。他在洞中，躺在潮乎乎的草床上，泪流满面，不免回想起自他元天历元年（1328）九月十八日出生以来，贫困潦倒，吃尽了人间苦，饱尝了仰食他人、朝不及夕的讨饭生活，备尝了人生的艰辛，亲眼看见了农民的痛苦生涯，感到天下何有公平，但他咬牙坚持，感到自己一定能见到天日，石匣山脉定会让他呈龙翱翔。从此，他在这里磨炼自己，坚定了他的造反信念和不屈性格，为自己的事业打造了成功的思想基础，同时，在这里也结识了众多智谋之士和患难好汉。从此，他暗下决心，一旦翻身，定要网尽天下英才，得到华夏穷人之心，当一个平民皇帝。

在一个夏雨初霁的早晨的一天，李善长路过石匣山川，见到山有霞光，洞有紫气，长久不去，知有新君在此。于是李善长觅光而去，攀山而上，见到朱元璋正在洞中昏睡不起，且有霓光相伴随，叹曰："此人不创帝业，有违天意。"于是，李善长待其醒来便深情地说，天将降大任于你也，从现在开始，你要蓄存智慧，谋划将来，谋定后动，多思厚得，待到有势力以后也不要张扬要韬光隐才，"高筑墙，广积粮，缓称王"，待机创建皇天大业。并又向其推荐了徐达等一些英雄好汉，并结为兄弟。可以说，石匣山峦是朱元璋明天理知地情的最早地方。

朱元璋——石匣小米的第一个食客

朱元璋又名兴宗，幼名重八，字国瑞，在家排行为四。

在讨饭途中，他先行合肥，又走固始、信阳，再往汝州、陈州、鹿邑、亳州，后到颍州，先后走遍了淮西、豫南一带的名山大川，名都大邑，然后越泰岱、过济州，来到了石匣这个龙盘凤落的山林。使他熟悉了各地的风土人情、山川地理，为他以后的造反起义指挥战争积累了丰富的知识和经验。

有一次，由于天灾人祸，疾病缠身，朱元璋连续几天没有出洞半步，他饥饿难忍，艰难地爬出山洞，看到洞外虽是小雨凄漓，凉风嗖抖，但仍有百鸟争喉，绿树似龙盘绕，顿时全身轻松，精神倍增，猛地跃起。此刻，突然有数穗谷子落在了他的面前。金灿灿，黄澄澄，朱元璋急忙抓起，用粗糙无力的手，搓揉了几下，稍去糠壳，便放进了嘴里，喝了几口清澈晶莹的山川泉水，顿觉美滋滋的，精神为之一振，病也好了大半。

此刻，天晴朗，日光明，他伸了伸久未直起的腰，练了几下拳脚，对山高呼："天不灭朱，必将降大任于余也"，顷刻间，四壁群山呼应，震耳欲聋。在洞前，他撮土为香，跪拜苍山，跪拜金谷，遥拜祝福远方的亲人，盼望一个新的明天。

就在朱元璋跪拜苍山之时，突然云聚，雷震山谷，群山振动。而后，天空朗明，满天霞光普照石匣群山。雷震后，河道泉水奔流，潺潺不断，至今尚有五泉留存。流到山底石匣村，潜于地，为暗流，成为"潜龙在田"的民间注解之一。

从此，朱元璋在山谷里以谷米为食，诵经结友，进出石匣群山再也无饥饿之忧。1368 洪武元年，朱元璋在设宴群臣之时，想起了在石匣村讨饭之时吃过的谷米。

穷思富贵富想甜。朱元璋望着满桌的佳肴美馔，早已是吃腻吃烦。他想起了石匣的山清水秀，忆起了这里的谷米曾救过他的命，让他坐上龙椅，享尽天下的美色佳酿。

在他称帝的第二年，朱元璋借东拜泰山之时，率领群臣百官、禁军众将来到了故地石匣山谷。可是当他来到这里以后，并未见到满地的金黄，只有零星几棵谷穗在风中摇摆。于是，他下令用这几棵谷穗为种，拓荒耕种，屯田种谷，以供皇室之用。从此，这里便有了人烟，有了村落，有了鸡鸣犬吠，成了一个进出只有一条山曲路的山庄。

据石匣村志记载，这里真正有百姓搬来居住，正是在明朝洪武二年的深冬，一个王氏家族，所以目前石匣村王姓居多。

四神相应石匣村

石匣村在清代以前是没有这个名字的。这里只是一个龙盘凤翔的群山环抱的风水宝地，是"四神相应"的土地。四神实际上是指东西南北四个方位。（附：石匣村卫星拍摄实图）。像这种具有四神相应的土地，也可以说是受四神保护的土地，这四种神的含义是：东方为青龙、水流；南方为朱雀、充满阳气的旷野；西方为白虎、交通之衔；北方为玄武，山的守护。

所谓东方有青龙的水流，是指清流，即清澈的流水，而非死水，是一种含有大量氧气和矿物质的活水流动。水若不动，便成腐水，浑水。而石匣村的东山之下，有五泉相连，有名的济南七十二泉之一的鹿泉恰是五泉之首，水沿村中西流，清澈如无。青龙在东，代表着春的欣荣和发生。

光的旷野，所谓南方有朱雀，是充满阳光的旷野，因其向阳，是阳光飞来的方位，是希望的田野。

石匣村风水之好，从堪舆学的角度来看，完全溶于东西南北"四神"

方位之中，对此又配以青（东）红（南）白（西）黑（北）颜色来说明，并想象比拟成龙（东）鸟（南）虎（西）玄武（北）四种动物。"易学"称为"四象"，著名的天文学家张衡在其《灵宪》一书中对"四象"进行了富有诗意形象的解释："苍龙连蜷于左，白虎猛踞于右，朱雀奋翼于前，灵兽圈首于后"。《礼记·典礼》记载："行，前朱雀而后玄武；左青龙而右白虎。"《三辅黄图·汉宫》说："苍龙，白虎，朱雀，玄武，天之四灵，以正四方，王者制宫阙殿阁取法焉。"

所谓的堪舆学（即风水学），是集地理学、生态学、景观学、建筑学、伦理学、心理学、阴阳学和美学等于一体的综合性、系统性很强的古代建筑、生存、居住的规划设计理论。它在堪天道、舆地道的过程中，牵涉到像天文、地理、易经、八卦、天干、地支、诗经、书经、洛书、河图等。所以说，真正领略到中国风水学的真谛是不易的，谬而言之，会贻误千秋大业。"法无优劣，悟为高"，功道如此，堪舆亦然；堪舆又是一种认识上的系统工程，其效应非一朝一夕所能验证，往往牵连到子孙后代，千年万年。

石匣村可谓正是一个人生地理学和人文地理学的理想善地，是人与自然统一性得到完美结合的"天人合一"的胜地，同时又是行为地理学和环境心理学的最佳选择的图腾取像。所以在这里，几百年来，居民岁高人康，既寿而昌，山体未被破坏，植被覆盖率为80%以上是天然氧吧。

从现在的石匣村的卫星实图不难看出其风水风景。东山苍松翠柏，形势高远，脉理隐延，净水环合；南山翘首明亮，苍郁雄现，祥云光碧，形神厚重；西山低稳虎踞，金黄炫目，形势其辅，蜿蜒欲出，秀水绕涧；北方蟠旋，回首低尾，蹲踞而蓄，似龙屯象住。环顾石匣环周山脉，又似四龙共舞，众龙闹春，收财吸珠。

山下有速生的白杨林，山上有长青茂盛的松柏树，之间有平坦的梯田地，五谷杂粮是这里的主要农产品。同时，在山石缝中还有新引进的翠枣树，山枣林和金银花丛……

清代李渔说，在这样的环境中生长出的五谷果蔬之美者，曰清、曰洁、曰芳馥、曰松脆而已矣。不知其美所在，能居肉食之上者，只有一字鲜。"鲜即甘之所从出也。此种供养，惟山僧野老躬治园圃者，得以有之，城市之人，向卖菜佣求活者，不得与焉"。

石匣村的五谷应是华夏之最，纯天然而无任何人工雕琢加工，接天雨，吸地气，补腐叶，吮山泉。

在石匣村还有一条二百五十多年前的近一公里长的石板山路，民间传说是乾隆四下江南时，欲来察看石匣谷地，当地巡抚听说后驱民而修的。修好后乾隆并未到此。

石匣村，呈东西较狭长布局，玉符河支流像玉带一样围在村庄的袍衣之间。全村近千人，可耕地八百多亩，总面积约七平方公里。

后宫御米：只有青山干死竹，未见地里旱死谷

石匣村，地脊土薄，靠天吃饭，谷子产量很低，除缴纳皇宫用米之外，很少有人可以享受到石匣米的美醇风味。于是乎这里的谷米便成了闻名皇宫内外的珍米，皇粮。

明末清初文学家李渔知米之珍贵后，撰文曰："食之养人，全赖五谷。使天止生五谷而不产他物，则人身之肥而寿也，较此必有过焉，保无疾病相煎，寿夭不齐之患矣。"（李渔《闲情偶记》）

如果常食米谷之粥，必身健焉。以米为粥饭，"为家常日用之需"，"粥米既熟，水米成交"，"使之有香而已矣"。石匣之谷米，正是做粥饭之佳料也。

《本草纲目》曰，小米"治反胃热痢，粥食，益丹田，补虚损，开肠胃"，

又曰，小米以粒大、饱满为佳，"专入肾，兼入脾胃"；《本草撮要》曰：小米"入手足太阳，少阴经"；《滇南本草》曰，小米"主滋阴，养肾气，健脾胃，暖中"，特别对女性和孕妇有保证生长和生殖力正常的强力作用。

谷米是一种神粮，又叫龙米，其抗旱、抗贫瘠的能力超群，所以有农谚说："只有青山干死竹，未见地里旱死谷。"正因为此，小米营养丰富，味甘咸，性属凉，含有高脂肪、钙、钾、纤维素、胡萝卜素和大量的维生素 A、D、C 及 B_1、B_{12} 等等。

在中华大地上，小米无处不有，但比较出名的有陕北的米脂米、山西的定寨黄小米，山东章丘的龙山小米，山东金乡的金米和河北的桃花米等。它们其中有许多是作为贡米而盛名于世的。

据明朝洪武年间的杂史记载，皇宫中皇帝和后宫所吃小米皆为石匣村所产。因怕世人知道而哄抢，所以，皇宫下旨秘密种植，禁军守护。所以，石匣小米便传民间较少，小米运出也只有狭路一条。其他的贡米则赏给宫中达官贵人、勇将勋臣们食用。

而石匣之米，金而灿，黄而油，粒大而实，其味香而甘，醇而柔，厚而和，成粥之后而软绵醇香，风味宜人。

石匣村优质小米源自特殊地理环境和气候。石匣村薄但不脊，黑色的土壤是山上植被枯枝败叶常年腐败后形成的结构松软的团粒结构。颗粒间空隙大，易吸水、透气，禾长所需要的水分完全来自天降或山泉，无任何污染。东西起向的山脉避免了狂风急雨的伤损，温暖湿润。这些独特的自然环境条件是石匣小米不同于其他地方小米，又优于其他小米的难以复制的条件。

清朝以前，皇宫称石匣小米为珍米、奇谷。民间则称之为皇粮，后宫御米和石匣金粮。为什么叫"后宫御米"？据传康熙皇帝微服私访江南时，路过泰山忽然想起明史记载，历代明朝皇帝皆吃石匣金米之事，于是就转至石匣，吃了米粥后，他顿感神清气爽。回宫后，经御医诊之，此米有壮阳滋阴之神功，有育儿康妃之功效，所以，就把这里的米御封为后宫之珍，并在太子殿题书"后宫御米"。

此后，这里的小米年年由石匣装运到京，所以这时的小米又叫石匣米，石匣村之名也由此开始。至今在北京故宫院角仍有石匣残存，据猜测这应是石匣村的山石所造。"后宫御米" 之说，常见于杂史。真正记于史籍的石匣小米的故事，是在康熙二十八年正月初二，康熙皇帝决定第二次南巡。谕称：黄、运二河，至关民生。朕再次南巡，躬历河道，兼御览民情，考察吏治。沿途供应，均不准取自民间！另外简化仪卫，不设卤薄，扈从者仅可三百余人。凡经过地方，百姓各安其业，严禁地方官及扈从人员借机滋扰。二十八年春，京畿东风送暖，康熙起驾南巡，只带长子允礽伴行，后宫皇妃选了十八岁的密妃，王氏随扈伴驾。沿途耕播正盛，百花争艳，纸鸢翔空，鸟雀婉鸣，一派盛世。此刻，康熙想起了明代宫用石匣小米，决定掌犁亲耕播种，以敬春米之神。

正月十四日下午，康熙皇帝一行从陆路入山东，至济南，当即召见山东巡抚钱珏，问及连年收成情况，并提及石匣小米。此年山东大旱，民不聊生，从康熙二十九年开始，免去山东地丁正赋，并增石匣米谷种植投入。当晚钱珏献石匣米粥，以佐晚膳。密妃喝后，叫口不绝，康熙膳后龙颜大开，连称："好味道，好味道啊！"第二天，钱珏陪驾康熙骑马进石匣村，亲扶犁耕耘。石匣小米又成了清宫珍米，再朝名扬，实属机缘。

那天夜里密妃突然腹疼难忍，凉汗湿衣，哭喊不止。御医诊脉，说已孕三个多月的密妃因长途行路动了胎气。随身御药不能止痛，御医只好先以石匣小米粥汤以暖止痛。结果碗粥未尽，腹痛皆消。御医诊脉正常。康熙知之，龙颜尽开，大叫"神米"。

康熙二十八年八月二十六日卯时，密妃在紫禁城内生下了皇十五子胤禑。康熙遂令人取石匣小米作为密妃月饭。因为石匣小米，是皇家内室专用，谷米再好，乡间山里知其名者甚少，外人不传。后又有乾隆皇帝驾临，为使谷米长得好，长得壮，亲驾掘井浇谷。至今石匣村无处不泉，目前除济南七十二泉之一的鹿泉之外，还有名泉九处之多，最晚的一泉，据重修泉旁石刻记载也是建成于大清光绪十二年四月十二日。

至于用石匣村的小米做粥，李渔也说，"粥饭二物，为家常日用之需，其中机彀，无人不晓"，但用石匣的"后宫御米"做粥饭就大有学问了，"挹水无度，增减不常之为害也"，粥水忌增，饭水忌减。米用几何，则水用几何，宜有一定之度数。用医用药，水一盏或盏半，煎之七分或八分，皆有定数。"粥之既熟，水米成交，犹米之酿而为酒矣。"看来石匣村的小米被封为"后宫御米"，但在做饭上仍有特烧技艺。现在许多人说，金乡之贡米，龙山之小米，皆不亚于石匣之米，原因就是石匣村之米在做法上要有特殊要求，所以皇宫御厨的石匣小米粥的烧艺就被李渔窃学而着文记了下来。

鹿泉：满坡松林烟雨深，无朝无暮有鹿吟

满坡松林烟雨深，

无朝无暮有鹿吟。

静听山泉曲中意，

好是佛颂天籁音。

大寨山主峰崮头下有一眼清泉，人称鹿鸣泉，又叫鹿泉，是济南七十二名泉之一。（见济南名泉录）泉水自岩洞流出，常年不涸，清冽甘美，据《济南府志》载：鹿泉在"石崮寨"后。因泉水流淌之声清似"鹿呦呦"，故名"鹿泉"。有诗赞曰："泉声清似鹿呦呦，逝者如斯日夜流；灵囿料应非宿昔，蘼芜杜若满沧州。"

乡民们奉泉水若圣水，称"饮之可祛病除疾"。其因山中不乏奇花异草，本草种类举不胜举，山中的矿物质、微量元素浸在水中，可谓：山石岩下白水泉，不是圣水胜圣水。洞前还有"碧霞祠"，供奉碧霞元君，香火旺盛，善男信女络绎不绝。

几日前去探访"鹿泉"，来到石匣村，沿着上山的水泥路一直来到山顶上。山路比较陡，拐弯比较多。到了山顶便看到一个新修的牌坊，过牌坊可以看到一个新修不久的道观，道观坐南向北，道观左侧有个亭子，亭子下面便是鹿泉，亭子右侧有一石碑上刻"白龙泉"，石碑上刻着："鹿泉，位于十六里河街道办事处石匣村南，石崮寨山北侧崮头下。金《名泉碑》有载。传说泉内有一条白龙驾云而去，将片片鳞甲留在泉中，在阳光照耀

下争光闪烁，故又名'白龙泉'。该泉水质清冽甘美，乡人奉若'圣水'。泉旁有村民自建碧霞祠。2013年8月市名泉办出资，由市中区园林局维修整治泉池，提升周边环境。"

亭子里面有个石井，上面盖着一个石板，井的对面有一玻璃门，打开玻璃门，里面是一个取水池。亭子右上方有个龙王庙。沿着台阶来到观内，大殿上供奉着泰山奶奶、送子奶奶、眼光奶奶。观里住着几个道士。

山石岩下白水泉，不是圣水胜圣水

> 奶奶庙空山里，
> 秋风落日烟斜。
> 云雾紫气东来，
> 灵子求神道家。

鹿鸣泉，又名鹿泉，济南72名泉之一，（见济南名泉录）又据《历城县志》载，济南72名泉之一的鹿泉在突泉西北石崮寨北，石崮寨就是现在的大寨山，大寨山北的村庄有石匣、瓦峪、石崮三个自然村，石匣村离大寨山最近，其中瓦峪、石崮村自古干旱缺水，瓦峪村唯一的一口泉水井是新中国成立前开凿的，其凿井时间，过程尚存，（村中水井边的石碑记载为证）石崮村至今无人工开凿的泉水井。而石匣村自东到西就有人工开凿的水井6眼，其中的5眼至今可用，在当地村民称之为二井的石壁上"大清光绪十二年四月十二日重修"的石刻至今依稀可辨。

特殊的地理位置造就了特殊的地貌，由于地壳褶皱起伏，在石匣村东地表面，能储存水的页岩露出地面。那么在此形成山泉就不足为奇了。早些时候，此地是济南商埠通向泰安、莱芜的便捷通道，直到新中国成立前还有不少客商路人沿此路往返，村中也因此有适合行人打尖、住宿、吃饭的饭铺、旅店、酒店等。或许爱游山玩水，探幽寻泉的元好问偶尔路过此地，见路边群泉涌流，驻马休息，痛饮清澈甘甜的泉水，打道回府之后，将此命名为鹿泉，并将列为 72 名泉之一。

据石匣村村民王福同老先生讲，鹿泉早年是一眼并不起眼的储水池，就位于他家田间。适逢多雨季节，鹿泉之水就会灌入他家的田地，省去了许多浇水的麻烦。因地在山中，回家不便，为了躲避风雨雷电，王老先生的父亲就在鹿泉边修了一间小石屋。

石匣村有一对兄弟，哥哥叫吴延泉、弟弟叫吴延良。兄弟俩日子过得异常艰难，哥哥勉强娶了媳妇，弟弟一直打着"光棍"。一日，吴延良生病无人照顾，夜里做了一个奇怪的梦。梦里出现了一位慈祥的老奶奶，叮嘱他到山上喝一碗鹿泉的水，过几日病便会好。吴延良醒来后，总觉得只是一个梦不可信以为真，然而一股神奇的力量却驱使着他一试究竟。神奇的是，他喝下泉水后，病情果然好转，没几日身体便痊愈，且较之以前更加健硕。

从那以后，鹿泉水能治病的消息传遍了整个村子，慢慢地被乡亲们奉为圣水。王福同老先生的父亲在村里十分有威望，村里的红白事宜几乎都由他来管理。村里出了一件奇事，又是在自家的地头，为了纪念吴延良梦里的那位老奶奶，为了给全村老百姓带来更多的福祉。福同老人的父亲就和侄子，

还有一位村民在原来那间小石屋后面又盖了一间大石屋，那一年福同老人 8 岁（王福同老人 1940 年生人），而这一间大石屋就是奶奶庙最早的地址。

在石匣村，有一位老中医，名叫王俊庭，今年 65 岁。老先生介绍大寨山奇花异草众多，本草种类举不胜举，他常采的中草药就有一百多种，比如柴胡、枣仁、柏子、地榆等等。鹿泉泉水治病的功效极有可能是因为山中中草药丰富的缘故，加之山中的矿物质、微量元素随之渗入水中，泉水治病的传闻也并非没有依据。因此，乡亲们常说："山石岩下白水泉，不是圣水胜圣水。"

鹿泉泉水水量虽然不大，但常年不干涸，水质清冽、甘甜、附近村民登山劳作在此小憩，以泉水解渴，泉水凉爽，透彻心脾，劳作之疲顿消，即使在严寒的冬季，水不结冰，饮此水保证不会拉肚子。"山不在高，有仙则灵"。老奶奶保佑附近村民平安，有求必应，庙前的泉水能医百病。站在奶奶庙前仰望大寨山主峰，周围松柏成荫，山风送来阵阵凉意，饮清凉的山泉水，听阵阵松涛声，你便进入了仙境。

老鹰窝：松间石突兀，松云鹰独孤

> 松间石突兀，
> 松云鹰独孤。
> 嘴衔石匣岭，
> 翅展风正浮。

大寨山主峰北侧是陡峭直立的悬崖，悬崖上面、下面都是茂密的松柏远望就像是在茂密的松林间突兀而起的耸入云端的石壁，这些石壁直立光滑，无人可登，自然就成了鸟儿们的乐园。在石壁的正北面有块向外凸起的巨石，形状像苍鹰，故名鹰嘴石。鹰嘴石下凹处的洞穴就是老鹰窝了，常见苍鹰站在鹰嘴石上小憩，守望着它那无人可冒犯的家园。站在峰下空旷的地上，仰望蓝天白云下苍鹰盘旋于悬崖之间，充满了诗情画意。到深秋雨过天晴，站在鹰嘴石下，白天你或许能见到星星在闪烁。

三股水与簸箩泉：清泉石上流

雨时夏正凉，
趵突石匣藏。
簸箩泉水涌，
饮之躯体健。

石匣村人少地少，山岭面积大，植被保护完好，村东村南两大山川在村东汇聚。每到夏秋季节，当广阔的山地、植被吸饱了大量的雨水后，其余的水分便顺着山势缓缓下流，形成山泉从村东、村南涌出。三股水、簸箩泉便是这样的泉群，大雨过后，群泉喷涌顺流而下在村东汇合，形成巨大的洪流，沿村中的泄洪沟流入玉符河。群泉喷涌时，处处可见溪流瀑布，诗人笔下的"清泉石上流"的美景随处可见，大量的泉水从地下流向济南群泉，跃出地面，形成泉城群泉喷涌的美丽景观。

假设将夏秋雨季的大量山洪进行拦截，构建多道梯级拦水坝，让流水慢慢通过地下的渗漏流向济南，必将会为济南节水保泉提供更加有效的保障。

一柱擎天拴马橛

一柱擎天拴马橛，
千辉落坡画地蛇。
云气生烟等虚笔，
秋风夕日山峰斜。

大寨山主峰正西 10 米处有一直径约十几米，高约 30 米的巨大石柱。传说古时候玉皇大帝路过此地，在此休息，可坐骑没地方栓，恰在此时，原本平整的地上冒出一高大的石柱，玉皇大帝顺手把御马拴在上面，拴马橛以此而得名。拴马橛四周是垂直石壁，顶部是平整光滑的石梁，可十几人围坐。在高高的山梁上，直直地矗立着这样一个巨大的石柱，四周全无依托，让人不禁惊叹大自然的鬼斧神工。大寨山主峰与拴马橛之间是狭窄的缝隙，即便是炎热的夏季，也会有阵阵清新凉爽的山风。

大寨轿崮

在大寨山之巅，有一崮石，远眺似旧时的八抬大轿。据说轿崮的形成是太上老君下凡视看石匣米谷，借以访探人间苦情，被一群孩童相戏和被老妪辱骂后，匆匆离开，把轿子遗留在山顶，变之而成。当然，关于轿崮的故事还有许多，像太白金星下凡探访、老妇买油、四海龙王兴师石匣、石狮眼红涨水、碧霞神施、王母坐轿石匣探女等，这些传说，让石匣大寨轿崮，远近皆知。

石匣山村记

石匣山村，位于泉城南二十余里，群山环抱，蔚然深秀。玉符河支流从村中流过，清澈见底，粼粼碧波，时而有鱼虾游过。两岸民居层层叠叠，沿河依山，嶙峋栉比，古朴大方。虽有几家红瓦新式小楼，但在翠深碧浅中，犹似几枝红杏出墙，映面桃花，艳秾妖娆，在清泉石流，潺潺淙淙的山溪中，鉴中倩影醉人。山村无处不是泉涌流浅，其中有五大泉水澄明于村东与村南，历史悠久，文化蕴厚，最晚一泉也建于清光绪十二年四月十二日（据泉边碑文记）。济南七十二名泉之一的"鹿泉"就坐落在南山坡"泰山奶奶庙"之侧，泉涌时每每有鹿鸣之声，所以当地人又称之为"鹿鸣泉"。

环石匣皆山也，沿石铺山路，可以爬至环山极顶，其中以南面的大寨和小寨两座山峰最高，沿路有明朝洪武年间以后留下的古迹无数。旗杆窝、拴马橛，让人们领略到了古战场叱咤风云的军事文化；老鹰窝、蛤蟆嘴，刻下了先辈种养繁荣的和谐烙印；朝阳洞、奶奶庙，让人想起了古人创造的众多神话故事，鸽鹁峪、东大顶留下了古老文化的印迹……他们皆在苍松翠柏、枣林核椿之间，可以说是"层峦耸翠，上出重霄，飞阁流丹，下临无地"。清晨，登峰而望，"聊暇日以销忧"。傍晚，夕辉浴颠，暮烟锁林，落霞映溪，牛归牧唱，响穷山谷岗壑。鸟鸣禽叫，留游人忘归。待夜幕降临，村野寂静，只有虫喉似琴，溪唱如弦的天籁般的原声空宇。登临山巅，南可读泰岱雄风，华夏沧桑；西可贮灵岩净气、黄河神韵；北可赏趵突泉涛、华山古姿；东可浴千佛霓虹，燕山紫气。可谓石匣山村风光，正是王勃在《滕王阁序》中所赞的"四美俱"境界，即良辰、美景、赏心、乐事。

阴阳变化，气象万千，四季景观，令游人忘返。春天，酥雨过后，天蓝得透亮，时而有几片白云飘过；水静得出奇，嫩得碧淡翠透，时而云雀歌喉。玉符河支流从深山的扶疏中簌波而来。桃花笑红了脸，梨花乐白了天，无处不浓淡适宜，疏密有致，妖媚得像初熟的少女。燕剪东风，鸢翔蓝天，满地遍野诗情画意、梦和希望。石匣山村的春天是田园诗中最美的段落。

如果说，石匣山村的春天，像一篇巨制的骈俪文，而它的夏天更像一首绝句。有优美的音色、俊朗的节奏、生命的情调。石匣山村的夏天是一个绿的拥挤的世界。它绿得让人心醉、让人心静、让人心甜。走进山岭，尽染碧绿的山林，层层叠叠、秾秾艳艳，连从远方吹来的风都永远是凉爽的。

秋天的石匣山村，天蓝得出奇的透亮，水净得出奇的透碧，满山深绿出浅黄，红枫黄柿，色彩各异，芦花飞雪。傍晚夕阳时，烟锁山村，淡淡的岚霞，仿佛是灰色的透明的轻绡，也仿佛是古筝琴弦上袅袅的音符，笼罩在旖旎参差的山村之上，若游若定，似飞似荡，透映着石匣山村的静谧、幽远、和谐，彰显了蕴含与深藏的许多没有被人所发现和所理解的丰富文化内涵与生命哲理。

石匣山村的冬色亦令人神往。山村的冬是寒冷的，风是凛冽的，有时寒风挟雪从山谷深处吹来，真有姚鼐在登泰山时所说的"大风扬积雪击面"的一番风味。虽然旷野皆素，山涧无息，峰峦尽白，罩住了山林，盖住了屋舍，但可以欣赏到"千树万树梨花开"的美景，领略到踏雪寻梅、独钓寒江的诗情画意。

石匣山村天天美、时时美，皆赖于这里的自然风光，风水宝地，村民见机知命，穷且益坚，不坠青云之志，奋起改革，追富乾坤。

游石匣山村年余，回味绕扉，终写心得以记之，以留后人以鉴之。

大寨山色何所似，石黛碧玉岚晓依

大寨山色何所似，

石黛碧玉岚晓依。

正怜日破霞光出，

更复春从阜陵来。

石匣村南的大寨山以"险、奇、秀、幽"著称。漫山遍野的松柏装点着高高的山峰，如仙境般。抬头仰望巨岩嵯峨，险要峻峭。其主峰四面都是直立陡峭的悬崖，顶部呈锥形，酷似古代女人出嫁时乘坐的轿子，故又名轿子山。欲登峰顶，只能从东西南北四面石梁缝隙中攀缘而上，"西门缓、东门险、南北门上山的是神仙"。最顶端有约十几平方米的平整石梁。石梁上有古代农民起义军黄巢安营扎寨号令起义军留下的旗杆窝，旗杆窝西边不远处有巧夺天工的大石锅、小石锅等古迹，大小锅内壁光滑平整，酷似以前农家烧水做饭的大铁锅，传说是王母娘娘为玉鸟准备的饮水池。春天，登上大寨山主峰站在平整石梁的峰顶，四周是起伏蜿蜒伸向远方的群山。南眺五岳之尊的泰山主峰依稀可辨，鸟瞰卧虎山水库的一泓清水如镜，截断三川四峪流水的大坝犹如巨龙横亘山涧。再向西看，远处的黄河宛如黄色的巨龙从天而来流向东方，脚下的玉符河伸向济南市区。

大寨山春晓：远看青青近却无

大自然是生命的原始空间，山水风光是人类精神回归的大地：深情的视野、和谐的灵气与美好的环境相伴，是我们追求的目标……

如果你去石匣村的大寨山，就会感到这里的丰秾氛围。去年，北京美协的一位画家走进石匣村爬上大寨山顶，当微风轻轻地吹乱他灰白的头发后，他说，这里的风都是舒畅的、热情的、留恋的。为此，他挥毫画了一幅"大寨山春晓"图，淋漓酣畅，清俊隽朗。

大寨山的春天，特别是初春的早晨，风光美不胜收。其雄阔、其幽旷、其险奇，可谓佳矣！山岚雾气，把山川沟壑紧紧拥抱，锁绕着青松翠柏、杨丛柳林，蒙蒙地把温灰色的天空拉得近近的、暖暖的，让远山隐隐可见，真有"远看青青近却无"的初春意境。每当太阳初升，霞光拂蔚，让人心旷神怡。有时山行，往往在不经意之中，不自觉地让溪水潺淙之声把你引行到两岸的新绿之上。虽然淡淡的绿中带些微黄，但水中的倒影却把它染成在深绿中还带点微微白的色彩。山顶俯瞰，水流静静的，清澈见底，紧紧地衔着桥、衔着林、衔着山和衔着村巷民宅，虽无"鱼翔浅底，鹰击长空"的静动之感和"气蒸云梦泽，波撼岳阳楼"之势，但在小桥流水之滨、曲径山林之中，修篁古柏之下，都有水中天、天中水，水天一色绿和山水相依参差有序的跌宕气魄，令人神往。

特别是在大寨山顶晓望日出，更是令人神荡魂倒，在丰富多彩，气象万千的自然景色中，没有比日出更雄伟壮观的了。如果就欣赏自然界的景观日出，应首推五岳之首泰山。因为在泰山观日出，更令人有地动山摇和崇高伟大之美的感觉。而在大寨山顶观日出，虽没有从东海波涛中跃出扶摇而上之感动，但大寨山的日出时太阳是从林丛中慢慢爬出来，带着红光，动摇承之，像林中燃起的篝火影映着群山之变，绛浩驳色，万生而皆若偻，正像俄罗斯伟大作家屠格涅夫精辟的描述一样，"朝阳初生时，并未卷起一片火云，它的四周是一片浅玫瑰色的晨曦。太阳并不厉害，不像令人窒息的干旱日子里那么炽热，也不是在暴风雨之前的那种暗紫色，却带着一种明亮而柔和的光芒，从一片狭长的云层后面隐隐地浮现起来，露了露面，然后又躲进它周围淡淡的紫雾里去了。在舒展的云层的最高处的两边闪烁得如一条条发光的小蛇，亮得像擦得耀眼的银器。那跳跃的光柱又向前移动了，带着一种肃穆的欢悦，向上飞似的拥出了一轮朝阳"。

初春的早晨，从日出到日升，石匣村的万物都渐渐地有了生气，涧水也活跃了起来，在紧锁春日的山沟里，转弯抹角地流淌着，带着道道白雪堆起的浪花，不时地发出哗哗、淙淙、潺潺、铮铮、汩汩的不同音响，像是一曲翠微天籁的合奏曲，娓娓动听。温柔的暖风吹拂着沙沙作响的树枝嫩叶，连同清澈溪水和着婉转的鸟鸣，这是大寨山为石匣村的发展奏响的一首大自然美的音乐。

春，在石匣村的大寨山，时时刻刻都在澎湃着无穷力量。你看，绿叶在春的溟濛的雾岚中茁壮扶疏，涧水在春的料峭的寒冷中流淌。小白杨高高地站在玉符河的两岸，在还没脱去灰褐色冬装的松柏簇拥下，显得亭亭玉立。春的嫩芽在树林的躯干上一日一日地喷长，往往在人们的思绪还在思考岭南之春"竹笋时长尺"的瞬间，回眸玉符河两岸和大寨山上下的黄芽已变成饱满成荫的绿叶翩翩了。

我惊讶石匣村大寨山的魔力和鬼斧神工，让大寨山的春如此不停快的改变、活跃。

大寨山春晓，光彩照人，让人流连忘返。大寨山是一个美的地方，它的水，一头连着全山几十个名泉，一头连着趵突泉涌水，给大明湖增添粼粼光波影。大寨山从明代洪武年间成名，至今经过几个朝代的修改建设，虽古迹众多，但待完全恢复，石匣村的大寨山才一定会给人民一个硕大而丰收的金秋。

石匣村，美丽的大寨山，美丽的大寨山春晓风光。

小寨山中夕照明，大寨坡下雾锁门

> 小寨山中夕照明，
> 大寨坡下雾锁门。
> 明朝皇帝归马逸，
> 小寨晚晖石匣存。

在大寨山主峰的西侧 500 米处，就是小寨山主峰了，与大寨山主峰相同的是主峰四周是悬崖峭壁，通向峰顶只有一条东面的小路，山上苍松翠柏，山西、山南是市中区农业观光园，峰顶北侧不知何时留下的断壁残垣依稀尚存，当西斜的太阳余晖照在峰顶，整个小寨山便被涂上了金色，翠绿松柏西面便金黄，依稀残存的古建筑遗迹更是神秘莫测，不由使人产生无限的遐想。

小寨山夕照，碧潭云影透青纱

小寨山头坐落花，
晚晖石匣为自家。
静听谷鸟迁乔木，
悠闲林峰争夕霞。
翠壁泉声穿石过，
碧潭云影透青纱。
满岭尽是夕照明，
游人到此觉天涯。

这是我一个在初夏的傍晚闲游石匣村小寨山看夕照落晖时得句记之。虽有些像顺口溜，但却反映了我内心对小寨山夕照之美的实践感受和赞誉。

在石匣村，最美，美不过小寨山的夕照风光。其实，我见到的小寨山之夕照，是在一个夏天的周末。石匣小寨山是个美丽动人的地方，在这里不但可以眺远群山连连、绿树成荫的泉城风光，还可以看到更多的是溪水和泉洞。济南七十二名泉之一的"鹿泉"就坐落在这里。趵突泉三股水喷波震大明湖，这里也有一潭三涌流向玉符河。不过它喷出的水更自然流畅，没有任何的人工雕琢，全在绿水青山之间。

山墅之地晚来早。傍晚，阳光的余晖涂在山顶上，给山体穿上了金色的盛装，给树林镶上了彩虹的金边，给苍穹嵌上了一幅大写意的山水林塘似的墨画，气势雄伟，浩然凌空。在山寨夕照的余晖是清晰的、柔和的；由于这里的空气和溪水是纯原生态的，所以，阳光就像初开的海棠花瓣，纯得迷人，艳得醉人。

信步山行，虽然光线有些迷蒙，但天却显得特别近，好像小寨山挂在天上一般，染上了淡淡的落云和光环，伸手即可以提住。驻足深望，阳光夕照闪烁着，像透过丝织的帷幕，投向满山遍坡的树林，在叶子上留下了似银器擦亮后闪动的光，让林中充盈着灿烂的幻梦般的光彩。

小鸟也在夕照中匆匆飞进了山林，像孩子般的在林丛中争枝抢窝不停地吵闹，有的还嘹亮地叫着，在闪烁的夕照余晖中，像流星一样地穿梭，像这夕辉光照的小寨山林是它们合奏的天堂舞台。

小寨山的空气质量特别好，透明得像水晶一般，但比水晶更柔和，而且富有色彩的变化。小寨山夕照之时，可以让人看到视力所及的一切美景，把一个净化的世界缩影全贮存于目中。

太阳慢慢地下落了，暗褐色的帷幕也慢慢拉下。这时夕照的余晖也变成暗紫色了，只在山与山之间的沟壑中还留下一点点的灿烂和明亮的柔光，似情人在暗中传递的一缕爱恋羞涩的秋波。远山笼罩在透明的空气里，弯弯的、曲曲的闪耀着暗淡静谧，恰似石匣村一位漂亮朴素村姑的眉毛窈窕可爱，又像山村少妇一样的丰满强壮和落落大方、妖娆迷人。

梯田的山坳里，不时地传来牧归羊群的叫音和回归山民强力的歌喉，娓娓动听地飘过玉符河和大大小小的泉溪，飞扬在石匣村的天空中，把小寨山涂上了听觉色彩。太阳全部被夕照后的山林遮挡了，山村的小屋茅舍，还有小寨山上的奇石怪柏、苍松杨柳，也都成了天幕上的剪影，留下了淡暗的和浓郁的痕迹。

小寨山是石匣村的原始风景观赏地带之一，是石匣村最动人的天籁音符之一。

石崮村的由来：十个尼姑道场

　　据石崮村的老人讲，很久以前，在小寨山上住着十个尼姑，不知何时来，也不知来自何地。她们见小寨山风景宜人，是修身养性之地，于是决定在此潜心修炼。由此，十个尼姑的村落就演变成了"石崮村"，村民也叫"石灰沟村"。

　　旧时，小寨山上有几处破旧的石屋，因年代久远，没有了屋顶，只剩下断壁残垣。据传就是这十个尼姑所建。石屋附近的林地里，长着很多山韭，村里的老人讲，这里的山韭和其他的韭菜味道不同，完全是农家地里种出来的韭菜的味道。在小寨山上，有一处双门洞旧石屋，旁边有一块被杂草掩盖的石碑，写着"志远堂"三个大字，这块石碑最早由石崮村的秦贻禄老人发现，并将其保护了起来。

　　石崮村的村民深居山中自古以来基本都是靠山吃山，村民们从山里砍了甘草背到城里卖，摘了山珍舍不得吃，到城里去换粮食，还有的人则是以卖蝎子为业，偶有几人在城里找自家的亲戚谋个差事，做个学徒或伙计。

　　据村党委书记孙兴福老人讲，他的父亲就曾在芙蓉街一家银楼做银匠，小孩的长命锁、妇女们头上戴的簪子、手镯、耳环，都是他拿手的活计。

走出大山，才能了解外面的世界。旧时，在石崮村人的眼里，城里是那样的遥远，而走出大山的人，就成了他们心中了不起的人物。遥远的山村，并没有与世隔绝，他们有通向未来的阶梯，追求幸福的脚步从来没有停止。他们一边享受宁静的快乐，一边翘首期盼远方的亲人带回来的新鲜消息。

千年驿道：势威如旁汉，虹桥卧波浮渡三川

驿站是古代供传递官府文书和军事情报的人或来往官员途中食宿、换马的场所。我国是世界上最早建立组织传递信息的国家之一，邮驿历史长达 3000 多年。驿站制度与当今的邮政系统、高速公路的服务区、货物中转站、物流中心、快递转运中心等具有异曲同工之处。

大石崮森林公园园区内的古迹众多，千年古道穿园而过，这条路在千百年前是济南通往泰安御道。凹凸不平的石头青石板，乃是凿山而出的平面。驿道边竖一石碑，碑文曰："济垣南之一望，皆山也，连峰接岫，层峦相依，鸟道迂回，鲜见平畴，而路径崎岖，盘叠难行。则以朱家西北石崮董庄之间为尤，二村相距才六里许，然左旋右转、曲凡八盘、一起一伏、势有九叠，且陡壁悬崖三川合流蜿蜒于下，怪石嶙峋两寨屹崒倚障与侧，其蜀道栈碥之肖形乎。"

此道乃济泰、济莱之孔道，适当南北往来之要冲，行旅经此，每叹赵赹，或伛

偻前行，或蹭蹬而上，危险万分焉，附近众乡民捐资修路立碑。石碑两边镌刻着一副对联，上联：步稳可登云、盘道迁回旋过两寨；下联：势威如旁汉、虹桥卧波浮渡三川。可见当年路之难行，古驿道之重要。

经考证，古驿道前身历史悠久，南燕慕容德转战山西、河南、河北、山东，就经由此道。秦始皇泰山封禅，李世民东征，李白、杜甫、苏东坡等文人墨客，都曾在此留有足迹。

王福同老人讲，解放战争时期，由于时局混乱，来往车辆都不敢走大道，只好择取大寨山这一条狭长古道。往年间，古道异常繁荣，饭店、商铺、闹市应有尽有。王福同老人说，每年泰安核桃丰收的时候，古道就变成了晒场，农民们一边晒，一边卖，一路从泰安卖到济南。

这条古道经过石崮村，村民们见古道结构合理而且经久耐用，于是按照古道的样子修起了村中的道路。老人们回忆，村子里的道路修得异常艰辛，采石不允许爆破，只能人工开采，还要再抬回村里。当时村里没有任何机械设备，村民就用楔子和铁锨一点点把坑"撑"出来，然后再把石头放进去，用大锤砸平整些，就这样一块一块地组成了那条石板路。

据村里的老人讲，早年间，人们生活贫瘠，没钱买砖盖房，再加上去山里采石头过于麻烦，所以，他们就拆掉驿道的石头为己所用。如今，我们看到的古道，只是留下来的为数不多的一点可怜的残存。时过境迁，古道早已斑驳，故事也早已不再，我们也只能隐约寻求一点当年繁荣的痕迹，古道的石头已经磨得十分光滑，在阳光的照射下，散发着深沉的、柔和的光芒。

乾隆帝与石崮蟋蟀

石崮村古遗址众多，但也只能算是过去的存在。据本村秦贻禄老人讲，石崮村现在还留存着一种能看得见、摸得着，甚至还可以带回家的宝贝——蟋蟀。老人说，关于这个宝贝的传说，如果他不讲，以后就再也听不到了。

乾隆皇帝是一位"蟋蟀爱好者"，他在《避暑山庄百韵诗序》中提到了一件事："康熙六十年，予年十一，随皇考至山庄观莲所廊下。皇考命予背诵所读经书，不遗一字，时皇祖近侍皆在旁环听，咸惊颖异。"乾隆帝在承德避暑山庄赢得了康熙好感，还特别喜欢和弟弟弘昼做一件事情——斗蟋蟀。乾隆后来在其所作的一首《斗蟋蟀长歌》中，曾追忆儿时在园中斗蟋蟀的欢乐情景。

石崮蟋蟀历史悠久，传说乾隆皇帝下江南时曾路过石崮村，然而刚到此地狂风呼号，紧接着便是倾盆暴雨。一行人急忙驱马躲雨，霎时，一阵闷雷巨响，吓得马儿仰天长叫，惊动异常，欲逃离这艰难险境。谁知山路崎岖，泥土浸过大雨更加泥泞，马儿失蹄瞬间倒地。这匹马驮的不是他物，而是从全国进贡的珍稀蟋蟀。一时间蟋蟀四散逃逸，在山林田野竞相跳跃，好不痛快。乾隆皇帝见爱物遗恨山中，虽气愤不已，也只好无奈接受。从此，这些名蟋蟀栖息于山林之中，靠着一方青山绿水，奇珍异草，繁衍生息。

《促织经》是世界上第一部研究蟋蟀的专著。"若夫白露渐旺，寒露渐绝，出于草土者，其身则软；生于砖石者，其体则刚；生于浅草、瘠土、砖石、深坑、向阳之地者，其性必劣。大抵物之可取者，白不如黑，黑不如赤，赤不如黄。赤小黑大，可当乎对敌之勇；而黄大白小，难免夫侵凌之亏……"

秦贻禄老人讲，石崮的蟋蟀品种甚好，常年在山石中生存，头大、项大、腿大、皮色好，具有顽强的斗性、耐力、凶悍，有咬死不败的烈性。

每逢八月虫季到来时，村里都会出现一些"不速之客"，他们深夜里拿着手电筒在山林里搜寻蟋蟀的身影。曾经有一位蟋蟀爱好者写了一篇在石崮捉蟋蟀的文章，有一段话这样写道：

捉蛐蛐是一件辛苦又孤独的事。深夜我只身在石崮村，河沟、杂草地、石缝间到处都是我搜寻的目的地。此间，蜈蚣、蜘蛛、蛇、刺猬、黄鼠狼、野狗，这些栖居在山间的主人，常常会突然出现在我眼前，向我宣誓"主权"，让我脊背发凉。有时候单是在暗夜里与大自然独处这件事，都会让你的想象力幻化出无边的惊悚。类似这些惊悚刺激，有时候甚至是带有一些超自然力量的体验，似乎暗合了民间从古至今流传的一些传说。风声、水声、夜间动物行动的脚步声，夹杂着蛐蛐断断续续、时近时远的鸣叫，给予了我强烈的刺激性体验。这对于既喜欢探险，又喜欢捉蟋蟀的我而言是一种"魅惑"，感谢石崮村这一方美丽的净土，一个让我着迷的好地方。

"石崮寨"的传说

石崮寨位于济南南部山区的玉符河畔。碧绿的河水玉带般将其轻轻环绕，宛如一颗璀璨的宝石镶嵌在南部版图之上。当你推开石崮寨之门，秀美的山峰，玲珑的村寨，碧绿的峡谷交相辉映，而山体上宛如一座佛一样的"佛爷峰"最引人注目。久久矗立，历史的帷幕便会轻轻为你打开。传说东汉末年，战火频仍，烽烟四起。中原大地亦处于频繁的战乱之中。彼时济南时为齐州，也处于战火纷争之中。沿通南之路疾步前行，环顾左右，但见群山连绵，首尾不现，待行至"府南五十里处，一崮首凸现，下有渴马崖，南有瓢峰，此乃石崮寨山"（《历城县志》记载）。

"石崮寨"又名"大寨山"。这里山川连绵、群峰竞秀、依山傍水、风景秀丽。其中最高峰是"石崮寨"。崮头危峰兀立，巍然挺拔，周边群山遥相呼应，有鹤立鸡群之势。

晴天时，站在崮顶向北眺望，可见黄河之水滚滚向东；向南眺望，泰顶的庙宇依稀可见；近望，"瓢峰"又名"葫芦寨"直冲云端；俯视卧虎山水库犹如一枚剔透的蓝宝石镶嵌在群山之中。山下的"玉符河"像一条玉带飘向远方，趵突泉的主要水源就来自"玉符河"。此河段渗透力极强，水流至此形成地下伏流，遇火成岩阻隔，流向济南，形成众多名泉竞相喷涌的奇观。

次高峰人称"石崮二寨"，又名"小寨山"。此寨更是四面悬崖峭壁，唯有攀岩可上，现仍存有营盘遗址，南面峭壁上有一"藏宝洞"，神秘莫测，是当年山大王的藏宝之处。

"大寨山"下有"石匣""石崮"两村，勤劳的先民在这里世代耕耘、繁衍，民风淳朴，村里的老人向后辈代代相传发生在这里的传说和故事。

佛爷峰和金香炉

"石崮三寨"又名"佛爷峰"。

传说东汉末年，洪水泛滥，有一天，大雨狂泄一昼夜，山洪暴发，汹涌而下，古崮山下一片汪洋，乡民们大多跑到山坡上，无奈地望水兴叹，祷告上天神明保佑，停雨降妖，河道通畅。可是洪水越来越大，田地冲垮了，房屋在水中浸泡倒塌，乡民们饥寒交迫，无家可归，今后日子可怎么过啊，在这发愁绝望之时，一位仙人悄然飘至"石崮二寨"，查看水势，原来是山谷中乱石挡道，河谷高低不畅，洪水受阻，水位不断上涨。仙人二话不说，施展神力，移走大石疏浚河道。河道通畅了，仙人却不见了。飘至处，矗立起一座山峰，酷似仙人，众乡民才恍然大悟，仙人已化作一座山峰，与"大寨""二寨"成三足鼎立之势，就是现在的"三寨子"，又称"佛爷峰"。

乡民们为了纪念这位仙人，捐钱铸造了一个金香炉供奉他，至今，人们还能看到金香炉的遗址。

石崮山和玉符河遥遥相对，河水波光潋滟，日夜不息，"佛爷峰"葱茏翠绿，生机盎然。"金香炉的传说"也被岁月浸染，并镀上彩色的光环，口口相传，流传至今。

石崮寨的大王、皇帝和将军

南燕献武帝慕容德（336～405），昌黎棘城（今辽宁义县西北）人。后增一字名备德，字玄明。鲜卑族。是前燕文成帝慕容皝少子，景昭帝慕容俊、后燕成武帝慕容垂异母弟，母为公孙氏。十六国时期南燕开国皇帝。

公元 398 年，慕容德率众自邺徙滑台（今河南滑县东），自立为燕王，史称南燕。次年滑台为北魏攻占，慕容德率众向东，攻取青兖之地，入据广固（今山东青州西北），于是慕容德东进夺取青州。公元 400 年，慕容德改称皇帝。

济南历下县志记载南燕献武帝慕容德进取青州，成就霸业前，石崮寨乃其故垒，为诸寨之首，方圆百里数十寨，皆听从其调遣，旧有德庙今废，黄巢义军、瓦岗将士都曾在此地安营扎寨。

大石崮山巅有一处石崮寨，由于"崮头危峰兀立巍然挺拔，四边群山遥相呼应"，立于峭壁数十丈的崮崖之上的山寨。历史上，石崮寨是兵家扎营屯兵之地。山顶上的石臼、旗杆窝、石桌、石缸、灶台清晰完好。唯有一条小道可攀岩而上，成为"一夫当关万夫莫开"的绝佳之处。

在大寨山主峰最顶端平整的石梁上，有一直径 20 厘米，深 30 厘米的人工凿成的石坑，这就是传说中的旗杆窝。据传，当年农民起义军领袖黄巢率领农民起义军，见此地地势高险，易守难攻分别在大寨山、小寨山设立营寨和官军对垒，大寨山、小寨山以此而得名，大寨山主峰高且险，易守难攻，便将大寨山主峰设为大营，插旗号令全军。

大势飘烈寒风起，
玉符河水旗中悬。
战鼓擂鸣云外湿，
石匣昔日生狼烟。

将军崖

　　"石崮寨"主峰地势险要，南北两面是刀削一样的悬崖峭壁，数十丈高，惟西侧一径可攀岩而上，这里名曰"将军崖"。相传北宋时期，曾有一个勇猛的将军，爱民如子，拿出粮饷救济饥寒交迫、濒临饿死的难民，不幸的是将军连吃 3 次败仗。带着仅剩的百余名将士退守在山寨上。

　　一天晚上，敌军 2000 人要夜袭山寨将他们一举歼灭，并要在将军崖背侧用绳索偷袭上来。巧合的是这一消息让将军救济的一难民得知了，为报答将军恩情，就连夜上山提前告知将军。撤退已经来不及了，只能背水一战。狭路相逢勇者胜，提前设伏也许能利用三面悬崖的地形优势击退敌人。将军令百余名将士在副将指挥下在正面顽强抵抗，自己孤身一人抵抗后山的偷袭部队。将军取一长矛，长剑，弓箭百支，在将军崖设伏。百人从后山悬崖攀岩准备疯狂偷袭，将军奋勇抗战，打死敌人 60 余，打伤 30 余，敌人知难退去。将军取得了这场战役的胜利，这就是将军崖的来历。

　　"大王堂"遗址乃南燕开国皇帝慕容德曾居住的地方。据记载慕容德自小就博览群书，多才多艺，精通兵法，性情清高谨慎。大王堂四面悬崖，只有一条通往山上的路，易守难攻，所以他选取此处作为指挥处。慕容德在这里驻扎时为增强士兵战斗力，时常组织士兵在大王堂前进行比武，比武胜利一方即可获得丰厚的奖励，并以此激励士兵提升自身战斗能力。

　　南面峭壁上有一"藏宝洞"，神秘莫测。据说北宋年间，石崮寨被一个叫段三山的头领占据，段三山经常派手下在山下驿道上打劫，但此人劫富不劫贫，他虽然不以钱财济贫，但他经常在春种秋收之时派一些弟兄去帮老百姓干农活，有人说段三山为人处事的原则："弱者可帮不可捧"。他将许多宝贝、文玩藏于山寨的藏宝洞中，后来段三山被仇家抓住，下落不明，山寨群龙无首，手下的兄弟各奔东西，藏宝洞洞口被封，有人说宝物已经被山寨的强人瓜分，也有人说山洞深处依然还藏有宝物。

　　"志远堂"视野开阔、地势极佳，是慕容德在此驻扎时开辟的瞭望点，慕容德派人在此昼夜观望，凡有大部队靠近，便能先察觉到，提前做好战斗准备。"志远堂"遗迹和名牌碑文依然保存完好，具有较强的历史价值。除此之外山寨内还存有一些当时士兵、绿林好汉安营扎寨的遗址，虽建筑不全，但仍可以还原历史痕迹，揣摩出当时生活的场景。

沧海桑田孕神奇，斗转星移显盛世

时逢中华盛世，"石崮寨"和全国一样：太平盛世、物华天宝、和谐社会、人杰地灵。"石崮生态园"应时而建，"佛爷峰"下六十亩荒山变成植物园，常年有花，四季常绿。春天，桃红柳绿、百花吐艳、山明水秀、气象更新。夏天，榴花盛开、稻花鸣蝉、荷香四溢、蜂蝶流连。秋天，金菊绽放、瓜果飘香、红叶似火、漫山遍野。冬天，雪花飞舞、蜡梅怒放、青松翠柏、傲立风雪。

走进石崮生态园，观：鹿园、骆驼园、牡丹园、林果园；赏：龙亭、鱼塘、藕荷田；游泳健身来休闲；吃：农家风味、山野果蔬、河谷鲜活鱼虾蟹；品：鹿肉、兔肉、鹿血酒；游：古道、长城，瀑布泉；住：客房单人间、双人间，典雅卫生。还有很多景点如：秦琼登山遇险处，擎天石柱一线天，古碑石

刻名千古，金香炉前冒青烟……

　　如今的"石崮寨"，山清水秀、鸟语花香。绿色农田观光园，四十亩坡田建成"绿色果蔬园"，其中还有"山韭园"；塑料大棚搞成"采摘园"，古老的驿道建成"养生饮食园"（驿站），退化的数百亩荒山变桑田，处处都是"百鸟园"。出驿站，到山前，景观墙前看景观，神奇化石墙中嵌，一副对联刻两边："沧海桑田孕神奇，斗转星移显盛世"。再细看，史前奇石（海藻化石）不一般；往下看，休闲观光好去处：梅花谷、观景台快步登上瞭望台，一天门、忘忧谷然后到在中天门，快步来到柏树峪；野兔欢，山鸡叫，斑鸠、山雀林中跃；新修的护林消防道，一路引到后山坳（石崮二寨），抬头寻找藏宝洞，满山的美景尽收到。踏上山梁找奇石，心旷神怡好休闲，喀斯特地质地貌真奇妙，科普碑刻来指导：数亿年前是大海岛，海中生满褐藻、蓝藻还有绿藻，海带、紫菜、裙带菜，海草、石菜、羊栖菜，捡块奇石怀中抱，越过山梁向东绕。猛抬头，啊！神奇美丽的大石崮主峰在眼前……

　　神奇美丽的石崮寨，丰富多彩的生态园。当你漫步在园中，就像走进一幅连绵不断的画卷之中，使人流连忘返。

那些年，瓦峪沟的人和事

一沟一泉是瓦峪沟村最独特的风貌。

小村坐落在一条东西走向的山涧中，环山皆绿，水流淙淙。地势东高西低，自东向西村中央有一条古老的泄洪沟，每到夏季，山泉水自东侧群山低洼处的龙门滩底层层砂石缝隙间，慢沥而出聚于一深潭中，而后缓缓绕过房前屋后，沿河沟长流不歇注入玉符河。河沟把村子分在南北两岸，由三座石桥连通，村中房舍沿河沟两侧蔓延缓至山坡。

来到瓦峪沟村，遇到了几位村民，聊起了属于他们的曾经的回忆：

每一个在村里长大的孩子，都记得河沟上桥墩和石栏杆上粗鄙又简单的花纹，知道哪段沟壁的石缝中渗出水流最大，桥下涵洞哪一段夏季最凉爽。这里是孩子们的天堂，在他们心中，这里是最好的避暑胜地。

冬天月亮好的夜晚，村里的孩子们在河沟石桥上抢桥墩玩儿"占山为王"的游戏。寒冷的夜晚，桥上一帮孩子跑得热汗蒸腾，母亲做的棉袄常被汗水浸得湿漉漉贴在后背，他们总是玩儿得忘了时间，被父母三番五次扯拽着回家睡觉。

夏天的节目，对于瓦峪沟的孩子们来说更精彩了。午后大人们歇晌的档儿，男孩子聚到一大片杨树根浸到水里的林中水道打闹戏水，泥里水里玩儿成一个个泥猴儿。有的偷偷从家里抓一小把儿面粉，水里洗成面筋，粘在一根长竹竿儿一端，三两个晒成深棕色的"泥猴儿"，默契地屏息静气蹲守在浅水中一棵大的梧桐树或杨树下，几双眼睛盯着趴在树干上鸣叫不止的蝉，竹竿头儿的面筋一点点靠近树干，刹那间用力稳稳粘住蝉的翅膀，然后收回竹竿麻利地摘下"战利品"装进系在腰间的布袋子，轻拍两下布袋甩在腰后继续盯向下一只蝉。

女孩子不敢下到深水中去，只在浅的溪流中用河底挖出的黑泥砌水坝拦小河，或由两侧山坡通往泄洪沟壁两侧的狭窄暗渠中，伛偻着身子艰难而又快乐地来回爬行，也会被偶然出现在水流中的小花蛇吓得一溜爬行到沟壁暗渠口，慌慌张张跳进泄洪沟底。傍晚的沟两侧石阶处，姑娘媳妇儿们在浅溪中端一盆花花绿绿的衣裳，洗个干净清爽。记忆中，即便是在最炎热的夏季，只要把手脚漫在溪水里就觉得浑身清凉。

在瓦峪沟中间石桥南头，有一口泉水井，井深五十多米，井口四方，井壁呈圆形，四壁皆青石叠就，早些年供全村人饮用。井口上方有一铁铸的辘轳，一条钢丝绳一端缠绕在辘轳上，一端由铁链翻转环扣在水桶上，摇动钢丝绳，水桶入井底即可取水。

每到进了腊月门儿，邻近村子的村民就会舍近求远来这里取水，用甜井水泡豆子磨豆浆做春节用的豆腐。打水的人按先来后到秩序井然，有不急用的就把自家水桶等在这里，等忙完了别的活儿再回来刚好排的上，一村人因为来井边打水都是常见常聊，

常常比村里戏台都热闹。

20世纪80年代末自来水进了家家户户，这口老井就渐渐退出了人们的生活，被柴草覆盖起来。这两年，村民淘净了井底淤泥，安装了抽水泵，修了水池，把古老的辘轳换成了水龙头。又有村民开始取水泡茶煮粥，泉水清冽，略带甘甜，与泉为伴的瓦峪沟村民又找到了曾经的快乐与温馨。因为这里紧邻市区，所以在白天，你几乎看不到年轻人的身影，他们要么到城里打工，要么做些生意，只有到晚上，你才能看到他们归家的喜悦表情。

老井旁立有一块石碑，有名为《甘泉碑记》的碑文：

　　天降膏露，地出醴泉，盛世之瑞也。降至末世，灾异迭出物妖人怪多有，而景星师云神爵，甘露以及嘉禾芝草几。所谓祥瑞之兆皆寥寥焉，不数觏并不数闻矣。天然者既不可得，人为者更难如愿。即如凿井耕田，为农民之急务，然耕田则终岁勤劳，尚或风雨不时旱潦不均，力穑而不有秋者有之。凿井则鸠工出资，尚或天一不生，地六不成，几仞而不及泉者有之，虽曰人事岂非天意哉。

　　瓦峪沟，山村也。环村皆系石层，就石凿井倍觉困难，幸有贾公柱者热心公益，曾于清光绪八年慨捐地基，愿效耿公之拜井，愚公之移山。有志竟成，水随石现，众欣欣然，皆以天下无不可为之事也。惜涓滴细流未满，人望而贾公逝矣。兹张君秀桂贾君存异等，欲竟其功，继续进行，经营数十年，卒得滥泉涌出。所谓三尺献龙泉，果人力耶，抑天赐也。凿井非难凿石为难，涓涓者易混混者难。后人之利前人之功，特聊叙颠末勒为碑铭，亦使后之人享其利不忘其功云。

由碑文可知，泉井于1882年开凿，初水流"涓滴"，经过四十余年不间断开凿，1923年才得以"滥泉涌出"。"所谓三尺献龙泉，果人力耶，抑天赐也。凿井非难凿石为难，涓涓者易混混者难。"碑文虽简单明了，也并非名家所刻，但却记载了瓦峪沟村祖辈们长久不懈的付出与艰辛。

青鸟衔玉函

家住玉函山北侧，在客厅或阳台南望，抬眼就看见那一道黛青色峰顶，如一尊巨大的青玉卧佛，在澄净的天幕下静默着。

深秋的周末，约了两个朋友登家门口的玉函山。

那天早上，浓稠的雾气遮蔽了太阳，却没能挡住我们的热情和脚步。冲锋衣、登山鞋、手杖、背包，我们一行四人做足准备，鱼一样缓缓游入浓雾弥漫的山林。身边的雾气像极了一群调皮的孩子，在山间忽儿随风聚拢，眨眼却又四散开来。

从谷底西侧山坡拾级而上，石阶大多就地取材用石板铺就，因年岁久远，如今多残缺破碎，很多地方借着山势将山石凿琢而成，两相连接处浑然天成，不觉突兀。山高林密，路两旁遍布黄栌，深秋时节如火如荼，苍黄殷红的黄栌叶子覆盖了石阶，若一条彩带，舞着柔软的腰身斜斜没入高处的一片丛林。

"红叶古岩阴，苍松野寺深"。这段石阶尽头的坡顶是三间破败的石庙，庙前立有清康熙年间石碑，从碑文记载可知此庙为三仙宫，宫内供奉守山门的卫士王灵官，所以也叫灵官庙。两间大的坐北朝南，一间略小的，坐东向西，那门前静默的石碑、翠柏和唐槐，那精美的拱门穹顶，虽残破却难掩苍劲古朴风貌。

绕过三仙宫，依山势继续往东北方向走，是一条蜿蜒在半山腰，状似月牙的环形山路，踩着羊肠土石路如履云梯，山势回旋拐过一道山弯，就到了佛峪寺。紧靠佛峪寺斧凿刀削的崖壁上雕刻有近百尊石像。从一些依稀可辨的题记可知，凿窟造像的过程由隋至唐长达300余年，共为我们留下了33窟近百尊精美的造像和各种题记。走到近前，细看低矮处几窟佛像，造型别致多样，衣纹生动流畅。仰面向高处看去，镀了金身的释迦牟尼，身着彩衣的弥勒佛，无一例外都顶着一张辨不出五官的黑脸，那原本慈悲平和的眼眸在世人看不见的暗处，无奈地与我与苍生对视。佛祖伸开的手掌承接了千百年的风雨侵蚀，却没能躲过处于那个疯狂年代疯狂人们手中的铁锤，向着普度众生的宝相，狠狠砸了下去。

古老的摩崖石刻和佛峪寺坐落在半月形的山谷里，这条山谷被称为西佛峪。环形的峪沟若一个幽深巨大的天井，沟底古树参天，树下积满了厚厚的落叶，因在山背阴处，四季不见阳光照射进来。树干树枝多细瘦盘桓，像要伸长了颈子尽可能沐浴阳光的女子，藤类植物自树根部缠绕至顶，复又丝丝缕缕垂下，分明就是仙女巧手织就的一条条丝带，在颈肩，在腰身肆意轻舞飞扬。

山涧一脉细流，蜿蜒无声，这就是西佛峪的蕊珠泉。蕊珠泉水自石刻造像的岩壁缝隙渗出，滴入下方人工开凿的方池。当年水流盛大，清代济南诗人杨致祺描写此景说："飞瀑半空落，悬流万仞直"。现如今，逢雨季水流浩荡，时值深秋，水流渐稀，只在山涧的石缝和落叶下缓缓流淌，浅吟低唱。

原路返回三仙宫，继续登顶。此时，山间的雾气像被一只巨手瞬间掀走，山林和脚下的路愈加明亮起来。

瞥见古庙西侧一条羊肠小道儿深入密林，不知去往何处，一行人陡升好奇之心，遂临时商定改变原登山路线，沿着小路，向西进入柏树林。山路借柏树间的空隙随势而就，狭窄处仅容一人通过且两足不可并立，很多地方枝杈横出须放低腰身才能通过。左手七八尺外峭壁如瀑，右手半尺处即是百丈悬崖，树下土路多被滑草覆盖，每前进一步都须脚下立定踩实，两手紧攀树干。同行的女儿，弯腰屈腿，僵在一陡峭处，哭着说什么也不敢再往前走。虽不知前路去向何处，但我们坚信既然有路，就一定能够走出去。安抚女儿不要看断崖深沟，只管走稳脚下的路，相扶相携着走出去约一公里，直到手脚并用攀至一道凸出的山脊上。

眼前豁然开朗，北望泉城如盘棋局，楼宇若棋子紧致罗列，向西南而望吊塔林立彩旗飘扬，南城开发势不可挡日新月异。身处的山脊由巨石堆叠而成，绵延几个山头，乱石间柏树林立荒草丛生。临风而坐，望向前方山脊，一棵柏树从巨石间斜斜伸出约两臂长，自成绝景，石壁外侧一方不大的洞口遥遥悬在峭壁。

稍事休息，继续攀着巨石向东面山顶行进，深秋早上的浓雾过后山石潮湿冰凉，手一触倏然而收，然而山高路陡不得已仍手脚并用，女儿手掌不知何时竟磨了两个水泡。攀过约半里的这道山脊，进入一片深林，林间地势平缓，柏树叶子和柏籽在地上铺了厚厚一层， 行走起来如踩在松软的云里。林间开阔处有些片石摆放成桌凳形状，估计是登山者的歇脚处。

出密林东南方向就是玉函山顶，壁立万仞，一大片白石晃得眼花。沿依稀可辨的小路，行至高约三丈近乎直立的峭壁前，几人往左右都没寻到可行的山路，难道没路了？正犹疑着，朋友看见峭壁上有攀爬的痕迹。这刻的女儿，一改半日来瑟缩跟从，三两步跑到崖下，手攀脚蹬似壁虎粘在石壁上。我站在崖下，只能看见女儿脚和后背，在我提心吊胆的当儿，女儿已经登顶，很快又一朋友攀了上去。在女儿的鼓励和注视下，我沿着石壁缝隙摸索上行，手抓紧石壁上的凸起，一步一登攀到半腰，不经意间用余光看向身侧，悬崖断壁深不见底，感觉稍有不慎就会落入深谷，突然而至的恐惧让我一下子眼泪迸流，飒飒秋风里，我就这么一身冷汗挂在崖壁上，退不却，进不能。女儿在崖上，朋友在下，不停地为我加油打气。收泪咬牙定神静气，贴着石壁一点一点爬到崖上，顷刻瘫坐地上魂出天外，擦一把脸上的汗水泪水不敢回望。

从山脊走来直至攀崖这段路，至今想来仍胆寒不止，却恰这一段是此行最艰难也最奇绝秀美的。

四人聚齐，看向四周，定位身处的位置。玉函山顶有两层断崖，两层断崖间是一片长势极其茂盛的柏树林，我们刚刚攀上这片处于低处的断崖，恰好就到了这居于中间的柏树林里。树林深处是更为陡峭的最高峰。虽仍未登顶，非专业登山的我们却再不敢任性前往。穿林而过向东行走，树木自岩石缝隙旁逸斜出，左侧三两丈开外即是断崖深谷，我们在两片峭壁中间的山林中，小心地贴着右侧的山崖根儿前后列队缓行。因为人迹罕至，这条路鲜有人走，须细看才能辨出曾有人走过的痕迹，直到绕过三个山弯，与三仙宫东向的山路汇合，我们一直紧绷着的神经才算真正放松下来。

阳光似一条条披挂着金光的利箭，万箭齐发射入山林，从稀落树叶缝隙里洒落到衰草、落叶和石头上，闪闪烁烁。古老的石阶苍凉潮湿，我们避开湿滑的落叶，跳跃着踩在裸露的石板上。山路旁，不认识的野果子，裹了一层水汽，高调地挂满枝头。树叶依着树冠的形状悄无声息落了一地，秋日深山里这熟透的浆果以紫红的颜色倔强昭示着曾经的含苞孕育和成长成熟，诉说一季轮回。

路边一个石窝，引得我们走近细看。斧劈一样的崖底，倾斜着凹成一个开口的浅穴，不足一人高，只能弯腰探进。洞口一手臂高的石碑乍看只是一块站立的石头，须得贴近了，才隐隐辨出"某某修道处"几个字。回想刚刚贴着崖根儿走时，曾见过几个同样的石窝子，想这陡崖密林深处，千百年来曾有多少隐士跋山涉水来到此地，寻个略略挡风雨的所在，打坐冥想，修身修心修为。

历经三个小时，终于登顶主峰。

一座外观呈塔状的石庙吸引了我们，这是建于元代，集儒、佛、道合一的三教堂，堂边有一泉池，曰王母泉。

许是西王母的玉函，千百年来频生润气，才得有此山的灵秀险峻。立于王母泉边回望来路，见一白翅青足大鸟山林间盘旋翻转，时而没入丛林，时而直冲云霄。不知这青鸟依然在找寻衔落的玉函，还是安心守护着这片山林？

分水岭

玉函山下分水岭　峰回路转各不同

分水岭是济南南部玉函山西麓的一道山岭。中间高，两边低，中间形成脊背，称为岭。下雨时从东面玉函山上流下的水经过这道岭时，在岭南边的一座马鞍桥下被分流，一股向北流去，流向兴济河，一股向西流去，流向玉符河。因此，此岭被称作"分水岭"。

一首诗中写道："玉函山下分水岭，峰回路转各不同，阴晴云雾两分开，流水北西不复东。"这是分水岭起源与玉函山密不可分的真实写照。一是它表明了分水岭的地理位置、情势景象，二是说明分水岭的起源，是由于水源走势、山势隆起的原因。先人们因玉函山景色秀丽，山上有佛寺佛像，分水岭又地势较高，可避免洪涝之灾，故在此定居、生活。历经数代形成村落坐落其间，故命名为分水岭村。

分水岭村旧址，位于现在的省道103线上。解放初期，这条道只是一条狭窄的道路，仅能通辆马车。新中国成立前，分水岭村土地贫瘠，生产力落后，村民生活比较贫苦。

新中国成立后，国家重视农业发展，兴修水利，粮食产量增加，村民安居乐业。

1954年，为改善交通路况，适应经济发展的需要，分水岭村进行了第一次拆迁扩路。

1958 年，道路继续加宽。

1972 年，因柬埔寨诺罗敦·西哈努克亲王前去参观四门塔，途经分水岭村，为迎接他的到来，政府组织抢修进山道路，分水岭村也进行了紧急的部分拆迁和道路拓宽。

1978 年，十一届三中全会以后，在党的改革开放政策指引下，分水岭村实行了土地联产承包责任制，农、工、商等各业蓬勃发展，经济收入大幅增加。村民的生活如芝麻开花节节高。

分水岭村地处济南中心城区边缘，随着城市化进程加快，城市建设速度的加快，省道 103 线作为济南的"南大门"，一次次被拓宽，直至形成双向 10 车道的国家一级公路。道路拓宽使原分水岭村的村民宅基地被征用，村民们在道路的东侧新建了住房。后来又随着外单位的进驻，城市总体规划的制定，以及省道 103 线的进一步拓宽改造，分水岭村村民新的宅基地及大部分承包的土地渐渐被国家征收、征用，被城市建设用地吸纳。

2009 年，全村整体拆迁。同时，村民也得到了相应的征地拆迁补偿。

2005 年，党中央提出了建设社会主义新农村的战略任务。村两委领导班子积极响应号召，为解决征地拆迁后的村民安置问题，带领村民实施旧村改造，建设新家园。经过几年的努力，终于建成环境优美、设施完备的农村新型社区——分水岭小区。

2009 年，村民全部搬进楼房，过上了城市生活。现在的分水岭小区在省道 103 线以东，济南市二环南路以南。总占地面积 85 亩，建筑面积 11 万多平方米。小区的建成为分水岭村的历史掀开了崭新的一页。

家族迁徙的文脉源流

明朝洪武年间，分水岭村的先人来到这神奇的玉函山下落了户。最早来到分水岭的是扈姓家族，随之而来的是穆姓家族，后者成为村里的大户人家搬到济南市里。分水岭村的赵氏、王氏、韩氏、马氏家族也是于明清时期从山西洪洞县、河北枣强县先后迁到分水岭村。

据《元史》《明实录》《续文献通考》等史籍载，元末战争使两淮、河南、河北、山东等地人口骤减，有"十亡七八"之说，又加之山东水旱灾害和蝗灾各有 18 次之多，人口死亡率居全国之首，"春燕归来无栖处，赤地千里少人烟"。从明洪武二年（1369）至明成化的百余年间，明政府先后从人口稠密的山西汾州、潞州、沁州、平阳等 6 府 58 县，调集七八十万丁民，分 18 次向人口稀少的山东、河南、河北、苏皖、两湖、京津等地区迁移。其中以山西洪洞及其附近地区迁出民丁尤多。当时移民多以"民屯""军屯""军转民"等形式。齐鲁之地由于元末兵燹战乱，饥荒瘟疫，"几为丘墟焉"，生灵涂炭，人口稀少，成为移民的重点地区，这已为众多姓氏的家谱、碑刻及野史、民间传说等证实。

明朝政府为了恢复经济，巩固政权，于洪武三年（1370）发布诏谕，颁行济南知府陈修及司农官关于鼓励民众垦荒的上疏，免除 3 年田赋，对于无农具、无耕牛和种子的移民予以相应的补助，新垦荒地归垦荒者所有，甚至永不加赋。计有据可查者，移民迁居于山东之东昌府、济南府、兖州府、青州府、莱州府等地区 80 余县，人数约有 10 万至 15 万之众。

由于山西洪洞县大槐树是政府遣发移民的办公地及移民集散中心，于是 500 多年来，山西洪洞县大槐树便作为移民的故乡盛传于世。经过对历史典籍及大量谱牒、碑刻的研究和考证，山东移民除部分来自山西洪洞外，多数来自直隶（今河北省）枣强县。这也正说明了分水岭村的先人们迁居此地的原因。

分水岭村自明洪武年间（1368～1398）至 2013 年，有 630 年左右的历史，村内居民均为汉族。

玉函山的传说

唐段成式《酉阳杂俎》卷 16："齐郡函山有鸟，足青，咀赤，黄素翼，绛颡，名王母使者。昔汉武登此山得玉函，长五寸。帝下山，玉函忽化为白鸟飞去。世传山上有王母药函，常令鸟守之。"

玉函山有长生不老药？

在济南，有"南有泰山，北有玉函"之说，这座山是泰山北麓最高的峰峦之一，海拔 523 米，它不仅与泰山基本同处一个经纬度上，而且许多景点与泰山相似，所以有个绰号，叫作"小泰山"。虽然带了个"小"字，但是与泰山相比，玉函山的来历却不遑多让。玉函山因美丽的神话传说而得名，最早见于六朝人所著的《汉武故事》中。

人们谈起汉武帝刘彻，更多的是想到他的业绩和风流韵事。可能很少有人注意到，这位雄才大略的皇帝不唯有好大喜功的一面，还特别希望能做神仙。

据说，玉函山刚开始形成的时候，并没有名字，后来汉武帝封禅泰山的时候，路过此地，见这里幽美奇幻的风景，便在这里住了下来。一天晚上，汉武帝正要休息，突然间狂风大作，继而雷声隆隆，刹那间天空乌云密集，雨水如倾盆之势，飞流而下，汉武帝正要命人关窗的时候，雨水忽然停止了，继而祥云密布，一道金光自西向东射来，在光中，武帝仔细观察，发现光中隐藏着一个玉函。

玉函飞临武帝窗口，便落了下来。他连忙命人取了过来，有人认识这种玉函，说是西王母用来藏长生不老药的。西王母生活在瑶池，民间都称之为王母娘娘，传说她是一位非常美丽的天神，拥有可以使人长生不老的药。当年后羿和周穆王都见过她，尤其是周穆王还把相见的经过写成了一本书，叫作《穆天子传》。

汉武帝自然知道这件事，他的情绪开始激动起来。这些年，汉武帝封禅泰山，就是为了寿与天齐，此时天赐良药，说明自己的诚心感动了上天，日思夜想的目标就要实现了。汉武帝的手开始颤抖起来，他慢慢拿起了玉函，小心翼翼地打开了盒子，可就在他要打开的一刹那，突然金光闪现，玉函不见。汉武帝看着空空如也的双手，眼中怅然若失，怏怏不快地回到了长安，为此还大病了一场。

可谓命里有时终须有，命里无时莫强求。

有人说，玉函还是在这个山中，里面确实有长生不老药，人们之所以找不到它，是因为王母娘娘的"青鸟"。唐代，段成式在《酉阳杂俎》中写了这样一个故事：玉函山上有一种奇怪的鸟，长着青色的足、赤黄的嘴、火红的额头，配上白色的翅膀，令人惊奇万分。这种鸟乃是西王母的使者，专门负责守护西王母藏在山上的玉函。汉武帝在山上得到了玉函，玉函化作神鸟飞走了。

从济南玉函山的有穷钼国故地谈起

在济南的南部山区，有一个小山，是泰山北部的余脉，海拔五百二十三米，古称小泰山，兴隆山，今称玉函山，在济南老城南五公里处。它寂寂无闻，济南人知道它，多是由于它如今是济南最大的国有公墓。

将时间向前推四千年，这里名"钼"，是东夷有穷钼氏国的发源地，它的国君叫后羿。后羿在中国可谓路人皆知，这源于《后羿射日》与《嫦娥奔月》的故事。这不禁让人疑问：为什么后羿与嫦娥的故地，后世会遗忘至此？

历史上有一个大羿，一个夷羿，后人都称为后羿。他们均出自东夷。射下九个太阳的叫大羿，是帝尧时人物，死后埋在了现在的山东日照市东港区涛雒镇的汤谷天台山。在它不远处的岚山区高兴镇，是尧王建都的地方。

我们说的后羿，起源于玉函山的后羿，也称夷羿、有穷钼氏后羿，比大羿晚几百年。东夷在西周之前，是指生活在太行山以东到海，济水淮河之间的部落方国。经过几千年的发展，与黄土高原东下的炎黄部族融合，在前2100年进入到联邦制的奴隶制国家——夏朝。它的国都在今天的山东省潍坊市寿光区的斟寻村（寿光边线王城遗址）。它的周围围绕着有仍氏，

济南玉函山

日照天台山

夏代疆域图

有虞氏，有穷氏，有鬲氏，有扈氏等部落方国。当时国家的组织架构，类似于今天的阿拉伯联合酋长国，是由方国组成的联合国家。

夏朝的王位从大禹到启、太康已经传了三代。这时候的有穷钼氏国的首领后羿趁太康出外游猎，把他堵在外面，立太康的弟弟仲康为王，自己总揽大权。仲康死后又立仲康的儿子相为王，后干脆流放了相，代为夏王。

《夏本纪》上说后羿篡夏后，任用寒浞为相。寒浞这人奸诈凶狠，不久发动政变杀死后羿，改国号寒，自立为王。寒浞是被寒国驱逐的浪荡子，后投靠后羿受到重用，寒国就在今天的山东潍坊市寒亭区。

在今天的山东北部德州乐陵县马颊河下游，有三座古"冢"，东边的一座称为"灰冢"，相传为远古时期的占卜台和祭祀台，中间的一座称为"夷王墓"，是后羿的墓葬，西边的小冢传为后羿儿子的坟墓。据考证，这处古"冢"是四五千年之前的龙山文化遗址，和羿生活的时代相吻合。

嫦娥在汉之前叫姮（héng）娥，为避汉恒帝的讳，改为嫦娥。她是四岳的女儿（四岳相当于宰相）。嫁给了后羿，她曾在玉函山教授后羿射箭与兵法，并协助后羿篡位。四岳帮助少康复国后，四岳把她囚禁于月宫。这个嫦娥与大羿的妻子嫦娥也不是一个人，这引出一段题外话。

夏朝立国后，夏启把"后"当作族氏，在大篆文字里，"后"是"司"的镜像反字。"司"的本意是"主持，操作，掌管"的意思，比如司机，司仪，司法，司令等等。夏王室出身于"司空"家族，是"群司"（司空、司徒、司马、司稷等）之一，为了表示子孙后代不敢与先祖比肩等列，故以"司"的反字"后"作为族号。

德州乐陵夷王冢

后世弄不懂"司"与"后"在姓氏上的区分，是由于搞不清夏启"后氏"的宗族支脉，造成三代以下，司后不分了。1939年出土于河南安阳的商代"司母戊大方鼎"，学界对"司"字释读聚讼纷纭，莫衷一是。现在看来都对，也都不对。说它对，按照当时的礼制，如此大的鼎，拥有它的人，一定是位高权重。"司、后"都是当时商朝贵族的称号，这两种释读似乎没有不妥；说它不对，如果读"后"，今人无法证明它的主人与夏王后氏的宗族关系。

按照铭文来看，"司"就是"司"，没有翻转，我们没有必要强行释读为"后"。至于"母戊"，当训为"女我"，读为"娥"，本为一字，却左右拆分为二，让人不明就里。司母戊当释读为"司娥"。"我"本义是"兵器，执戈之人"，转义为"王族""贵族"。"女"和"我"联合起来表示"王族女子""贵族女子"。

通过上面的例子，我们知道后羿之"后"，说明后羿必是夏王宗族中人，

司母戊铭文，拓片

嫦娥之娥，是夏商贵族女子的通称。这从另一个方面解释嫦娥后羿重名的原因。我们也可以大致推论下两个后羿关系，尧时的大羿是司羿，主管尧时的弓箭部队。他的后代到夏时世袭其爵位，封于钮地，建国有穷。

这种例子很多，先秦之前，很多人名由于是族号加官职形成，造成人名、事迹混乱，矛盾。比如后稷，是唐尧时掌握农田耕种的官员，是司稷，却被后世误为后稷。

还有大名鼎鼎的老子。老聃，司马迁根据史籍记载认为有三个人，最近由其传经人姬英明先生厘清才知道"聃"是官职爵位，是天子礼师，并且家族传承。聃公到老子已经二十三代。司马迁将历代聃公的事迹串成一起，造成老子的事迹的混乱，龃龉。

司娥鼎照片

先秦以前，姓氏是有区别的，直到秦统一六国以后，才以氏代姓。姓的起源来源于黄帝。《史记·五帝本纪》记载，"黄帝二十五子，其得姓者十四人。"所以先秦有姓的部族总共有12个，即：姬、酉、祁、己、滕、葴、任、荀、僖、姞、儇、衣。其余的都是氏。氏一般来源于所在地名与官职名称。

先秦史实的散失，与秦并六国焚书

坑儒有关。史载焚书，主要焚毁的是先秦诸国史书，造成了中国先秦史的断绝、湮灭。随着近代考古学的兴起，大量的考古发掘，逐渐补齐了史书的遗漏，加上先秦大量竹简古籍的出土，研究，先秦中国史，也越来越清晰。

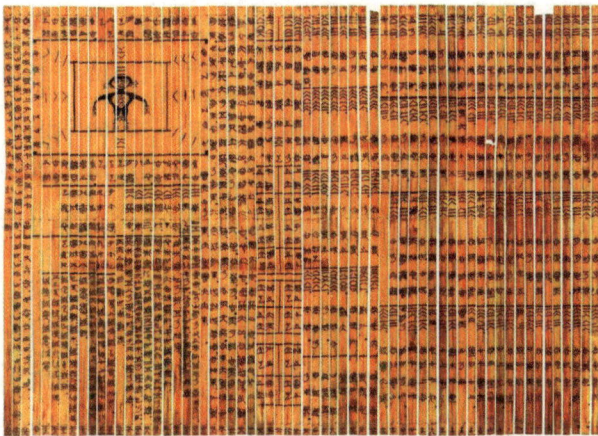

清华简照片

用汉字溯源，"夷"字就是一个挎着长弓的人，这个字里的信息含义很大，说明东夷人是善于使用弓箭的部族，或者是以射猎为生部族。"羿"在大篆中是双手持弓动作的象形，这些都指向"夷羿"与弓箭的关系。

"钼"字的意思是金之祖也。《连山传》中对玉函山有这样的描述："有玄石，火之有玄液，淬之以为器，利斫黄金，故名钼"。意思是说山上有一种黑石，用火炼制成为黑色的液体，淬火后做成器具，其锋利可以砍断铜器。"夷金"为"銕"（铁），在文字上也支持了这一说法。

这非常有意思，已知世界上最早冶炼铁的国家，公认的是公约前十四世纪两河流域的亚述王朝，也就是 3400 年前。如果"钼"地能证明它使用了铁器，那么人类冶炼使用铁的历史将向前推进 600 年，这需要新的考古发掘的支持。

中国古代文献中"齐地冶铁"屡有记载，春秋《管子 海王》中管仲明

夷甲骨照片

汉字：「羿」字形演变 字源演变

弓 作父辛器(金)西周早期

說文 羽部

小篆

羿甲骨照片

汉字：「鐵」字形演变 字源演变

說文古文

說文 金部

說文或體

铁字金文照片

确阐述了齐国收取盐铁税的治国理念。乾隆版《历城县志》中载，在汉代初期，中央政府就在济南设立铁官，专管济南铁的冶炼采集。根据当代考古发掘，济南西部的匡山就是汉之前冶铁的遗址，匡为矿之讹传。

由此可知，当时的有穷国是掌握了长弓射猎与金属冶炼的方国，凭着强大的实力，夺取了夏朝天下。直到少康复国后，少康的儿子杼发明了铠甲，才彻底打败了有穷国，可见有穷国当时的方国实力。

典籍《集韵》注释："钼，详余切，音徐。"在史籍《左传·成公十八年》中记录有西钼吾，即读音为徐。有穷国起先从玉函山在济南与济阳之间建立方国，后羿自钼地迁于穷石（今山东德州），鲁国人读其音为除音，后音讹为迟，属异地音讹所致。

关于玉函山山名的由来，唐代段成式《酉阳杂俎》记载了这样一个故事："齐郡函山有鸟，足青，嘴赤黄，素翼，绛额，名王母使者。世传山上有王母玉函，常令鸟守之。昔汉武登此山，得玉函，长五寸。帝下山，玉函忽化为白鸟飞去。"这个故事颇有深意，它所描绘的那只鸟，就是东夷部落的神鸟图腾：燕子。随着汉朝的再次一统天下，由太昊创立三千余年的东夷部落，彻底地融入了炎黄血脉，那只飞走神燕，也消失在历史辽远的天际。

与玉函山有关的历史文化名人

晓路入西郊，新霜著鬓毛。

贫交借羸马，慈母授征袍。

野静狐狸出，天寒雁鹊高。

艰难忆亲旧，清泪渍平皋。

燕子的图腾

晁补之，苏门四学士之一，绍圣元年，宋王朝政局大变，新党复起，乃尽逐元祐相臣，晁补之亦受累离开京师，出知济州（今山东济南），在途中作诗《济州道中寄叶勋秀才》。

晁补之曾任吏部员外郎、礼部郎中。工书画，能诗词，善属文。与张耒并称"晁张"。其散文语言凝练、流畅，风格近柳宗元。诗学陶渊明。其词格调豪爽，语言清秀晓畅，近苏轼。但其诗词流露出浓厚的消极归隐思想。著有《鸡肋集》《晁氏琴趣外篇》等。

晁补之出知济州不久，被贬为亳州通判，他回忆起玉函山的景色，在远方作《谯都对酒忆玉函山》一诗，怀念在济南的美好时光。元太宗七年（1235）秋，元好问至济南，南望玉函山，重提汉武旧事。

分水岭村村南，玉函山西麓西佛峪半山腰中有一处元代摩崖石刻，石刻记载了元代著名政治家、史学家、文学家张起岩游览玉函山西佛峪的一则游记。

张起岩（1285～1354），字梦臣，号华峰，谥号文穆公。祖籍章丘，移家禹城。生于元世祖至元二十二年（1285），卒于惠宗至正十三年（1353）。在四十年仕宦生涯中，他先后任集贤院修撰、国子监丞、国史院编修、监察御史、礼部尚书、中书省参议、翰林院侍讲、陕西行台御史、中书侍御史、燕南廉访使、御史中丞，入翰林为承旨，辽、金、宋三史总裁等地方和中央主要职务，对元朝的政治贡献很大。他的史学、文学造诣极高，善篆、隶书，有多种著作传世。在全国各地名山大川留下了数不胜数的大量诗词碑刻。泰定二年他曾在崂山聚仙宫撰写了《聚仙宫碑铭》："兹山俊秀横天东，下插沧海高凌空。丹岩翠碧何穹隆，琼枝棋树分梦茸。"在潍坊浮烟山东麓的麓台曾留下一方碑刻——《麓乡秋月》："银河漾漾净天街，碧月辉煌照麓台。台上读书燕太子，清光依旧照人来。"

张起岩是元代"左榜状元"第一人，也是元代山东地区出的唯一一名状元。分水岭村南玉函山西佛峪半山腰中这处与历史名人有关的摩崖石刻，为研究济南元代历史增添了新的历史实证资料，也将成为玉函山中的一处观光景点。

摩崖石刻全文600多字，石刻面积约1平方米，上面用隶书镌刻了密密麻麻的文字，由于年久风化有些字迹不清。经有关专家对石刻文字进行仔细辨认释读，这则《游玉函山西峪记》是元代众官员游览玉函山后，命济南文人李止作文后刻入崖壁。明、清时期历史资料没有记载，民国《续修历城县志》有所编录。根据题记文中叙述，"至元后六年庚辰冬十一月十三日"，"山东北路都转运使廉公亮"对玉函山西麓的佛峪修整以后，邀请济南元代著名学家、状元张起岩一起游览西佛峪。游览后留下三处石刻，一则在佛峪岩窟上方，题为"佛峪"两个大字；一则是这篇游记；一则在岩窟内造像旁的题名记。《游玉函山西峪记》中首句"吾乡济南之可游者，鹊山华不注龙洞千佛山"。文中主要介绍了玉函山秀美的景色和游览情况，以及济南周边的景物。如文中写道："北望平畴如蔬圃药畦；东北瞰府城若棋局然；而鹊华诸山罗列起伏如拱向者，信奇观也。"文中的"从乡先生华峰"就是说的张起岩，而从题名者排序可看出，张起岩的名字被放在首位，说明当时他在这次游览的众人中是最尊贵的嘉宾。

等到明代，济南诗派早期诗人刘天民居济南城西锦缠沟，由晁补之"齐州西楼对此山"之句而自号函山，著作称《函山集》。后代诗人多以寻找刘天民的名义登此山，称"先生何处睡，寻入乱山中"。当时的济南诗人李攀龙、许邦才、于慎行等也纷至沓来，留下了众多的诗篇和著作。

玉函山："神仙奶奶"的圣地

唐代大中十年，沙门义初题名之后，僧侣们在山巅建造了兴隆寺，等到宋代则改为了道教的泰山行宫。明清时期，泰山行宫改为碧霞元君殿，内有泥塑神像，曾经香火鼎盛。"文革"时期遭到破坏，不复存在。

碧霞元君俗称泰山娘娘、泰山老奶奶、泰山老母、万山奶奶等。道教认为，碧霞元君"庇佑众生，灵应九州"，"统摄岳府神兵，照察人间善恶"，是中国历史上影响最大的女神之一。

在我国的北方地区，民众对碧霞元君的信仰极盛，信徒以之为奉神，祷之即应。在民间广为流行宣扬叙述泰山娘娘灵迹的《泰山娘娘宝卷》，道教也奉为教门经籍，纳入道书之列。碧霞元君的称号，也并非泰山娘娘的独有，南方的天妃顺懿夫人也有此号，《封神演义》又说余化龙为主痘碧霞元君。直到近代，碧霞元君之名才为泰山娘娘专有。另外，民间传说的碧霞元君更神通广大，能保佑农耕、经商、旅行、婚姻，能疗病救人，尤其能使妇女生子，儿童无恙，故旧时妇女信仰碧霞元君特别虔诚。

史料记载，宋真宗东封泰山时，在玉女池中洗手，忽然看到一个石人浮出水面，忙命人打捞，竟是一座玉女像。于是，宋真宗下令疏浚玉女池，并用白玉重雕重塑石像，建造"昭真祠"，号为"圣帝之女"，封"天仙玉女碧霞元君"。明代将"昭真祠"改为"灵应宫"，后又扩建，增大规模，为碧霞宫，赐号"碧霞元君"。

碧霞元君圣诞为农历四月十八日，一般在这一日举行隆重庆典。传说中碧霞元君平易近人，乐善好施，有求必应，亲近劳苦大众，因此，极受广大百姓的爱戴。

在南天门内西侧有一座石碑，碑名《重修碧霞元君殿碑记》，刻录于光绪九年（1883），由张连贵编撰，夏煜执笔。该碑文的大体内容是：碧霞元君殿年久失修，遍地瓦砾，雨水顺着椽梁落下，对神像有所损坏，村民见此情景，纷纷捐钱出力，对大殿进行修缮翻新。

在玉函山，不仅住着"泰山奶奶"，而且还住着一位本土的"兴隆山二奶奶"。在碧霞元君殿后有一座三教堂。三教堂始建于元代，民间称之为"二奶奶"庙，供奉的神灵称为"兴隆山"二奶奶。相传其还有姐妹两人，分别是："泰山大奶奶"和"峨眉山三奶奶"。民间传说二奶奶具有无量的智慧和神通，可以避灾、祈福、保平安。三教堂在"文革"期间遭到破坏，改革开放以后，附近的村民又重置神像、香炉等物，堂内挂有"功德无量"的木质神牌。

玉函山石刻佛像及古建筑

玉函山摩崖造像位于十六里河镇分水岭村东南的玉函山，西佛峪隋代千年摩崖造像群，就坐落在透明峰阴崖间一处半月形的山崖之上。环形的峪沟若一个幽深巨大的天井，沟底古树参天，树下积满了厚厚的落叶，因在山背阴处，四季不见阳光照射进来。树干树枝多细瘦盘桓，像要伸长了颈子尽可能沐浴阳光的女子，藤类植物自树根部缠绕至顶，复又丝丝缕缕垂下，如同仙女巧手织就的一条条丝带，在颈肩、在腰身肆意轻舞飞扬。

这里原来是佛峪寺，寺庙依山而建，借助于山崖形成的岩棚，搭建佛堂殿宇。该造像群是我国隋代造像中现存数量较多，保存较好的造像群之一。

玉函山又名函山、卧佛山、兴隆山，海拔523米，是济南近郊最高的山峰。其势呈东西走向，北有五峰，自西而东为鼓楼峰、透明峰、帅旗峰、行龙峰、鹅头峰。因造像得名的西佛峪，在透明峰的阴崖间。西佛峪的摩崖造像上下分五层，共有89尊。第一层有11尊佛像，第二、三层有33尊，第四层多达32尊，第五层为13尊。所占面积长13米多，高近7米，有佛有菩萨，有站有坐，还有5座大型石龛。

西佛峪的摩崖造像

追溯玉函山的历史，实际上在唐代段成式的关于神鸟传说记载之前，隋代的先人们已经涉足了这座神奇的大山。据山间西佛峪寺佛像间已知的题刻记载："大惟开皇四季岁次甲辰八月辛卯玥十日庚子佛弟子李惠猛妻杨静太敬造弥勒像一区并二菩萨上为皇帝陛下诸师父母法界众生龙华三会愿登上道。"

一位叫杨敬太的妇女，于隋代开皇四年八月初十来到这里。首先在山阴新月形天然石夏之间开凿了佛像，其残字尚留存在第三龛下，五天后的中秋之日，另一个叫作刘洛的人紧随其来，他在题记中称自己为"七佛主"，之后，隋朝夏树、殷红纂、罗江、王景遵、付郎振、罗宝奴、新竣母恒、颜海夫妇、僧人智定和尚等形形色色的人士，先后在这里敬造佛像，共同祈求幸福平安。

这个造像和题记的过程一直持续了近 300 年，直到唐大中十年左右才告结束，其间一共为我们留下了 100 多尊佛像，其中 82 尊是隋代开皇四年至二十年（584～600）雕刻，余者属唐代。

西佛峪的摩崖造像最高者达 1.3 米，最低者约 25 厘米。在雕刻技法上，线条疏洁，衣纹简直，多采用直平线阶梯式刻法。令他们高兴的是，这里的隋代造像保存得相当完整，毁坏的比较少。

据《历城县志》记载：像旁有隋代题记 12 则，唐代题记 2 则，元代题记 3 则。石窟下有佛峪寺遗址。造像西面山梁上有"灵官阁"1 座，已残，系康熙十五年四月八日修。门洞内有"玉函山""岱翠"字迹。南天门北约 300 米处有一方形的石券顶"三教堂"，为明万历十三年（1585 年）建。

这些隋代造像"造型华丽，衣纹遒劲，比例适度"，与"比例姿态修长，面部轮廓瘦削，颈部直挺，口角微笑"的魏代造像风格和"造型体积充沛丰满，雍容庄严而大方"的唐代造像风格，具较明显区别。

灵官阁

至唐代大中十年沙门议初题名之后，僧侣们在玉函山巅建造了兴隆寺，等到了宋代则改为了道教的泰山行宫。明清时期，山巅的泰山行宫改为碧霞元君祠，筑南天门和三大殿。康熙十一年，在西佛峪寺边建造灵官阁。官府随之整修盘路，命名为"翰十八盘"，并立禁路碑加以保护，面貌焕然一新。

玉函山后山有山道，修建于康熙元年（1662），名为"翰十八盘"，蜿蜒崎岖，通向灵官阁。山道中有石碑座，名《兴隆山新修盘路记》，立于康熙元年，记载了该处山道修建的时间及捐款人。

灵官阁坐落在玉函山背阴半山腰处，建于康熙元年至康熙十五年（1676）之间，分大殿、香社、前殿台等部分。清代曾多次重修，"文革"时期遭到破坏，尚存残垣断壁。

灵官阁外墙上，有《修建灵官阁香社题名碑记》石碑，刻录于康熙十一年（1672）；内墙有《修建灵官阁前殿台题名碑记》石碑，刻录于康熙十五年。前殿台位于灵官阁主殿下方，是一个石拱门，内有通往灵官阁的石阶。

灵官阁大殿南面有 3 座石碑，从左到右依次是：阴碑（《重修佛峪寺三仙宫云官庙碑记》），碑文记载了咸丰六年（1856）、同治元年（1862）对云官庙两次修缮的事迹；代粮碑（碑文模糊，只可辨认"修碑记"字样），立于康熙三十三年（1694）：万古流芳碑（即《重修泰山行宫碑记》），立于乾隆二十七年（1762），记载了重修泰山行宫的事迹。以上石碑，只有《兴隆山新修盘路记》《修建灵官阁香社题名碑记》两座可辨认字迹，其余因年代久远、风雨剥蚀而不再清晰。

玉函山山泉：溅玉流珠百草萋

玉函山名源出自汉武帝，胜兴则莫过佛峪寺，而其灵秀之所在，还是赖于山间的诸多汩汩清泉。玉函山间共有大小泉池 10 处：蕊珠泉、王母池、鹁鸽泉、灰泉、大泉、沛泉、永清泉、东峪泉、花山峪二泉，另有一泉现已无从发现，正所谓"红叶古岩阴，苍柏野寺深，斜阳明岭背，秋水静禅心"。

蕊珠泉：玉函山阴，共有三峪，自西而东分别为西佛峪、柏石峪和花山峪，这些山峪随处皆泉，是大山的钟灵所在。西佛峪，"丹柿满谷，异境天开，其内有蕊珠泉"。蕊珠泉，清道光《济南府志》有载，在佛峪寺新月形石厦"岩若窟"之下，为玉函山第一名泉。泉水由岩壁上渗出，滴入下方人工开凿的方池。因水流撞击，池内常有水花泛起，状如蕊珠，故名蕊珠泉。盛水季节，泉水溢出，从北面的石隙中泻出，顺势跌落崖下，夕阳返照之时，从远处看去，犹如一道金线，景观甚奇。清代济南诗人杨致祺描写此景说："飞瀑半空落，悬流万仞直。"若值深秋，红叶满谷，黄花遍野，翠柏相映，景色宜人。

鹁鸽泉：蕊珠泉所在的佛峪寺西端，为灵官阁，自阁西南行可至鼓楼峰。这里山势回旋，悬崖峭壁直立，如在天井之间。悬崖边有小路可行，如履云梯，东侧林间路旁有泉名鹁鸽泉，泉水出自一石岩下，积于岩前，盛时直下深渊，旱时则断流干涸。泉因四周多野生鹁鸽而得名，为山间鸟兽饮水之处。济南诗人方启英诗说"野鸟频呼侣，山猿自饮泉"，是极为恰当的写照。

王母池：位于玉函山巅，山顶平阔，东侧原有兴隆寺，亦叫卧佛寺，建于唐代，西侧原有宋代所建的泰山行宫，因祀泰山碧霞元君，所以也叫碧霞祠，现寺院遗址仅存少量建筑，王母池在碧霞祠废墟北侧，形似方井，亦称瑶池。泉边花草丰茂，冬季则可观雾凇，是山顶唯一的水源。传说是王母娘娘沐浴的地方，并有"惊鸟留玉函"的故事传世。

灰泉：在玉函山北坡登山路西侧密林中，水自石缝涓涓流出，积于直径 1.3 米左右的圆形浅池，时有枯竭，昔日为僧人饮用山泉。据清雍正十年住持僧人通惠所立的《西佛峪石灰泉碑记》说，玉函山俗名兴隆山，山上传说有很多神灵。佛峪寺下的山坳间"有惠池澄清"，该泉为佛峪寺所属之地，历来僧侣借助泉水生活，所以只能供僧众所用。后来周围各村也来取水，自然不能为僧徒满意，因此大家商议后立此碑，划清用水界限以告民众。最终各庄人士商议后得到的结论是"止许峪口拾人度用"，其他人等不能再来这里取水了。由此可见，当年的灰泉名叫"惠池"，水量很大且泉水澄清，是大山钟灵的所在。

大泉：在玉函山安息园西侧山腰处，为长 8 米左右天然三角泉池，水自岩缝流出，积于池内，清澈见底，常年不涸。泉因水势很大而名大泉。

今人在池东壁雕一龙首，将泉水导入新建的蓄水池，作为四周消防的水源。泉上小亭翼然，泉畔垂柳婆娑，由亭内南望玉函山主峰，则如画在眼前。

东峪泉：在玉函山北侧柏石峪村南，因源于东峪岩下，故名。泉水自深4米多的岩洞流出，顺山势层层下跌，沿峪沟北流，洞周崖壁湿润多水，夕阳返照熠熠生辉。

沛泉：在柏石峪村南，帅旗峰下果园内，因泉源丰沛而得名。泉旁石壁上刻沛泉二字，水自崖壁多处缝隙中流出，积于方池，清澈见底，水盛时漫溢外流。

永清泉：在玉函山东侧。花山峪村南峪中，为3米深井形泉池，水盛时溢出，沿山峪漫流，池旁有1966年所立泉名碑。泉东南5米左右岩壁上，还有两眼季节性山泉，雨后，腾突喷涌，与众多山泉汇流，沿山峪下泻。

花山峪二泉：在花山峪村大街旁，南北相距百余米各有一井形泉池，是村民饮用水，俗称"泉井"。南泉东临山峪，料石砌成石台，巨石铺面；北泉略小，形制同南泉，水皆四季不涸，盛时溢出。

云外泉：清道光济南府志著录，称：在函山佛峪，今已迷失。

玉函山景色秀美，文化底蕴深厚。有诗赞美："飞鸟留函传古迹，隋唐造像最珍奇。焚香拜祭佛书喜，溅玉流珠百草萋。"

知州马国翰

马国翰，字词溪，号竹吾。历城人。1794年生。自幼随父在山西任上读书。他学习勤奋刻苦，少年时就显露出文思敏捷的才能。

马国翰19岁时，在家乡考取秀才。于是便以教书为业，先后开馆于古祝、治山及鲍山、黄石兴隆寺等地，一直当了20年的私塾先生。至道光十二年（1832年）才考中进士，发陕西任职，先后任敷城、石泉、云阳等县知县。道光二十四年，升任陕西陇州知州。

马国翰生活的时代，正值汉学盛行之际。不少学者慑于封建专制主义的淫威，消极避世，一心埋头于考释、校勘和搜辑古代文化典籍及各种文献上。受这种学风的影响,马国翰早年即对许多珍贵古籍的散失深为痛惜,决心做一番大规模的古书辑佚工作。他还是秀才的时候,每见到异书,便抄录下来。中进士后,步入官场,廉俸收入多用于购书。日积月累,他购买的书籍达 57000 余卷。

道光十八年,马国翰请假回籍,集中精力从事辑书工作。

道光二十四年,马国翰赴陕西上任。这时,《玉函山房辑佚书》已基本完成,在陇州知州任上,他请人开版刻印。全书分为经、史、子三编,七百多卷。道光二十九年,刻成经、子二编,同时写成了读书札记《目耕帖》三十一卷。咸丰三年,马国翰因病回乡。1857 年去世。

《玉函山房辑佚书》是一部文献学的浩繁巨著,它为搜集和保存中国古代文化典籍作出了可贵贡献。除此以外,马国翰留传下来的作品还有《竹如意》《红藕花轩泉品》《玉函山房文集》《玉函山房诗集》等。

佛峪寺的两个和尚

在分水岭村东的玉函山上有一寺庙,名曰佛峪寺。

时间倒转流回至 1966 年。

1966 年的佛峪寺,仍是佛家修行之地,俭朴清净,幽隐山林。寺中能字辈师傅,俗名刘风岭,祖籍济南,乃佛峪寺尊辈之僧,头心印有 6 点印记,为真正受戒僧人。其下又有一僧,法号仁正,生性仁厚,祖籍乃是泰安属地。另有一僧,亦能字辈僧人,其名不祥,早年前往山中别庙驻守,村人少人知闻。

佛峪寺中唯留此二人于玉函山上念佛修炼,自种薄田几亩,足可供给温饱,且喂养一头耕牛,常放食于山间草地。茅椽蓬牖,粮苗麦田,二人一心求佛,勤于种植修炼,摒弃纷扰红尘,自给自足。

1966 年 8 月 19 日,国内“破四旧”之风兴起。二人被赶离佛寺,所拥有土地耕畜皆被就近划给分水岭村。仁正意欲归泰安故里,投靠家中亲戚,刘风岭无处可去,分水岭村将其编入第二生产队。

风岭和尚自“破四旧”之后,无心农事,队里只让他放牛。风岭每每放牛于田间山野，任牛食草，自顾盘坐于阳光之下，五心向天虔心修佛。虽无寺堂佛像可供解悟，却仍旧日日修行不止，其余纷扰凡尘，不欲参与其中。

仁正一路奔回泰安，欲寻旧日亲人。然其自出家起便多年未归，家中亲人唯剩一侄儿。因侄儿与叔父没见过几面，又正值家中贫困，口粮养育自家孩童尚且不足，况又加一壮年汉子。于是，仁正被拒之门外。仁正思虑再三，决定再回分水岭。若有幸，或许能被收留，除此之外，再无他法。无奈之下，仁正疲惫而归，请求村里收留。村民心善，无多异议，便也收留了他，编入第一生产队。

仁正与风岭却是大为不同，他自分到分水岭村，心中时时感念村人收留之情，做农事分外出力，脏活、累活、苦活争着干，未曾有怨言。每及活歇工止，必定是五心修佛，常坐于晒麦场修炼，日光再暴烈，天气再燥热，其身却从不见汗意，悠然自得，如沐徐徐春风。

时岁平缓前往，直至1976年间，时值"文革"后期。风岭性执，遭人检举，被押于劳改所，期限两年。两年后，风岭回至分水岭村。此次村民不同当年，讳其劳改之前史，恐带来不祥，不愿再收留。佛教学会怜风岭遭遇，派其前往千佛山值守，他欣然前往。

此时的仁正，仍留在分水岭村，一生劳作，终身自戒修行，自泰安归来后，便不曾离开，其既平淡又跌宕的一生最终止于分水岭村晒麦场边的小屋内，享年80岁。因其一生为僧，未还俗破戒，亦无家人，村民将之安葬于村中墓地。而此时的风岭，又被派遣至五台山。

十年后，值分水岭村拆迁，墓地移址。村民开仁正棺木，见其骨坚硬瓷实，表面光滑如新，毫无老人骨骼松散、凹凸等现象，众人称奇，只当是一生修佛食素所致。尊其佛家造诣，将其骨移于玉函山南部柏树林中，葬于百年古松下。而风岭，村人言，自当年别后便未曾得见，只闻其于五台山平心修佛，时至今日，仍活于世，算来已有百余岁了。

抗美援朝时期

1950 年，"雄赳赳，气昂昂，跨过鸭绿江，保和平，为祖国，就是保家乡，中国好儿女，齐心团结紧，抗美援朝，打败美帝野心狼"的歌声唱遍城市乡村、大街小巷。分水岭村积极响应政府号召，动员青年报名参军。第一批参军的是王福亮，他随中国人民志愿军开赴朝鲜参加战斗，抗击美军。在战斗中不幸被俘，被押解到一个小岛上，受尽折磨，后来在交换战俘中，美国本应该将王福亮送还，却背信弃义，把他押到台湾，致使王福亮长时间杳无音讯。村民和家人都以为他牺牲了，政府还授予他革命烈士称号，为他家挂上了"烈军属"牌。

王福亮被押到台湾后，思念家乡，但由于大陆与台湾长期处于敌对状态，根本无法与家人取得联系。两岸关系缓和后，王福亮于 20 世纪 80 年代中后期回到分水岭村探亲，之后又返回台湾生活。

1951 年，19 岁的分水岭村村民赵书颜，作为村里第二批人员参加中国人民解放军去抗美援朝，被编在第十四野战军。他曾随部队到达鸭绿江边，后来根据战争状况和部队需要，先后被派往南京、兖州的部队医院做照护员，负责医治照料从前线下来的伤员。赵书颜 1952 年 5 月复员回村。他今年已是 83 岁高龄，身体尚好。上级政府每月给他 600 元生活补助，村里每月发给 600 元养老金，衣食无忧。

17 岁的村民王福德和赵书颜一样也是第二批参军，他作为部队照护员分别在上海、南京部队医院护理伤员。两年后复员回村务农。后因病不幸去世。

战斗英雄韩文堂

韩文堂出生于 20 世纪 30 年代的分水岭村。1946 年，不到 20 岁的韩文堂被国民党抓走当壮丁。解放战争时期，他被中国人民解放军俘虏，经过教育改造后，自愿成为一名人民解放军战士，从此开启其不平凡的一生。

韩文堂参加过解放战争和抗美援朝战争，经历过兖州战役、淮海战役、渡江战役、上海战役、上甘岭战役等，隶属于中国人民解放军 9375 部队，是当时著名的王牌军。他勇猛强悍，敢于冲锋陷阵。在枪林弹雨的战场上，奋勇向前，冒死拼杀，立下了赫赫战功。

1948 年夏，中共中央军委为了打通与鲁西南的联系，从战略上配合华东野战军西线兵团的夏季作战，指示华东野战军山东兵团出击津浦铁路中段，由北向南逐步歼灭泰安至临城（今薛城）各点守敌，进逼徐州，揭开了兖州战役的大幕。韩文堂所在的队伍作为先头部队开辟主要战场，王牌军的每次出动，都让敌人闻风丧胆。敌人的火车在经过王牌军的防区时，车上的灯都不敢开，可见王牌军的威慑力之大。正是因为有千千万万个像韩文堂这样在战场上有勇有谋、无所畏惧的战士，中国人民解放军才顶住了国民党军队的火力和疯狂反扑，获得兖州战役的胜利，使鲁中南、鲁西解放区连成一片，进一步孤立了济南国民党军。

1948 年 11 月，淮海战役打响。中国人民解放军华东、中原野战军以徐州为中心，对国民党军进行了战略性进攻。淮海战役是三大战役中解放军牺牲最大，歼敌数量最多，政治影响最大，战争样式最复杂的战役。手榴弹、迫击炮弹爆炸声，刺刀、枪械的撞击声，声嘶力竭的呐喊声汇成巨大的声浪。身为机枪手的韩文堂在战壕里摸爬滚打，在猛烈的炮击中毫不畏惧，拼命射击。一次，副连长的腿被敌人的炮弹炸断，韩文堂带着两个士兵冒着生命危险在枪林弹雨中把炸断的腿找了回来，他的勇猛可见一斑。

据韩文堂的后人描述，韩文堂一米八几的大个子，身体强壮。在一次炮兵比赛中，别人都是两个人抗一个炮弹，而韩文堂自己就能扛起一个，并且能够健步如飞。他不仅勇猛，而且善于动脑，在长期的战斗中积累了丰富的经验。韩文堂给后人描述他的经历时曾提道：当听到稀疏的枪声时，千万别抬头，说不定敌人的机枪手正瞄准你；当听到密集的枪声时，你可以抬头射击，这说明敌人可能在没有目标地乱射击。他虽然经历过多场恶仗，但却从没负过伤，这与他较高的身体素质以及灵活机智是分不开的。

　　渡江战役打响后，中国人民解放军在瓢泼大雨的晚上发起进攻。队伍的船只经历着巨大的考验，有的甚至被风浪打翻。当时，我军官兵大多来自北方地区，绝大多数人不会游泳，甚至很多人连大江、大河都没有见过，不但缺乏游泳技能，而且还很怕水。在训练的时候，韩文堂和他的战友们群策群力，制作了各种各样的简易救生器材，它们有的是用葫芦做成的，有的是用竹筒或杉木做成的，还有的是用干稻草做成的。这些都在渡江战役中发挥了很大作用。

　　解放战争胜利后，命运没有给百废待兴的新中国休养生息的机会，抗美援朝战争出人意料地打响了，韩文堂跟随彭德怀率领的中国人民志愿军奔赴朝鲜战场。上甘岭战役可谓是中国战争史上最严峻、面临困难最多的战事之一。以美国为首的"联合国军"先后出动 3 万多兵力，用轰炸、熏烧、堵塞、封锁等手段围攻上甘岭，使用大量的大炮、飞机和坦克，炮弹密度更是高达每秒 6 发。

　　面对如暴雨般袭来的子弹，韩文堂没有畏惧，而是敢于冲锋陷阵。他所在的部队弹药不足，硬是用手榴弹、手雷、爆破筒把韩军地面部队击退。韩军只得唤美军的航空兵火力支援。美军出动了 20 余架轰炸机投掷凝固汽油弹，阵地成为一片火海，有些山地被炸成了平地。在激烈的战斗中，战前储备的弹药都被消耗殆尽，武器损耗也非常惊人。韩文堂的枪，经过长时间高强度持续射击，都被打得发红。

　　激烈的炮火使得整个上甘岭都被硝烟所笼罩，相隔百米就无法看到信号枪的光亮，只好使用迫击炮发射信号炮弹来进行联络。黄昏时分，部队已进行了一天一夜的激战，伤亡巨大，后援无继，无力再战，只得放弃表面阵地暂时退入坑道。美军对坑道口用炮抵近射击；用炸药包爆破；向坑道里投掷手榴弹；甚至使用飞机低空俯冲扫射……

　　据韩文堂后来描述，当时在坑道中的志愿军守备部队简直就像是乘坐着小船在波浪滔天的大海上颠簸，强烈的冲击波激荡着坑道，甚至有小战士被活活震死。美军火力猛，坑道口又很窄。眼看情况危急，志愿军只能用炮火制止美军对坑道口的破坏。天色一黑，坑道部队就组织小分队出击，四下炸地堡、摸哨兵，搞得美军草木皆兵，夜不得宁。

在坑道里他们遇到了无法想象的困难，不仅与外界的联系被切断，而且缺水、缺粮，生存异常艰难。火线运输员付出几条生命代价送进坑道一袋压缩饼干，但干燥至极的口腔和食道根本无法吞咽，饥渴成为他们最大的敌人。韩文堂等志愿军只好拿碗接坑道上滴下的泥水来解渴，用萝卜来充饥。正是在如此艰苦的环境中，中国人民志愿军取得了上甘岭战役的胜利。

通过残酷战争的洗礼，韩文堂从一个平凡的战士成长为一个正气凛然、顶天立地的英雄。由于小时候家里很穷，根本没有多余的钱供韩文堂读书。复员后的他，并没有享受安逸的生活，而是努力学习、补课，自学成才。抗美援朝战争结束后，他曾去过天津，后辗转到达安徽，担任马鞍山百货大楼的总经理。在这期间，韩文堂和工人们一块下车间，搞生产，积极为祖国的经济建设多做贡献。

韩文堂 2002 年病逝于南京。

"接生婆"赵奶奶

旧时，农村生孩子基本上都不上医院，谁家如果有产妇马上要临盆了，就会派人去请接生婆。接生婆是旧时民间以替产妇接生为业的人。因历史时期和南北地域及民族文化的不同，其有"隐婆""产婆""收生婆"及"老娘婆"等多种称呼，属江湖"三姑六婆"之列。

接生婆是一个很重要的职业，老百姓居家过日子，可能一辈子不请医生，但谁也不能说用不到接生婆。民间有句俗话：妇女生孩子就是在鬼门关前走一遭，是一手倚炕沿，一手扶棺边，孩子的生日就是娘的难日。

"放松！用力！再用力！"一位额头布满细密汗珠的老奶奶，一边用手轻压着躺在床上的孕妇，一边柔声地安慰着。孕妇在大声地呻吟、翻滚，声音在寂静的村里传得很远。老奶奶突然神色紧张起来，她看到的不是婴儿的头，而是一只脚。"胎儿移位了，难产！"老奶奶脑中闪过这一念头。

她毫不迟疑地伸出两只手，轻柔地顶住婴儿的脚，慢慢地往回缩，直到婴儿两只脚平了，她才会松开手。然后再用手将胎儿推至顺直，等待头部对准产门。老奶奶布满老茧的双手就像是被赋予了魔力一样，给了产妇无穷的力量与温暖，让她顺利产下孩子。这一过程，虽然只有短短的几分钟，可感觉是那样的漫长，此时，她才发觉，自己的两臂有些酸痛，穿在里面的内衣也已经湿了。这是她又一次见证了一个小生命的诞生。这位老人家就是分水岭村民赵彦荣的奶奶。

赵奶奶是一位接生婆，在村周围几十里非常有名气。遇到难产，一般人处理不了的，请奶奶过去接生，都能化险为夷、母子平安。赵奶奶也是热心人，不管春夏秋冬，也不管白天黑夜、刮风下雨，随请随到。如果是远处的生孩子，条件好的人家，套挂马车或牵头毛驴来接；条件不好的，也会推辆独轮车来接送。路近的人家，奶奶就步行过去。接生也不收费，权当是帮忙了。

在接生的时候，若遇产妇横生、倒产、偏产、碍产等难产现象，赵奶奶总是临危不乱、处变不惊。她总结出一套专治难产处理办法：遇到横生的情况，赵奶奶会让产妇安然仰卧，用热水温手后，几下子就可将胎儿推至顺直，当胎儿头对产门，并以中指探其肩部，不使脐带羁绊。再令产妇努力，胎儿即可顺生。

婴儿出生之后第一步就是断脐，赵奶奶将婴儿的脐带剪断时，常常是预留一小段，用细麻线缠扎，再仔细折叠盘结起来，外敷软棉布包扎好才算结束。通常三、五日后，婴儿残存的脐带就会脱水干枯，进而自然脱落，形成一个略为下凹的脐眼。这一小小的动作，足见赵奶断脐的工夫。通常，若脐带脱落后，脐眼外突，接生婆的"报酬"就会少去许多，话传开去还有可能砸了饭碗。赵奶奶断脐时格外用心，冬日恐剪刀太凉冷气内侵，往往以棉布相裹用齿咬断脐带。

很多接生婆不愿意在晚上接生，因为人在晚上的时候容易疲劳，这一点不仅是接生婆，就连产妇也是如此。人一旦疲劳，就很容易犯困，谁也不愿意动弹了。而且在农村，夜路十分难走，路上没有一个路灯，田间地头泥泞不堪，加之接生婆大多是四十往上的中老年妇女，自然就更不愿意出门了。接生婆十分注重个人口碑，如果在接生的时候产妇出现了问题，以后就没人再找她了。农村都是熟人的圈子，只要有一点不好的事情就立刻传播开来。

接生婆的工具很简单，就是一把剪刀、一块毛巾、一个脸盆。做这一行，经验往往比技术更重要。过去没有什么检查仪器，对孕妇腹内的情况只能凭经验估摸，好的接生婆多是通过多年的接生锻炼出来的。在过去那种医疗条件下，如果没有接生婆，不知会有多少无辜的小生命死于非命，又有多少产妇经受更多的痛苦。

如今，赵奶奶虽已经过世多年了，但邻里乡亲始终没有忘记这位可敬可爱的老人，他们将赵奶奶的事迹刻在了她的墓碑上，无论是清明节，还是赵奶奶的忌日，总有很多人前来探望。而赵奶奶的子孙们也为家族中出现这样一位平凡而伟大的老人感到骄傲和自豪。

酒井梦家，不赶王朝栋家

"酒井梦家，不赶王朝栋家"，这是分水岭村里老人们经常说起的一户人家。为什么老人们会这样说呢？这就要从新中国成立前说起了。

当时，酒井梦是分水岭南边某村的一位大地主，家里有几顷的良田且家财万贯，可谓是富甲一方。用现在的时髦话语就是一位"大富豪"。就是这么一位大富豪，都赶不上王朝栋家。那么，王朝栋又是何许人也呢？

王朝栋，分水岭村人。自幼爱学习，头脑灵活，善于经商。当时，无论是搞运输，还是农业生产多以马、骡车为主。王朝栋看准了这个商机，从泰安地区买过来马和骡子，再贩卖给邻近周边的村庄。他不光在分水岭村周边出名，在泰安地区也十分有名气。当时，只要老百姓家里需要牲口或者想卖牲口的，首先想到的就是他。他也十分热情好客，对人真诚、和善，做生意讲诚信，十里八村的人几乎没有不认识他的。

不仅他的名气大，他的兄弟也是一位名人。他的兄弟是一名兽医，专门为牲畜治病。他治牲畜不仅快，而且效果好。如果牲口得了比较难愈的病，只要送到他那，先为牲口放血，然后敷上自己配制的"特效药"，立马见效，人们都佩服他的高明医术。

王朝栋靠贩骡、马发了家，又有兄弟的医术相助，成为分水岭村远近闻名的富商。

西十六里河的由来

　　西十六里河村，原名玉函山庄，始建于明朝洪武年间，已有近 650 年的发展历史。因为该村靠近玉函山，所以清道光年以前称"玉函山庄"，后改称"西十六里河村"。

　　南部玉函山上的常年雨水和泉水向下流淌，由南到北自然地形成了一条河，它与兴济河在东方红桥下汇集，流向济南的小清河。因这条河距省政府院前街 16 里，所以称为十六里河。以这条河为界，河东边称东十六里河村，河西边称西十六里河村。西十六里河村土壤肥沃，宜于种植，南望玉函山，西靠万灵山，风景秀丽。明洪武年间，西十六里河村的先人们先后迁到此地定居，世代繁衍，形成村落。

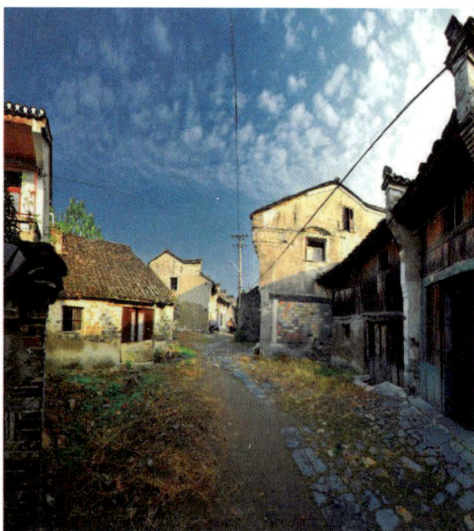

据《元史》《明实录》《续文献通考》等史籍载，元末战争使两淮、河南、河北、山东等地人口骤减，有"十亡七八"之说。战争、水灾、蝗灾、瘟疫频繁发生，使山东的人口死亡率居于当时全国之首。

齐鲁之地由于元末兵燹战乱，饥荒瘟疫，"几为丘墟焉"，生灵涂炭，人口稀少，成为移民的重点地区，这已为当地众多姓氏的家谱、碑刻及野史、民间传说所证实。明洪武二年（1369），来自山西省洪洞县、直隶冀州枣强县（河北省枣强县）的大批移民迁到山东省。西十六里河先有扈氏、赵氏和毕氏族人迁入，后有李、姜、王、孙、张等姓氏族人陆续迁入。据《赵氏族谱》记载，西十六里河村赵姓始祖赵兴，于明朝洪武二年从河北省枣强县迁至该村。

西十六里河村民与水的缘分

早在 100 多年前，西十六里河村就有了水井，由于历史久远，村民称之为"古井"。古井位于村西边，离娘娘庙很近，给过去村民的生活带来了很大方便。

据村里的老人们说，村里没有井时，村民吃水要到北康而庄的大湾里挑水。但是大湾里的水并非常年都有，只是下雨时存蓄些水。干旱时，大湾里没有水，村民只好去趵突泉拉水，路程较远，非常不方便。

为了解决吃水难的问题，村里打了这口井。在当时，镢、镐、锨是主要的挖掘工具。小木辘轳托盘载着筐从井里往外拉土，从井口往上提土的工具是辘轳杆子。由于测量工具原始，垂直度很难掌握，在打井过程中，容易出现错位。打井人通过相互敲击产生的回音来确定方位是否准确，如果发生偏差，只能重新丈量确定位置。

据说，这口井进行了两次翻修，村民称之为"淘井"。第一次淘井在20 世纪 30 年代，村里卖了 18 亩地，用卖地的钱雇了支打井队来淘井，给打井队的工钱是淘一尺一块大洋。1962 年，井底坍塌，大队组织村民再一次淘井。这次淘井有十几个村民参加，大队管饭，姜文峰就是其中一个。

据他说，当时那口井有 24 丈（80 米）深，大家轮流去井下淘井。这口古井解决了西十六里河村民吃水问题。

抗日战争时期，屯驻在西十六里河村的日本兵强占街北的民居，将村民赶走，并将民房之间的墙拆掉，以便他们进出和把守。不仅如此，他们还强行霸占了村里唯一的水井，并派兵把守，不准村民过来打水，井水只能他们喝。逼得村民不得不翻山越岭到邻村挑水，甚至到几十里外的地方拉水吃。

由于西十六里河村水资源缺乏，在建国初期种植小麦和玉米都是靠天上下雨自然灌溉，或者从村里的旱井里挑水浇灌。旱井是用来蓄积雨水和其他流水的蓄水设施，又称水窖。

通常在场边、地头、路旁、院落等流水较集中的地方挖井。井深一般 5~10 米，直径 3~5 米，容积 30~40 立方米，井口小而下部大，形似花瓶。井口用砖石砌出井台。为防止蓄水渗漏和井壁坍塌，井壁常用白灰等打磨加固，井底用石灰打磨、夯实加固，防止渗水。这种井在雨季时可以储水，以备旱季种地用水。

村民种植地瓜，只在地瓜栽种时用扁担挑水，而且一年只浇灌一次。浇水的多少取决于当年雨量的多少，一般情况下一亩地瓜约需要 40 担水才能浇一遍。

1958 年以后，西十六里河村少数村民由用扁担挑水改为用手推车推水。一车可以载 6 桶水，大大提高了效率，15 车水就能浇灌 1 亩地。1963 年西十六里河村遇到大旱，村里的旱井里没有一点水，全村男女老少齐出动，用地排车去八一礼堂拉水。

为了保证粮食稳产增产，在政府兴修水利的号召下，西十六里河村村民家家户户齐上阵，积极参与修建水利工程。1958 年参与修建了卧虎山水库工程。公社出机械，村民用手推车往水坝上送土石。1966 年卧虎山水库修好后，通过水渠直接把水引到田间地头，引来的水可以即时浇地。1966 年前后，村里开始修建村北头的西河水库，但由于缺乏水源，没完工就荒废了，成了一片洼地。1968 年前后西十六里河村又参与修建锦绣川水库。

村民用手推车一车车地运送沙子、石头，为锦绣川水库的修建立下了汗马功劳。另外，20世纪50年代黄河水患严重，村民多次参加黄河抢险。那时的劳动工具落后，基本靠人力，吃的是玉米饼子、窝窝头。新中国成立以来西十六里河村的村民为济南的水利工程建设做出了应有的贡献。

娘娘庙

西十六里河村有座历史悠久的古庙——娘娘庙，据说建于明朝嘉靖年间。其坐北朝南，分为前院和后院，南门为正门，东门为偏门。庙中分别坐落着大殿、东屋、西屋、北屋。庙内树木繁茂，香火旺盛。相传，这座娘娘庙与玉函山的王母娘娘有一定的渊源，传说，玉函山上有一种奇怪的鸟，长着青色的足，赤黄的嘴，火红的额头配上白色的翅膀，令人惊奇万分。这种鸟乃是西王母的使者，专门负责守护西王母藏在山上的玉函。汉武帝在山上得到了玉函，玉函却在汉武帝下山时化作神鸟飞走了。

从娘娘庙的正门进入首先看到的是3间房大小的大殿。大殿比院中平地高出约80厘米，中间供奉着王母娘娘的塑像。殿内摆放着石头供桌，以供人们供奉神像，供桌后面有个北门。大殿西侧有一间小屋，称为"小北屋"。据村里老人说，这间小屋里也有神像。院内还有东屋，西屋各3间。娘娘庙的前院有一棵离正门较近的古杨树，有20多米高，占地有一间房子那么大。大杨树的东南边是钟楼，大钟是用铁制成的，放下来里面足以容纳4个人。这鼎大钟在1958年大炼钢铁时被拉走。

前院四个角落各有1棵柏树。村里老人说："这四棵柏树就像四位大将军守护着大殿"院子西南角还有两棵槐树。

娘娘庙后院比较大，1931年新建了7间北屋，房屋前面偏西方向有两棵青桐树，偏东方向是一片木槿花。

娘娘庙是很神圣的地方，无论是庙中的花草，还是树木，都有着吉祥的象征。古老的柏树斗寒傲雪、坚毅挺拔，乃百木之长，素为正气、高尚、不朽的象征。木槿花生命力极强，象征着历尽磨难而矢志弥坚的性格。

　　1901年，娘娘庙改为西十六里河小学学堂，大殿、东屋、西屋作为教室和办公室。1931年，在后院新建7间北屋作为教室。大殿内的神像不复存在，只剩下石头供桌，墙面挂上了"教学做"的牌匾。新中国成立初期，为了建造铁路，娘娘庙中的4棵柏树和一棵大杨树被制成枕木。后来，因扩建校舍，娘娘庙中的石头供桌和石碑被砸碎用作地基材料。

关帝庙

　　西十六里河村有一座关帝庙，光绪五年曾被翻修。关帝庙分为前院和后院，南门为正门，西门属庙的偏门，占地约200平方米。据村里老人描述，以前关帝庙的正门两边有两块大石头，一进正门是六层台阶，台阶两旁是很光滑的石头，小孩经常把它当作滑梯在上面玩耍。正对着南门的是一间大殿，大殿门口两侧有两座神像，神像扛着大刀保护着关帝爷。大殿内有个台子，台子上是高约2米的关帝神像。

　　院子西面是西门，进西门往北走就到了后院。后院东边有4间房子，土地改革时分给了村民。1953年前后，因破除迷信，关公神像及大殿门口两侧的两尊神像被毁。到了20世纪80年代，村里又重塑一尊关公神像。1995年前后，关帝庙被翻修。2004年，神像被盗。

　　2010年春季，由于实行旧村改造，关帝庙被拆除。当年又重修，由王淑萍负责，历时45天，花费3万多元，将以前的前后院改为独院。正门是朱红色的木头门，大门的上方有石刻"关帝庙"三个大字。大殿用以前的青砖砌成。为了防止下雨积水，翻修时将院子垫高，大殿门前的台阶也由六层改为四层。大殿是褐色的木门，木门两边各有一扇老式木窗。大殿内供奉着关帝神像，旁边还有小型的玉皇大帝、王母娘娘、财神爷等神像。关帝神像正前方摆放着方桌，方桌上摆着香炉，地上放着黑色的皮质垫子，方便人们跪拜。大殿东边有座小石头屋子，里面有弥勒佛神像。大殿的西边有一间北屋，比大殿高，里面供奉着泰山奶奶等神像。院子的西屋供奉着多个财神爷神像。院子中央是一米多高的香台，香台后面是石制香炉。

院子西南角立着块约高 2 米的功德碑，记载着光绪五年翻修关帝庙时捐款村民的名字。石碑旁边供奉着土地神像。重修后的关帝庙焕然一新。

每年的农历二月二、三月十四，西十六里河村及附近村庄的村民陆续来关帝庙上香祈福。

万灵山

万灵山位于西十六里河村西边。山有七座山头，主峰海拔 316.4 米，从西南向东北楔入，形成主体山脉后又呈扇形向北延伸，然后伸出五座山头。这些山头虽然都不甚高大，但大小七座山头连为一体。也很有气势。万灵山有八大景，分别是，通天峪沟、罗圈石崖、金鸡岭、宝石山、老虎洞、桃花峪洞、鸽子泉、母鸡腔。万灵山原为一片荒山，后来由西八里洼村的张氏在北面半山腰上修建了庙宇，并在庙前种植了树木。西八里洼村的几个和尚在山上种蔬菜，但是并不经常在庙里居住，只是隔三岔五从西八里洼过来照料菜园。解放初期，由于该庙无人管理，导致坍塌。后来，山上栽了大片树木，万灵山渐渐地变得树木茂密，鸟雀栖居，环境清幽。

进入 21 世纪，万灵山山林中安装了简易健身器材，还有四通八达的游览便道，成为市民游览、健身的好去处。

古槐树

有一棵古老的槐树屹立在西十六里河村西南，这棵老槐树大约有 100 多年的历史，高约 20 米，粗得要几个人才能搂抱过来。

每到四、五月份，村子的上空，槐花飘香，沁人心脾。村子拆迁以前，每年夏天，老槐树下就聚集许多老人。他们总喜欢坐在树下乘凉，给孩子们讲各种各样的民间故事。金秋时节，老槐树的树枝上挂满了一串串翡翠珠似的槐树豆。有的刚刚长出来，水灵灵的；有的已经成熟，一股水儿变成了豆子。

万灵山上修碉堡

解放战争，是中国人民解放军在中国共产党的领导和广大人民群众的支援下，为推翻国民党统治、解放全中国而进行的战争。解放战争摧毁了国民党反动政权，从根本上推翻了帝国主义、封建主义和官僚资本主义在中国的统治。

1946年前后，国民党军队在万灵山上修建碉堡，逼迫西十六里河村的村民每天轮流往山上送水，还要村民按地亩出人去修建碉堡。当时有好多十二三岁的少年都被迫去山上扛石头。据已经80周岁的程书安说，他12岁时就曾在山上扛石头修碉堡，并且见证了国民党军队的冷酷。一天中午下起大雨，村民仍被迫去修碉堡。天上电闪雷鸣，三个村民被雷电击中，其中两人死亡，一人受伤，国民党兵在一边无动于衷。

据80多岁的姜文峰说，1946年，国民党抓壮丁抓得非常厉害。当时有很多人被抓了壮丁，村里的青壮年都被强制征走了。如果不想去就强行绑去；若是试图逃跑，抓住之后就直接枪毙。抓壮丁有时按年龄抓，有时按家里人口数抓。

新中国成立前，村民李敦诗在南方加入了国民党军，因学历比较高在部队从事文职工作。新中国成立后回到家乡，没过几年就因病去世。

中医大夫赵恩沾

赵恩沾，字雨亭。1910年生。历城县十六里河镇吴家村人。中医大夫。

赵恩沾9岁随父学医。熟读《内经》《伤寒论》《金匮要略》等书，着重于伤寒温病的研究。18岁开始看病，在家开设玉生堂药铺。

新中国成立后，参加联合诊所。后调入历城县医院中医科，曾任历城县卫生科副科长、历城县卫生协会理事、山东省荣军医院中医科主任。

赵恩沾医术精湛，医德高尚，登门求医者络绎不绝，在历城、长清、泰安、济南等地有很高的声望，被誉为城南的三大名中医之一。历城群众曾集资送匾以示敬意，匾幅上联"济士医术名驰鲁"，下联"育生濡流德著齐"，横幅"功同良相"。

赵恩沾遇难症常与同行商讨。他善于用姜，有独到之处。在同行中有赵干姜之称。根据医疗实际，他还编写了医疗口诀、汤头歌等医疗著作（已失传）。1968年去世。

抗美援朝的那些事

1950年，以美国为首的联合国军悍然发动了干涉朝鲜内政的战争，战火即将烧到鸭绿江边，新中国的安全受到了严重的威胁。西十六里河村积极响应政府号召，动员青年报名参军。

西十六里河村第一批参加抗美援朝的有8人，他们在1951年2月份奔赴朝鲜，并直接到前线参战。他们分别是：孙思舜、王学礼、赵景来、王广海、王传恩、李越诗、高长强、孙思宏。

孙思舜：1951年1月参军，2月随军开赴朝鲜，被编入中国人民志愿军第60军181师541团，担任三营的话务员。他参加了第五次战役。1953年，孙思舜随部队回国，被调派到南京军官学校进修。1956年复员回乡。

王学礼：在抗美援朝战争中英勇战斗，不幸被俘。政府以为他牺牲了，授予他家"烈属"称号。他在战争结束后交换俘虏时被送到了台湾，在台湾结婚生子。2012年曾回乡探亲。

赵景来：1951年2月随军开赴朝鲜，是一名步兵。他英勇战斗，不怕牺牲，冒着生命危险穿过敌人封锁的山头为部队送信，胜利完成任务，荣立三等功。已去世。

王传海：1951年2月随军开赴朝鲜，被编入中国人民志愿军第60军181师541团，担任三营的话务员。在1951年的秋季攻势中被敌人的炮弹击中，不幸牺牲。政府授予他家"烈属"称号。

王传恩：1951年2月随军开赴朝鲜，1952年在一次战斗中遭遇敌机轰炸，被埋在土里，不幸牺牲。政府授予他家"烈属"称号。

李越诗：1951 年 2 月随军开赴朝鲜，在守备战中英勇战斗，敌人发现火力点后用飞机轰炸，他不幸牺牲。政府授予他家"烈属"称号。

高长强：1951 年 2 月随军开赴朝鲜，是一名炮兵。已去世。

孙思宏：1951 年 2 月随军开赴朝鲜，是一名步兵。已去世。

西十六里河村第二批参加抗美援朝的是赵景德。他于 1951 年 4 月份参军，当时因停战未开赴朝鲜战场，在兖州十四院担任卫生员。1952 年初被调到福建漳州的 94 医院当炊事员。1959 年复员回乡。

送郎参军

解放初期，西十六里河村的妇代会主任是康井氏、张书芬。抗美援朝战争爆发之际，她们组织妇女送郎参军，为军属做家务劳动，如缝补衣服、纳鞋底等，鼓励前方战士英勇杀敌，打败美帝国主义。《中华人民共和国婚姻法》颁布后，妇代会大力宣传男女平等、婚姻自由。妇女的文化水平低，在妇代会主任的带领下，全村妇女投入到学习文化知识的热潮中去。

20 世纪 70 年代，由孙思慧、孙桂兰先后担任村里的妇女主任。她们带领村里妇女及生产小队的小组长给军队的战士纳鞋底；逢年过节给军属、烈属家里打扫卫生、贴春联；组织妇女清扫街道；编排吕剧《李二嫂改嫁》《小姑贤》等为村民演出。妇女主任还负责计划生育工作。80 年代中期，组织村里的妇女开展刺绣、糊火柴盒等家庭副业，共同致富。

抗日英雄赵正阳

赵正阳，原名赵景惠，字寒光。1918 年生于山东省历城县西十六里河村。1938 年加入中国共产党。曾任汶上县动委会主任。

1935 年，赵正阳于历城师范讲习所毕业后，在冷水沟小学任教。"七七事变"后，积极向学生宣传抗日救国，组织学生游行，抵制日货。1937 年在济南参加了平津学生抗日救国团。10月，被中共山东省委派到聊城范筑先部开展抗日救亡工作。

1938年，赵正阳在范县参加抗日游击队，同年加入中国共产党，后调汶上县任抗日救国动员委员会主任，率领武装人员与日伪斗争，并组织农民除奸反霸、减租减息，开辟抗日根据地。1939年5月，中共汶上县委员会成立，他兼任宣传部部长。

1942年，冀鲁豫区党委派赵正阳打入济南，恢复和加强敌占城市的抗日工作。按照党在敌占区和国民党统治区隐蔽精干、长期埋伏、积蓄力量、以待时机的政策，在极其艰苦的环境中，赵正阳及其领导的地下党组织成员顽强机智，前赴后继地与敌人做不懈斗争。

他刚回到济南时，一时找不到工作，后来联系到曾在历城县立师范任教员的俞吉仁老师（当时俞吉仁在济南伪行政人员训练班任教务长）。俞老师通过关系，介绍他去市郊王庄小学任教员。为了工作方便，他又调到济南市里黑虎泉小学任教员，并在南凤凰街租赁了一间小屋。

赵正阳像粒种子，在新的土壤里深深地扎下根来。那时，他在校担任历史、地理课老师，经常巧妙地利用课堂教学机会，讲述历史上的民族英雄故事，以此激发学生的爱国心、民族恨，唤起他们的抗日斗争精神。他还利用课余时间走访家长，深入做群众工作，从中发现进步力量。经校方同意，他组织成立了黑虎泉小学家长联谊会，将校外群众组织起来，发挥了很好的作用。

赵正阳工作踏实深入，有魄力，充满革命热情。他白天忙于教学工作，晚上进行地下活动，搜集情报，分析敌情，每天忙到很晚，有时甚至通宵达旦，生病时仍坚持工作。他紧密团结校内外群众，积极慎重地发展党的组织，发展了8名党员，还动员10余名青年去解放区参加革命队伍。

1945年5月，由于赵正阳的一个亲戚被捕，受其连累，他被日寇特务机关"泺源公馆"逮捕。在一个多月的严刑拷问和金钱、美女的诱惑面前，赵正阳始终坚持共产党员的高尚气节，抱定为革命牺牲的坚强意志，未暴露党的任何机密，敌人无计可施，便将他羁押于残害中国人民的新华院集中营。在那里他受尽了迫害和虐待，做苦工、被毒打、被抽血、被狼狗撕咬……两个多月的折磨，使他一目失明，一臂失灵，但他仍团结难友坚持与敌人斗争。党组织多方进行营救未遂。

1945 年 8 月 11 日，在抗日战争胜利的前夕，赵正阳惨死于"新华院"中，终年 27 岁。他在临终之前仍不忘"革命"，还暗示同志们将"革命"进行到底。牺牲后，他被日寇埋在无影山下的万人坑中。

虽然赵正阳没能亲眼看到抗日战争的胜利，但是他的血没有白流，无数的仁人志士继承他的遗志，抛头颅、洒热血，前仆后继地投入到追求民族独立和人民民主的革命事业中去，取得了抗日战争和解放战争的伟大胜利，解放了全中国，使中华民族屹立于世界民族之林。

他是最可爱的人
——记抗美援朝战士孙思舜

孙思舜，男，1932 年 5 月出生于西十六里河村一个普通的农民家庭，抗美援朝战争的爆发让他毅然奔赴朝鲜战场。孙思舜于 1951 年 1 月份参军，与村里的 7 名热血青年一同去朝鲜参战。

孙思舜等人在国内没有经过严格的军事训练，直接奔赴前线。去朝鲜时要渡过鸭绿江，没有船，需要部队游渡鸭绿江。鸭绿江很深，并且水流湍急，好多士兵被水冲走。部队抵达朝鲜后，他被编入中国人民志愿军第 3 兵团第 60 军 181 师 541 团 215 连，成为一名通信兵。他在朝鲜参加了抗美援朝的第五次战役。

孙思舜参加的第一次战斗是在朝鲜高台山，鲜血、死亡让他深深地体会到了战争的残酷，这是他经历过的牺牲人数最多的一次战斗。看着身边的战友一个个地倒下，他心痛得无法呼吸，只有化悲愤为力量。之后，他又参加了朝鲜中县的战斗。

在朝鲜战场中，敌人有装备优势，飞机、火炮配备齐全，火力猛。而志愿军没有制空权，行动主要在夜间，完全靠两条腿走路，选小路行进，注意隐蔽。但人民志愿军作战勇敢，使用主力迅猛穿插，昼夜连续突击，以分割包围敌人。在追击中利用复杂地形，植被和气象条件隐藏自己，使敌人的飞机不易发现，并尽可能地牵制住地面之敌，充分发挥近战夜战的长处，使敌人的飞机、大炮失去作用。

人民志愿军作战条件非常艰苦，在物资运送过程中经常遭到敌方飞机轰炸，物资很难及时运到前线，致使我方部队物资补给困难，小米加步枪是他们的真实写照。艰苦的战斗使他们的意志更坚强，凭着不屈的精神和英勇的战斗，最终赢得了抗美援朝战争的胜利。

1953 年，孙思舜随部队回国，被调派到南京军官学校进修。1956 年复员回乡。回乡后，他去了济南安装公司工作，在工作期间自学了电气焊技术。几年后，他又去了肥城煤矿担任维修工。他工作能力强，业绩突出，但评先进时他都让给别人，从不争功，而且将单位技术工评级的机会让给了更年轻、更需要的人。因他长期在煤矿中工作，身体发生慢性锰中毒，不得不离开煤矿。他在单位人员对调中被调到了历下区电影机械厂从事电气焊工作。他的电气焊技术水平很高，单位很敬重他。退休后，孙思舜身体一直不错，经常做些家务活，擦擦楼梯、扫扫楼道等。但是 2012 年得了脑血栓，只能坐在轮椅上，由后辈悉心照顾。

著名作家魏巍发表的作品《谁是最可爱的人》，就表现出志愿军战士们的革命英雄主义、国际主义和爱国主义精神。文章发表后在全国产生广泛影响。"最可爱的人"成了志愿军战士的崇高称号和代名词，而孙思舜就是这样的人。

高跷队

踩高跷是西十六里河村传统民间文化活动，新中国成立前就有。新中国成立后虽然经历一次次运动没有连续开展下去，但这种文化技艺传承未中断。改革开放以后，国泰民安，村民生活富裕了，这种民间传统文化活动又开始兴旺起来。

20世纪90年代初期，西十六里河村组织高跷爱好者成立踩高跷队，姜逢刚为领队，队员有80人左右。高跷队自己设计制作脸谱、服装，编排节目。每年春节前后在本村及附近村庄、单位演出。演出节目以踩高跷为主，配以耍龙灯、杂技、杂耍、器乐演奏、吕剧演唱等。这种群众性的娱乐活动，不仅增添了村里的节日文化气氛和村民的节日乐趣，还受到四邻八乡的热烈欢迎，在附近很有名气。村委会对高跷队的演出活动提供人力、物力等方面的大力支持，使西十六里河这一民间文化活动红红火火，发扬光大。

暖暖远人村，依依墟里烟

"家"在中国人的心中是最神圣最温暖的地方，中华民族历来重视家庭，传统的家庭美德深深地影响着一代又一代的中国人。家风则源于我国古代乡土亲缘社会，传统的家庭教育，包括传承价值观、伦理观与道德观。优良的家风、家训其终极目的就是达到"家和万事兴"，达到家族的世代繁盛。因此，"家训"的关键往往是在家庭中强调尊老抚幼，成员间互相体谅，坦诚相待，包容信任。

家风正则民风淳，民风淳则社稷安。正所谓"修身、齐家、治国、平天下"。党的十八大以来，习近平总书记在不同场合多次谈到要"注重家庭、注重家教、注重家风"，强调"家庭的前途命运同国家和民族的前途命运紧密相连"。

以身示范，不令而行。少成若天性，习惯如自然。

十六里河村民风朴实，村民勤劳善良，崇尚道德文化，素有遵纪守法、尊老爱幼、重视家庭和睦、扶危济困，团结互助、重视文化教育等传统美德。勇于拼搏、人杰地灵。留下了一段段佳话。

妯娌俩争孝顺

十六里河镇西十六里河村孙尚奎是 80 岁高龄的老人，手脚不灵便，他的俩儿媳解桂兰和王朝兰为使老人欢度晚年，从 1985 年争先恐后地照顾老人，老人床头上从不断蛋糕、罐头，三天两头为老人洗脚，洗换衣服。

有次解桂兰的娘家爹来住闺女家，王朝兰想到大嫂负担太重，想把公爹接回自己家，当她背起公爹刚到门口，被解桂兰回家碰上，为此妯娌俩争起来。邻居们以为她们吵架，跑来看方知是妯娌俩争孝顺。从此乡亲都夸她俩是心地善良的好妯娌。

桂兰晚年不慎摔倒导致下身瘫痪，她的丈夫孙思舜同样瘫痪在床，儿媳韩美诗非常孝顺，长年照顾两位老人，端屎端尿。济南的夏天非常热，正常人都很难忍受。在 30 多度的热天老人一直躺着容易起痱子，韩美诗就一天两次为他们擦拭身体，没有怨言，没有嫌弃，不仅是两位老人，连邻居都十分感动。

桂兰对公爹的孝顺感染了下一代，儿女媳妇同样尽孝。他们这家人用行动诠释了"百善孝为先"的真谛。

刘学英招亲

1979 年，历城县十六里河镇西河村刘学英的丈夫突然暴病去世，撇下了七十四岁的老爹和不满周岁的儿子。学英悲恸欲绝：往后这日子可咋过呀！

公爹只得把分居多年的家又合起来，挑起了重担。学英深感温暖，决意永不离开这个家。白天她在田里出力流汗，晚上回家后精心照顾老人和孩子。在那生活还不富裕的日子里，她让老人吃白面馍馍，而自己躲在一旁啃玉米饼子。儿媳如此孝顺，可公爹心中不忍："学英她才三十出头啊，我不能拖累她！"于是，他悄悄地找了几个热心人给儿媳找对象。不久，他为儿媳相中一个，这人叫田景春，家住齐河县。当征求学英的意见时，学英哭了："爹，我愿伺候您一辈子。若改嫁，我对不起孩子他爹啊！"在公爹和村干部的百般劝说下，学英终于吐口了："要成亲，得到我家来，伺候俺爹！"田景春听了一口答应："我愿给老人当儿，为他养老送终！"学英叹了口气，她能再说什么呢？

婚后四年，学英和丈夫互敬互爱，待老人胜过亲生父母。景春对孩子百般疼爱，孩子还不到上学的岁数，便给儿子早早置下了书包，本子等。他还和学英商量，响应党的号召，不再要第二胎。

好一个机智勇敢的农家妇女

1988年的一天上午十时，在历城区十六里河镇西河村，三十一岁的农妇毕恩霞怀抱三岁的儿子到供销社买东西，回家后发现窗户被撬开，打开门见里间墙根站着一陌生的青年，只见他手持木棍，用凶恶恐慌的目光盯着毕恩霞。毕恩霞马上意识到事情的严重，但她很快镇定下来，从容地放下孩子，用温和的声调问："你从哪儿来？来我家干啥？"那人支吾着说："我找口水喝。"

毕恩霞"热情"地招呼他："你要喝水快坐下，我给你倒碗开水。"一席话把那青年搞得不知所措，手中的木棍也被毕恩霞顺势取下。一会儿，邻居孙燕来串门，毕恩霞见时机已到，猛地揪住那人的前襟，大喊一声："他是小偷，快去喊人！"随即与他展开搏斗。窃贼见挣脱不得，便在毕恩霞手上狠咬一口，冲出屋想越墙而逃，毕恩霞忍着疼痛扑上去，拖下了爬上墙头的窃贼，骑在他身上痛打他。与此同时，孙燕领着村治保主任王广华等人及时赶到，将窃贼制服押往派出所。

家富难留报国心王传美连送两儿参军

1990年，历城区十六里河镇西河村农民王传美主动送二儿子报名应征，在村里传为美谈。

该村地处近郊，农民生活比较富裕。但王传美不为富所动，却想到国无防不固，民无兵不安，好男儿自当保家卫国去。去年，他毅然将大儿王广瑞送到部队。今年征兵工作开始，他又领着刚满十八岁的二儿子王新到村报名处报了名。有人劝他：这下，你家可又要少收几千元了。可王传美淡淡一笑：钱多少是小事，保家卫国才是大事！在王传美的带动下，全村二十多名适龄青年全部报了名。

十六里河的豆腐坊

西十六里河村卖豆腐的有百十来户。据老人们说，当时豆腐全是手工做的，一斤豆子可以做两斤半豆腐，一天可以做20多斤。每天去了本钱，可以挣一两斤豆子钱。村里有种豆子的，但是种得很少，并且多数都是地主家里种，很少往外卖。村民往往卖完豆腐后去济南市馆驿街的小市场买豆子、高粱面等回家。由于挣不了多少钱，卖豆腐的村民常常用豆腐渣兑着高粱面做口粮。

木工：学徒学徒，三年为奴

当时学徒学手艺的有一句顺口溜，叫作"学徒学徒，三年为奴"。村民李庆弟就是在外面跟木匠当了三年学徒回村做木工的。当学徒几乎什么活都干，却没有工钱，白给师傅干活。很多人吃不了苦坚持不下来，所以当时能做木匠活的人不多，村里也只有他一个。新中国成立前的木匠因为传承的人少，还是非常受人们尊重的。在村里做木匠活多是为村民做家具，如桌、椅、柜、床，盖屋用的门、窗等。当村民家里盖房屋时就请李庆弟去给做门窗、做家具。雇主每天管饭，木工活做完后一块结算工钱。

纺　织

新中国成立前村里有十户左右经营纺织。他们通常是到济南市里的棉厂买棉线回来织布，织完之后再卖给济南市里的棉厂，也可以卖给济南市里的面粉厂，因为当时面粉袋用的是棉布袋。日本鬼子占领济南后，严格控制棉线的经销，村民失去棉线的来源才被迫放弃这份活儿。

村里的洋学堂：娘娘庙改学堂

西十六里河村历来有尊师重教的传统。1901 年，清政府发布"变法"上谕，"废八股、兴学校"。西十六里河村将娘娘庙改为学堂，有私塾性质。这是当时附近村庄唯一的一所"洋学堂"。

1931 年，为了让更多的孩子上学受教育，西十六里河及周边的村庄：南康而庄、北康而庄、柏石峪、东十六里河、东八里洼、西八里洼等"十二联庄"聚资，在娘娘庙大殿北侧盖了 7 间北屋。新教室盖好后，东至花山峪村，南至南康而庄，北至东、西八里洼村，凡是读得起书的人家的孩子，都到这里来读高小。当时这所小学是周边村庄唯一一所"完全小学"，称"历城县立第九小学"，以"教学做"为办学宗旨。

1945 年秋，学校改称为"康隆乡第二国民学校"。1948 年秋，济南解放，定名为"西河小学"。

1985 ~ 1986 年，西河小学始建教学楼，并于 1987 年 5 月正式启用，当时的济南市市长翟永涛同志亲临学校视察。同年，西河小学更名为"十六里河镇中心小学"。

2001 年是西河小学成立 100 周年，学校举办了隆重的纪念活动。市、区、镇有关领导参加了庆典并表示祝贺，西十六里河村干部姜逢刚到会致辞。

2008 年 9 月，经济南市教育局批准，十六里河镇中心小学更名为"济南市西河小学"。

1901 年建校伊始，有北屋 3 间（大殿），东屋 3 间，西屋 3 间，作为学生的教室和教书先生的起居室。

1931 年，周边"十二联庄"聚资，在后院新建了 7 间北屋。教室里的黑板用墨水刷成，高年级的学生用的是老式课桌，一、二年级学生用泥巴砌成的土台子当课桌，教学设施非常简陋。

新中国成立以后，由于学生不断增加，原有教室不够使用，在西十六里河村的大力支持下，学校将大殿拆除，在原址上新建了 7 间北屋，将其他房屋翻修一新。泥巴土台子换成了木桌凳。

改革开放以后，村里越来越重视文化教育。

1985 年，西十六里河村筹措资金 20 万元用于新建小学教学楼。

1987 年 9 月，学生们搬进了教学楼。

在西十六里河村两委班子的全力支持下，1992 年，村里投资 25 万元扩建小学完成了校园绿化硬化，教学设施得到进一步完善。

赤脚医生

新中国成立以前，西十六里河村就有了懂医的郎中，他们不是专业的医生，仅是擅长某一方面的医术罢了。姜长祥，生于光绪年间，擅长看脓、疮之类的外伤。孙尚策，行医于民国年间，专门看眼。他们给本村人看病不收钱，只是为了帮助乡亲们解除病痛。

20 世纪 60 年代，毛泽东结合当时正在进行的农村社会主义教育运动，发出了"组织城市高级医务人员下农村和为农村培养医生"的号召，"赤脚医生"这称谓应运而生。赤脚医生是农村社员对"半农半医"卫生员的亲切称呼。西十六里河村最初的赤脚医生是李忠诗。他随身携带着一个保健箱，箱内装有纱布、红药水、碘酒等用于治疗外伤的物品及青霉素、甘草片、感冒片等普通药物。他当了 10 多年的赤脚医生，直至 70 年代由李书志接替。李书志擅长医治肚子疼、头疼等病症。由于医疗条件有限，村民得了大病只能去十六里河卫生站或市区的医院就医。赤脚医生热心为群众治病，不分昼夜，随叫随到。直到1985年，卫计委宣布取消"赤脚医生"的名称，将考核合格者转为乡村医生，在乡村成立卫生所。李书志便由赤脚医生转为乡村医生。

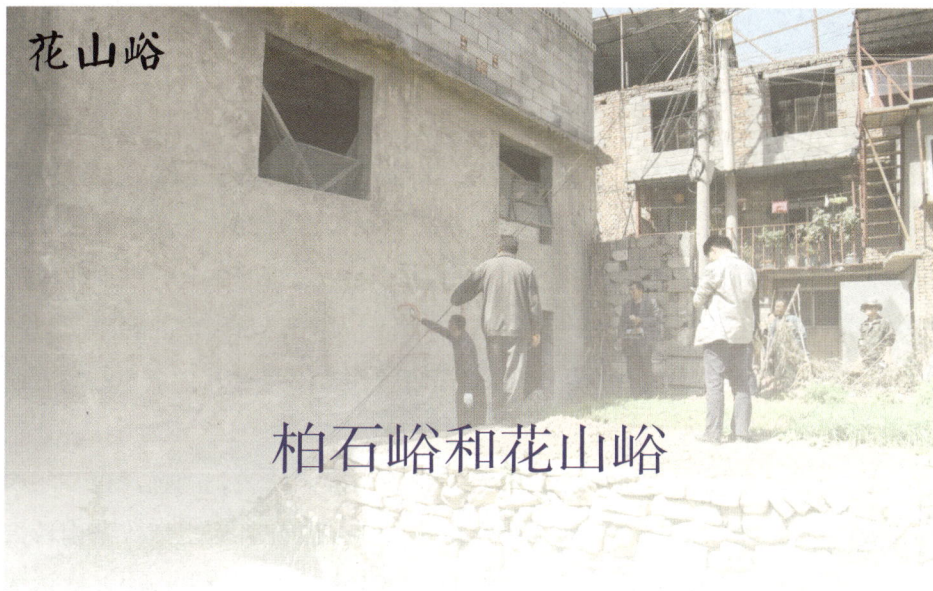

花山峪

柏石峪和花山峪

　　自西佛峪而东，第一座山峪为柏石峪，峪内有村名柏石峪村，不见史志记载。如今古村因开发建设，已经没有人烟。荒村寂寥，从残存的建筑来看，全为青石垒砌，并且整个山峪翠柏青葱，生长着草药"仙鹤草"，在北方比较少见。

　　村南帅旗峰山崖下，有名泉取泉水充沛之意称"沛泉"。泉池为正方形，青石垒砌，东壁上嵌泉名碑和助修功德碑共计三方。据题字可知，泉池重修于道光元年（1821）3月，下署名"东十六里河白石峪公立"。池底是一整块巨大岩石，泉源在泉池

柏石峪村老房屋

南壁下，从崖间众多细小的洞隙中流出，水盛时溢出方池，漫山而流，为峪内奇观。

沿沛泉南去，可入一小山峪名"东峪"，东峪水出自其间。东峪水，乃是周围众多季节性山泉所汇集而成，其中四季长流的一泉名东峪泉。泉在山峪东壁，分南北两源，南源是一斜向倒圆锥形石洞。北源则在崖壁上自并排的两个圆孔流出。两孔之间的山崖好似一天然的牛头，上面生长的植物则恰如牛角，让人不由得感叹造物神奇。另外，东峪泉北沛泉所对的山坳之中，还有1970年上山下乡的知青们所开凿的南泉井，至今滋润着四周的果树和农田。

出柏石峪东去，是玉函山花山峪。花山峪形制狭长，幽远深邃。峪内花山峪村建于明洪武年间，如今已经基本没有了常住人家。清代济南诗人徐子威曾与友来游，作《秋日同孙峄南、董松南访花山峪井葆泉，次孟襄阳〈过故人庄〉韵》一诗，诗中说这里的景色是"山山遍石花"。另一济南诗人乔岳在《花山峪》诗中则说，这里的山石状如"螺旋"。由此可知，此峪因山石奇特如花而得名。

徐子威诗中所说的井葆泉，今名永清泉。泉在山峪南端，井形石台，泉边植柳，为1966年整修。村内另有井形泉池两眼，称"花山峪二泉"，如今南泉被砖垒高，北泉则用水泥砌修，均失去往日模样。村民称，之所以砌高泉池，还是担心盛水时泉水外溢，导致道路泥泞难行。另外，狭长的山壁两侧，季节性山泉很多，即便枯水期，也在岩间渗流。季节性山泉合以上三泉，最终汇成花山峪水。

曾经的"花山峪"：娶媳妇难，难于上青天

花山峪村，地处济南市南部，省道103线与南绕城高速公路交汇处的东北部兴隆山北面东山脚下花山峪沟，西有泉子山，东有砧子山，北靠石青崖村，属市中区十六里河镇管辖。

最早的花山峪村在峪沟深处，只有40多户人家，因在山峪采石比较方

便，而且石头也比较坚固，村民住宅都是石头墙草顶房。后来因有一户何姓村民在村北东山坡守祖家林地，繁衍几代又形成了一个小北村，约20多户人家。当时因有山泉水，山坡地，村民能够勉强生活。但是后来因为人口逐渐增多，土地稀少且又贫瘠，没有水浇地，农民生活完全是靠天吃饭，撒下种子任天收，农民常常是吃了上顿没下顿，如遇到天旱绝收，村民就得四处逃荒要饭。

新中国成立后，由于政府的帮助，村民的生活有了保障，村民不再外出逃荒，村里也逐渐增加到100多户人家。但是，由于花山峪地处兴隆山的深山峪沟，西边是泉子山，东边是砧子山，三面环山，阳光照射少，土地贫瘠，粮食产量一直是低量徘徊，村民的生活水平一直处于贫困线以下。当时村里有一首民谣：花山峪，不见天，芥子一天晒不干，放羊时挑着晒三天。形象地比喻了花山峪村的面貌。

那时村里交通也非常困难，只有北面一条羊肠小道通向村外，且山路崎岖，坡道陡峭，坑洼不平，徒步行走都比较困难，推车挑担更是步履艰难，经济的发展受到了很大的限制。村里的小伙找媳妇都非常难，媒人来一趟就够了，根本不敢给介绍对象。当时外出的村民都不敢说自己是花山峪村的，一说是花山峪村的，别人哀叹直摇手。

为了根本解决这些问题，1980年，村里决定将村迁出深山沟，来到现在的花山峪村。拆迁时也遇到了很大的阻力，虽然村民都很愿意迁出，但是由于经济困难根本没有钱盖房，许多村民就是迁不了，当时一期只迁过来20多户。随着改革开放的发展，村民生活逐渐有了好转，才陆陆续续都迁完，至今达到170多户，800多人。

进入21世纪，由于城市发展迅猛异常，花山峪又纳入了济南市的新规划。自外环路以南，兴隆山以北，103省道以东，兴隆庄以西全部划归领袖城开发区，新一轮的拆迁又开始了。未来的花山峪村民将成为济南市领袖城的部分，村子的历史也将翻开崭新的一页。

衣着：由"灰暗"到"盛世华服"

新中国成立初期，花山峪村村民自己纺线织粗布做衣服。黄河北的村民拿着自己家织的粗布来卖，有的村民就用地瓜干换布。20 世纪 50 年代中期开始发行布票，布匹限量供应。家里孩子多，衣服基本上一年只有一套，且要打补丁。进入深冬才能穿上棉衣，第二年天气暖和的时候，再将棉衣里的棉花拆掉，继续穿这套衣服，如此循环，直到穿烂才换新的。20 世纪 70 年代，布的供应品种还很单调，基本是的确良、涤卡等料子。衣服的颜色也比较单调，基本是灰色、蓝色和黑色。

改革开放以后，村民的生活水平提高，经历了从一件衣服随着季节拆着穿，到每个季节都有几件衣服换着穿的变化。到了 20 世纪 90 年代，花山峪村的大多数村民，尤其是年轻人闲暇时光顾济南市的服装店，选择印着好看图案的上衣、氨纶面料的健美裤、厚尼龙面料的防寒服等。孩子们平时就可以穿着卡通 T 恤或套衫等。衣着开始向美观、时髦、新潮方向发展。

进入 21 世纪，布料和衣服的品种日新月异，变化周期短、快，基本是一个季度变换一次，甚至更快。村民又重新喜欢纯棉的衣服，因为纯棉衣服有益于健康、环保。村民衣着在追求美丽、环保、时尚、保健的同时，更加注重名牌、品牌。身着西装、立领衬衣、羽绒服的村民随处可见。女性村民更多地光顾各种服装店，根据自己的喜好选择服装的款式与花色，体现个性与个人品位。

从手拉风箱到蜂窝煤炉到电器化

新中国成立初期到改革开放以前，花山峪村村民的长年温饱问题难以解决。平时吃的是地瓜干、玉米、高粱等粗粮，蔬菜品种很少。像白面、肉食只有逢年过节才可以吃到。遇到灾荒年，口粮就不够吃。村民做饭使用大铁锅，拉风箱。风箱在锅头的左边，左手拉风箱，右手添柴火。20 世纪 70 年代，少数村民开始使用蜂窝煤炉子烧饭。

20 世纪 80 年代初期实行家庭联产承包责任制以后，粮食增产，村民基本解决了温饱问题。餐桌上时常出现水饺、白面馒头等细粮，但仍然以粗粮为主。1984 年以后，粗粮逐渐淡出餐桌，细粮成了餐桌主食。水饺也不再是逢年过节才吃得到的食物，蔬菜的品种也越来越多。80 年代中后期，村民开始使用煤气炉子做饭。

到了 20 世纪 90 年代，村民可以顿顿吃上白面馒头，海鲜、肉食也成为家常便饭。随着集市的不断发展，海鲜、肉食品种也多种多样，村民可以吃上荤素搭配的可口饭菜。

进入 21 世纪，村民对于"吃"要求也越来越高，开始注重健康饮食，注重绿色食品，科学卫生观念深入人心。村民开始讲究营养均衡，粗细搭配，口味清淡，往往多吃蔬菜水果，少吃高脂肪高胆固醇的食物。以前因粮食不够吃用来充饥的野菜，成为饭桌上的健康食品。厨房饮食器具也日益电气化。电磁炉、微波炉、电饭煲、天然气灶、饮水机、电冰箱等进入村民家里。

改革开放以前 600 多年，花山峪村村民一直住着石头、土坯、草顶房，房间也很小，一般都是 20 多平方米。厨房一人多高的地方有凹槽，用来放置油灯，下面是锅台，旁边摆放着灶王爷神牌。门外院墙上有镇宅石"泰山石敢当"。

80 年代，村民盖起了砖瓦房，瓦房面积也增加到 40 多平方米。

花山峪：名泉、古道、清朝老房子

地名志上记载，花山峪村是一个从明代洪武年间就有的古村落，张、何诸姓从河北枣强迁居而来。清朝时，张姓村民由函山峪北迁，又形成了小北庄。小北庄之西北，就是石青崖村。石青崖再往北，就是二环南路啦。

在推土机的轰鸣中，花山峪村近年来已经有一半房屋夷为了平地，残存的花山峪村大致是老花山峪村村址。和众多城乡接合处的村落一样，花山峪村，这个听起来很美的村子，如今遍是简易搭建的二层、三层楼房。能撑得上老屋的，恐怕只剩下照片中这栋老房子了。

这是一座五开间坐西朝东的石头房子，北面的两间已经坍塌，剩余的三间，一半挂着原始的灰色筒瓦，一半换成了现代的机制红瓦。据村民说，这座房子得有好几百年了，原来是村里一位姓井的大地主的宅子。"你看这房子的石材，都是打得方方正正的，这要费多少功呀！"遗憾的是，因为开山凿石，地主大院原始规模早已看不出轮廓了。

从这座老屋向北望去，近处是花山峪村的民居，远处是电力学校的楼房。高楼和民居之间的开阔地，则是花山峪村拆出的待开发区域。

在花山峪村最南端，是远近有名的永清泉，是花山峪村村民数百年的饮用水水源，如今只有附近几户人家还靠它吃水。

永清泉位于村南山根下，外观是一口井，"只有在夏天水大的时候，每年能有一两次，泉水会从井口冒出来。"村民说，原来永清泉边上有石碑的，刻着泉名，但后来被毁了。现在的井沿是他加高后用水泥砌成的，否则，下雨冲下来的泥土和碎石早就把这个井给湮没了。

村民说，当年全村人都是吃这个井里的水，后来随着村民户的增加，又在村里挖了一个井。

"这个水特别好喝，市里很多爬山的人都爱从这里往回打水。"住在井边的村民说，要不是贪图这口井，他早不在村里住了。

以前，开车打水的城里人都能把私家车直接开到永清泉不远处的一处高台上。2013年夏天几场大雨过后，花山峪村里的道路被冲得沟壑嶙峋，专程来此打水的城里人已经越来越少了。

由永清泉沿山势往北下行，在花山峪村中间，还有一南一北两口泉井。南泉井被抬高井台砌在路边，仍为村民饮用水。北泉井被圈进了一户村民的屋中。

由永清泉往南，是一条斑驳的石砌古道，一直通到玉函山东侧的山垭，过了山垭，就是玉函山南直通山顶的水泥盘山路。从古道上被磨得有些透亮的石头看，这条路至少被人走了数百年之久。

"路西高台上，以前是座土地庙，庙就建在几块特别大的石板上，庙前的大柏树有一搂多粗。"村民回忆道，可是"文革"的时候都砸烂了。那庙里的"大神"，现在还扔在地里。

最早称为土地爷的是汉代蒋子文。此后，各地土地神都是由本地有功的人死后担任，且各地均有土地神。土地神崇奉之盛，是由明代开始的。明代的土地庙特别多，这与皇帝朱元璋有关系。《琅玡漫抄》记载，朱元璋"生于盱眙县灵迹乡土地庙"。因而土地庙在明代备受崇敬。

"你往东北那个山坡上看，那个山洞，里面有十来平方，原来也是座庙，住过道士。"村民说。

花山峪村原来属于历城县，后来划归市中区。1982年《山东省历城县地名志》上曾记载，当时村中尚存清光绪十年《函山峪街碑记》。如今，向村民打听这块石碑的下落，几个中年人都茫然地摇摇头。

传说中的函山泉

"函山泉，玉函山迤东俗名花山峪泉也。山方半，塘澄深见底。水从石龙口出，流为川河。山人言：门通郡城南关诸泉，相距二十余里，亦有验糠之传。志未载。"——这是清代济南文人王钟霖《历下七十二泉考》中对函山泉的记述。

王钟霖因题写趵突泉"天下第一泉"石碑而广为济南人所知。热爱泉水的他，所提出的"历下七十二泉"版本，近年来受到众多泉水研究者的重视。

不过，当代文献中，却不见花山峪函山泉的记载。如1997年《济南市志》记载了花山峪村有三泉，一是永清泉，在花山峪南峪中，3米深井形泉池，水盛时溢出，沿山谷漫流，池旁有1966年所立泉碑。再就是花山峪大街旁，南北相距百余米，各有一井形泉池，被称为"花山峪二泉"。

永清泉会不会是传说中的函山泉呢？从王钟霖记载的"山方半"这一泉址位置看，二者是非常吻合的。

村民说玉清泉是20世纪60年代重新挖出来的，因此曾立有1966年的泉碑。但泉是一种自然景观，能挖出泉，说明那个地方古时候就有泉眼。

花山峪村中的另外两口泉井都在永清泉的下游，且没有名字，永清泉是函山泉的可能性最大。

2005 年，济南市公布的济南市名泉名录中，却不见了花山峪永清泉，该村被登记的只有南泉井和北泉井。

值得一提的是，清诗人徐子威有《秋日同孙峄南、董松南访花山峪井葆泉，次孟襄阳韵》一诗传世。诗名中所说的"井葆泉"在当代也无记载。或许，和函山泉一样，这个井葆泉也是永清泉的一个历史别名。

九子狮

南天门内西院有石狮子一座，名为九子狮。狮子的形象始于汉朝，随佛教自西域传入，成为一种赋予了神力的灵兽，并逐渐和中国传统文化相整合。中国历来将石狮视为吉祥物，民间传说九子狮有"多福多寿""儿孙满堂"之寓意。

花山峪村的九子狮立于隋朝，为山东省二级保护文物。

三教堂

三教堂始建于元代，民间称之为"二奶奶"庙，供奉神灵称为"兴隆山二奶奶"。相传其姐妹三人，另外两个为"泰山大奶奶"和"峨眉三奶奶"。民间传说二奶奶具有无量的智慧和神通，可以避灾祈福保平安。

三教堂在"文革"期间遭到破坏，改革开放后重置神像、香炉等物，堂内挂有"功德无量"的木质神牌。

石屋子

石屋子多位于半山坡上，是早年村民为看护果林、庄稼和收割后的玉米、地瓜，或乘凉、避雨而垒砌的小型简易石头屋。室屋子约有 4～5 平方米，全部用石块垒砌而成，里面有灯台、瞭望孔，可容 1～2 人休憩。

彩云灯

花山峪村最有名的就是流传至今的彩云灯，这种灯是由本村张氏家族传承的。它是由竹条扎制成像云彩一样的，中间有空间的纸笼子，下面有手持的把柄。里面放上油灯，后来是蜡烛。许多这样的灯晚上点着后，每人手持一个，前后排列起来，一起舞蹈，行进，就像龙一样在夜间舞动，十分好看。它是本村每年最隆重的活动。村民在彩云灯笼的引导下，一起载歌载舞，欢聚一堂，洋溢着过年的热闹气氛。

花山峪村的"张氏祖训"

据花山峪张氏族谱记载，明代洪武二年（1369），张姓、何姓等 20 多户村民，由河北冀州枣强县迁来山东，因花山峪有泉水，故在此安家落户，故名叫"花山峪村"。明代至清代又陆续有多个姓氏的族人迁到该村，截至 2019 年花山峪共有姓氏 27 个，分别是：张、辛、井、何、章、李、耿、宗、马、高、支、朱、刘、杨、司、魏、王、赵、于、陈、韩、薛、时、焦、董、肖、潘。其中姓氏户数排在前四位的张、辛、井、何姓占全村总户数的 81%。

世事洞明皆学问，人情练达即文章。家训，恰是先辈留与后人的为人处世宝典。最早可追溯到"周公告诫子侄周成王"的诰辞，自此绵延数千年，精深宏富，在中国传统文化中地位彰显。国学宗师钱穆先生有言："凡中国文学最高作品，即是其作者之一部生活史，亦可谓是一部作者之心灵史。此即作者之最高人生艺术"。

《张氏合族妥议条规》是张氏一族的族规，一共十四条，罗列了对族人的各项约束、族长的权限等。全文如下：

第一，自修谱之后，尊卑既明，长幼既序，皆知出自一人之身，必须尽尊卑长幼之道。倘有不孝不悌、恃强欺弱、凌辱尊长者，以家法处之；

其不遵约束者，须族长协同族人送官究治。

第二，凡有子孙，其能读书上进、光宗耀祖者，固属甚善；次亦必令其习务农圃、商贾百工技艺之事，可给衣食足矣。若一切倡优卒隶、卑污苟贱之事，概不准为。

第三，族中倘有疾病孤寡、万不得已之人，准其禀明族长及董事之人，或按地均摊，或出自公项，量予固济，以示体恤而笃族情。

第四，凡同谱之人，倘有发财业有余力者，必须量力捐资充公，以备置祭田、修家庙、恤孤寡之费。

第五，凡族中必有族长。而族长不能自任其劳，必于同族中精选贤且能者三四人为之佐。族中有大事，必须禀明族长，邀同共议，务使处置允当，足以服人而后已。虽族长亦不能自专：其佐之者倘或私而不公，共罚之；若不改，共换之。

第六，凡选贤能之人，不必以学问功名为甲乙，总以正直廉明为准；且不必尽居一庄，即迁居他村者亦可。然非有大事不必动议家法也。

第七，每年议定清明之日祭祖一次。除孤寡无人不计外，无论他村本庄，每家必来成丁者一人致祭行礼，且亦联络亲睦之意。其来者从俭，携京钱一百二十文以备祭祀供筵之费。供后同享之食不可奢，酒不许多，不过借以叙尊卑长幼家法而已。

第八，隔子过孙一支两继，虽属承继之权，殊非昭穆之正，载诸家乘，甚不利观，非所以示孙子也，务谨懔之。

第九，谱系别尊卑、判亲疏、分昭穆者也，所关甚钜。倘有不遵视为虚设，当即禀明族长，量予创惩，以示警诫。

第十，同姓作亲，莫大之愆，理应禁忌。嗣后若有此事，定行公送到官从严究治，绝不宽容。

第十一，所修世谱，系遵《孔氏族谱》，款式简而且明，一目了然；嗣后续修仍宜谨遵勿替。

第十二，命名自十二世为始，定以"经、书、衍、世、泽、孝、友、继、家、声"十字，一律通行，以昭划一。

第十三，先人讳字、后人名字、外家姓氏一一分注详明，不知者不载。

第十四，自十二世以后，既已名有定字、世有定序。凡命名者必须禀明族长，商酌命名，以杜重复之弊。倘有不遵定字、私自乱行命名者，族人知晓从重共罚之。

花山峪张氏族谱，谨修族谱碑，于 2014 年 5 月 22 日已安放，此可上不愧先祖，下可承子孙，诚待今后有志之才研究光大之善举也！

"修身、齐家、治国、平天下"是中国传统文化的重要组成部分，也是家庭中的重要组成部分，它在中国历史上对个人的修身、齐家发挥着重要的作用，更是使国家更加富强的必不可少的一点。花山峪张姓家族的《张氏合族妥议条规》无不是中华优秀传统文化的优良体现，其中饱含了对子孙立身处世、持家治业的教诲。

第二编

舜玉街道

那些背街小巷，那些温暖的故事

济南是一座具有悠久历史的古城，了解济南，既需要看到千佛山、大明湖、华山、七十二名泉；了解西河遗址、城子崖遗址、大辛庄遗址、东平陵故城；知道辛弃疾、房玄龄、李清照、秦琼、鲍叔牙、张养浩……也需要深入毛细管般的"胡同"，走近百姓的生活。今天的平凡故事，必将成为明天的历史，未来的陈年往事。

那些背街小巷，往往承载着一座城市的历史记忆和人文。然而，由于众多历史遗留原因，曾经繁华的老街区日渐没落，甚至面临着被忽视和遗忘的尴尬。舜玉路的大街小巷大多数都"上了年纪"，走在路上，似乎都能触摸到岁月的年轮。

一座城该有怎样的气质才能显得与众不同，别有韵味？该有怎样的内涵，才更能彰显现代城市的文化底蕴？舜玉路街道给出了两个字的答案——"文明"！

从文明一个人到一个群体，从文明一条街到一个辖区，城市在更新，文明不止步。

荀子云："不学礼无以立，人无礼则不生。"文明礼仪反映着一个人的精神面貌和文化涵养；在舜玉路这里，处处洋溢着浓厚的文明礼仪之风。

在辖区舜函社区，有这样一位党员，她年轻时曾在居委会工作过，因此深知社区工作的不易。于是，退休后，她主动为邻里服务，为社区分忧，为身边人带去温暖和快乐，她就是热心党员蒋建华。

　　69 岁的蒋建华说："帮助别人对我来说就是本能，帮助别人的同时，自己也收获了幸福和满足。希望能够把这份正能量传递给身边更多的人。"

　　漏电线路，她冒雨守候两小时。

　　此前，蒋建华冒雨出行，发现院里一段老化的电线发生断裂，电线一端接触到了地面。

　　担心电线给过往车辆、行人造成生命安全威胁，蒋建华便撑伞守在一旁，当起了"人肉警示牌"。

　　有司机准备前去开车门或是有行人经过时，蒋建华便大声提醒他们绕路行走，远离事故区域。

　　"当时，我联系上了一位电工，但由于雨势较大，工作人员只能在雨停后前来维修。电线断落的位置不明显，我担心其他人看不到发生意外。"蒋建华回忆起当时的情形。

　　为此，蒋建华冒雨等待了将近两个小时，直到电工将线缆重新接入，她才放心离开。

尽管被淋成了"落汤鸡"，还耽误了原本的出行计划，但蒋建华丝毫没有犹豫和后悔。"让我再选择一次，我还是会这么做的。"

蒋建华办事的认真劲儿让邻居们觉得很放心，因此大家有事都愿意找她帮忙。

楼上一位上了年纪的老人，身体不好，子女不在身边，便拜托蒋建华时常去看看她。

一有空闲，蒋建华就会去老人家里坐坐，详细询问一下她的身体状况。即便没有时间去看望老人，蒋建华也不忘时常打个电话，陪老人聊聊天、解解闷。

在舜玉路街道，有许许多多个"蒋建华"，他们或许是党员、或许是普通群众、或许是退休教师、或许是商店老板，但不管是何身份，他们都在用自己的实际行动，诠释志愿精神，传递新时代文明新风。

东八里洼：一个适合认真老去的地方

在脚步急促的城市之中，那份恬静和淡然，与我们似乎渐行渐远。在济南城区有一个地方，叫作东八里洼，直到亲自来到这里才懂得。阳光是暖的，老屋的颜色也是暖的，一场秋雨后虽然气温微凉，但身处其中却让人心暖暖的。细细体味，这里的时光被魔法般定格。

东八里洼，轻轻掸去旧照片上的灰尘。在影像中浮现的笑容里，有些泛黄的记忆如潮水般袭来。

你认识的东八里洼，或许是那个有些复古的片区，但它的样子岂止如此！

生活在这里，像一部老旧影片，演绎了许多年。有些东西如不仔细察觉，仿佛几十年来一成不变。这种相对的静止，成为这里居民的习惯。春去春回来，花谢花会开。住在东八里洼的人，选择留下或者离开，或者就在这里认真地老去。

一个地方，最有人情味儿的是它的菜市场。吆喝声、叫卖声、讨价还价声的混音，就是生活的旋律。小时候家附近都有粮油店，那时候的香油、酱油这些调料都不是瓶装的，而是散的。自己带着瓶子去，要多少打多少。

每个家里都有一个小鱼缸，鱼缸里总会有几条金鱼。你看着它，它看着你，就这样一个暑假很快过去了。大人拿着刚买的菜，孩子牵着大人的手。我们就这样穿过长长的集市，回到那个叫家的地方，做一顿可口的饭菜。

那时候很多同学都是一个小区的，有些还是上下楼的关系，孩子们一直到中学才分开。十几年的交情，叫"老八"！

　　这些统统都是可以留下来的理由，但最放不下的是这里的日子。这种根深蒂固的东西，流淌在东八里洼居民的血液里。

　　几度风雨、几度春秋，这里饱含了太多回忆，上演了太多的故事，东八里洼不仅仅是一个地名，而是有血、有肉、有温度的。

　　老房子总是有独特的味道，那种感觉就是闭上眼睛，一阵清风吹来，你又回到了那个魂牵梦绕的日子，你仍旧是那个少年。

　　我们存下了多少零花钱，又买了多少包干脆面，就为了里面的贴纸，这是一种童年挥之不去的执念。

　　每次放学回来，刚进单元楼的门洞，就会被饭香包围。打开家门，果不其然是一桌可口的饭菜。

　　谁家的小朋友昨晚不老实，又在褥子上画了地图。趁着太阳正好，赶紧拿出来晒晒吧。

　　一片广场，一个皮球，两个孩子，这就是一个完整的夏天。不用想太多，时光匆匆过。

　　东八里洼有自己的生活，具备不会被外界打扰的力量。日子就在这里缓缓流淌，只管向前，不问远方，把生活过出它本应该有的模样。

　　东八里洼，一个适合认真老去的地方。

舜玉路街道的"口袋公园"

绿树阴浓夏日长，
楼台倒影入池塘。
水晶帘动微风起，
满架蔷薇一院香。

"口袋公园"是繁杂生活的调味剂，寻个安静的角落，赏那幽致的景色，闻那醉人的芬芳，静静地小憩一下，享受一份独有的宁静和自然。

"口袋公园"也叫袖珍公园，是指规模很小的城市开放空间，集绿化、休闲、健身设施等多种功能于一体，常呈斑块状散落或隐藏在城市当中。近年来，由于拆违拆临腾出了许多空地，舜玉路街道因地制宜，通过精心设计，将老旧小区楼宇间的小面积形状不规则的空地打造成了百姓家门口的"口袋公园"，供居民休闲娱乐。建好后的口袋公园，麻雀虽小却五脏俱全，铺设整齐的花砖、大大小小的花坛、仿古纳凉的长亭、造型独特的景观石、曲曲绕绕的石板小路，辖区居民们在此可以散步，也可以坐下来休息聊天，欣赏园内的一片花海绿林。

其中，济大路18号口袋公园和舜北38号口袋公园是街道2018年利用拆违后的空地，重点打造的口袋公园。两所公园各有各的特点，前者色彩艳丽，文化氛围浓厚，后者整体布局简单舒适，亲近感强烈，极大造福了周边居民群众。以增加绿化为基本点，植入冬青球、景观松、四季青、

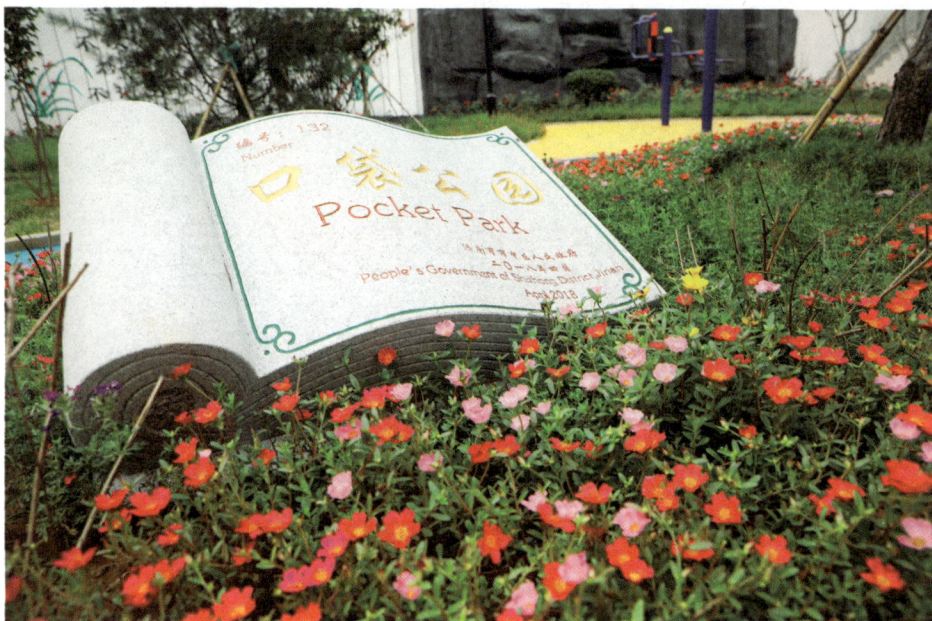

百日红等各类绿化植物，为百姓展现一幅绿色生态画卷。以配齐设施为关键点，建造景观石、长廊、凉亭、健身器材等设施，满足居民"可休息、可健身、可娱乐、可观赏"的休闲需求。以人文熏陶为着力点，以儒家文化的"仁、义、礼、智、信"为构思基础，打造"儒家文化墙"，营造浓厚的人文文化氛围。

舜玉路街道"文化密钥"
开启居民新生活

　　周璇、白杨、孙道临……老一代影人通过胶片演绎的百样生活，曾是"50后""60后"的美好记忆。如今，在电影放映愈来愈商业化的今天，市中区舜玉路街道辖区的老人们，却在社区内找到了属于自己的"私人影院"。而这还只是舜玉路街道文化建设的一个镜头。孔子学堂、电子阅览室、社区健身房、草根合唱团……舜玉路街道正在用"柔美的灯光、科学的构图、专业的剪辑"，"拍摄"着弘扬文明风尚、提升居民幸福指数的"纪录片"。

老人不出社区就能看到"大电影"

　　对很多老人来说，去电影院看场电影是件奢侈的事。然而，从2015年7月起，舜玉路街道舜园社区的老年人出门看场电影已不再是"奢侈品"，因为，社区在他们家门口办起了免费的社区影院。

　　2015年8月17日下午社区影院正式"点亮"，舜玉路街道辖区的30多名老年居民抢先体验了一把社区影院带来的乐趣。"从没想过在社区能看到电影，还是我们老年人的'专场'。"今年68岁的秦庆武如是说。和秦庆武一样感受到温暖的还有 30 多名老人。为了让活动室达到影院的标准，街道为活动室配置了荧幕、窗帘、桌椅等必备品。

文艺"游击队"到"集团军"

舜玉文化广场始建于 1991 年，地处舜玉路中段北侧，连接社区南北两大居住群，广场内建有山、石、亭、桥、廊、雕塑、水池等园林风景，舞台、舞池、健身乐园、康乐园等一应俱全。

俗话说，美景不可负。舜玉路街道把舜玉文化广场作为重要平台，将 25 支文体队伍充分整合，成立了舜玉路民间艺术团。在舜玉文化广场这个舞台上，舜玉路民间艺术团夕阳红舞蹈队的老人们轻快地舞着花棍，残疾人合唱团的残疾人朋友们动情地高声歌唱，为社区居民带来一场场精彩的表演……

"天天有活动、月月有演出"成了舜玉文化广场的真实写照。文化广场丰富多彩的活动、热闹欢乐的气氛，是文艺团体活动的"出口"，也是辖区居民幸福的"入口"。

孔子学堂植根社区散发"传统魅力"

在 2015 年 7 月中旬，由中国孔子基金会主办的"孔子学堂"在舜玉路街道办事处举行授牌仪式。这也意味着"仁义礼智信"等传统文化精髓，在舜玉路街道有了更接地气的传播载体。

孔子学堂内设博文堂、有朋堂、行仁堂、健身房等功能室。"学堂内部开展孔子文化教育，弘扬国学文化，特别是孝文化。"据了解，孔子学堂已陆续开展经典诵读、国学普及、礼乐教化、道德实践、情趣培养等活动，初步形成"一个统一标牌、一尊孔子像、一个国学经典阅览室或阅览区和一个文化体验室或活动区"的标准。

穿越沧海桑田，一起慢慢怀想

年年岁岁花相似，岁岁年年人不同，我们在光阴中书写着自己的故事，没有皱纹的祖母是可怕的，没有白发的老者是遗憾的，没有沧桑的时光是虚假的。

穿越沧海桑田，过去的旧时光在人间烟火里浮沉泛活。

是的，时光在飞逝，我们在老去，总有那么一些老物件、老照片，承载着家庭变迁，见证着时代发展，成为人生中不可磨灭的烙印。

没有故事的人生是乏味的，没有人文情怀的社区是单薄的。一个地方的魅力，就像一个人的魅力，他厚重、包容，有内涵、有文化、有历史、有故事，有人间烟火气息。

舜玉社区，系列怀旧故事，带你穿越时光隧道，缅怀旧日时光，拾起那份曾经的温暖、善良与悲悯。

让我们随着这些泛着温度的故事，一起慢慢怀想。

亲情、友情、爱情；同学情、战友情、邻里情……

听他们唠家常式地娓娓道来。

枯藤老树昏鸦，小桥流水人家，古道西风瘦马。

物是人非事事休，欲语泪先流。

唯愿你我他（她），隔着时空，各自安好！

一个个老物件，一张张老照片，带着温暖、带着记忆、蕴含着情感，穿越沧桑，勾起无限回忆，无限温暖，无限悲悯。一件旧物一桩故事——

我与胡琴一生只如初见

现如今，各类流行音乐你方唱罢我登场，而在 84 岁的王景平看来，热闹归热闹，却搅得这本就喧嚣的城市更加不安宁。能让王景平找到些许安宁的，是自己一直保存着的一把破旧胡琴。胡琴咿咿呀呀响着，在万盏灯火的夜晚拉过来又拉过去，把这城市的喧嚣一点点沉淀。

唱京剧"赢"回一把胡琴

1988 年，黄河水厂建厂，为表庆祝，工会组织了一场文艺晚会。王景平的一副好嗓子在厂子里尽人皆知，众人纷纷请他唱一出戏。"唱戏我拿手，问题是没有胡琴啊"，王景平为此很是发愁。

工会了解情况后，特意买来一把胡琴，又找来厂里会拉胡琴的一位贾师傅配合王景平唱戏。演出当晚，王景平的好嗓子再次赢得了热烈的掌声。而这把胡琴也被当作奖励送到了王景平的手中。

看着手里"失而复得"的胡琴，王景平学习的热情再次被点燃，他跑到市场上买来了胡琴教程，此后，家里又一次响起了咿咿呀呀的胡琴声。

61 年前想学胡琴没学成

之所以说是"失而复得"，这还得从 1954 年说起。

"1954 年，我在青岛市自来水公司做电工，当年中秋节，公司总部派了一位罗技术员到工地与我们一起过节。"王景平回忆道，"罗技术员拉得一手好胡琴，当天晚上大家伙儿提议让他拉一段听听。"

但是，只是干巴巴一段胡琴表演略显单调，罗技术员希望能有人上台配合他唱一段京剧。见无人应答，王景平便自告奋勇上了台。

"14 岁那年，我在姑姑家里做学徒工，一个偶然的机会听了一段京剧，从此便迷上了，以后也不断练习，所以略微会唱点儿。"王景平笑道。

出人意料的是，当天晚上王景平无心唱的一段戏竟然获得了大家的一致称赞。见此情景，王景平心里暗想：看来我这京剧不能放下，得好好练练，而且不能单会唱戏，还得学会拉胡琴。

第二天，王景平便到市场上花两块钱买了一把胡琴。王景平回忆："我

那时候一个月工资才 30 块钱，两块钱可不是个小数目，也多亏我家人支持我。"

然而，当王景平拿着胡琴兴冲冲地跑到工地办公室去找罗技术员时，却被告知罗技术员已经回到公司了。"我们公司跟工地离着有 60 多里地，那时候交通也不方便，没办法，胡琴也没学成。"王景平说道。

物件儿总要跟着最懂它的人

后来，王景平遇到了自己的儿女亲家，"亲家也是位京剧迷，他那边有人教拉胡琴，我就把我的胡琴送给了他，他走以后，那把胡琴也跟着他入了土。"王景平说："一个物件儿总要跟着最懂它的人。"

1988 年，王景平得到第二把胡琴以后，又开始了不断地练习，但是由于自己文化水平不太高，看不懂琴谱，虽然买来了专业书籍，上了老年大学以后开始在别人的帮助下，在网上搜到了一些视频教程，但是王景平拉胡琴的水平也还是受到了限制。

"我不怎么会拉胡琴，说我爱胡琴就有点儿叶公好龙的意思了。"王景平笑道："不过我跟胡琴的缘分应该不止于此。现在大家都称呼我'戏篓子'，我觉得这跟胡琴有很大关系。若不是当年罗技术员拉胡琴让我唱了那段京剧，给了我信心，恐怕我现在对京剧也没这么深的感情了，也不会结交到这么多的票友。"

（口述｜居民　王景平）

难忘那个一票难求的年代

孝奉华，62岁，家住舜玉南区。在孝奉华的家中珍藏着一沓又一沓"票子"。虽然这些票子早已丧失了其原有的经济价值，但孝奉华依然仔仔细细地保存着。对她而言，买粮用粮票、买油用油票、买布用布票的日子虽早就一去不复返了，但那段与"票"有关的日子却已在脑海中刻下深深的烙印，始终不曾忘怀。

粮票送给同学

孝奉华有一个哥哥一个妹妹，但因父母是双职工，父亲有胃病饭量很小，哥哥因下乡不在家吃饭，所以，上学时，家里的粮票还比较充足。尽管如此，孝奉华仍然很是节俭，家长给的粮票常有剩余。

中学期间，学校常组织学生参加劳动。孝奉华介绍，当时有个女同学非常能干，很受老师和同学的喜爱。一次，孝奉华却发

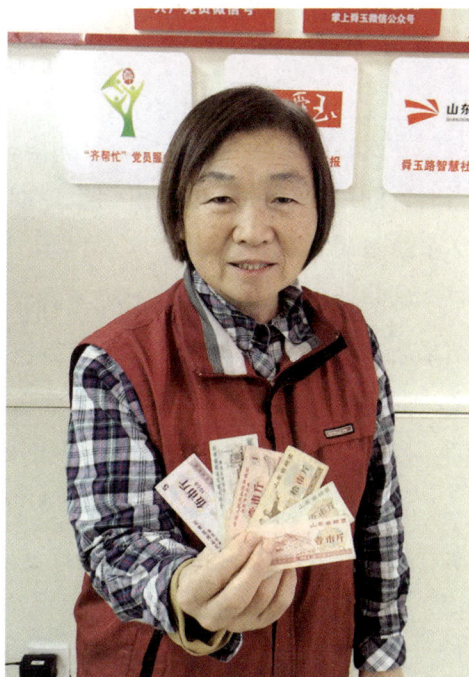

现这个女同学独自躲在角落里低声哭泣。原来，这个同学饭量比较大，但粮票不够用，饭不够吃，人也没力气，担心无法参加劳动，这才哭了起来。

了解情况后，孝奉华二话不说，就将自己节省下来的粮票送给了这个同学。

与人搭伙吃饭

毕业后，孝奉华成了一名乘务员，常年跟着火车往返于济南、慈溪两地，很少有机会跟家人一起吃饭。为了保障家里人的生活，孝奉华依然很节省，恨不得把一张粮票拆成两张用。

为了节省粮票，孝奉华常与同事搭伙吃饭。孝奉华介绍，当时跟同事商量好，一人负责打饭，一人负责打菜，打完以后两人凑在一起吃。

"食堂师傅给打的饭比较多，我们俩饭量也小，中午打一次饭，我们俩的午饭、晚饭都解决了。"孝奉华笑道，"还省了不少粮票给家里。"

借糖票

一次，火车在大连维修，孝奉华和同事们一起住进了大连机车招待所。当时，同屋居住的一位同事因生理期肚子疼，在床上疼得直打滚，这可急坏了孝奉华。

她想为同事沏杯红糖水喝缓解疼痛，就拿着钱跑到副食店里买红糖，结果店家说没有糖票不能卖。不得已孝奉华只好四处找人借糖票，结果问了一圈还是没有借到糖票。看着痛苦不已的同事，孝奉华只好找到招待所的一位服务员。服务员见孝奉华态度诚恳，便给了她一勺红糖。

"那个年代，物质紧缺，有些人家里连粮票都不够用，更不用说糖票了。幸亏那个服务员大姐心善，不然我真不知道怎么办了。"孝奉华说道。

（口述｜居民 孝奉华）

五十四年，一台缝纫机传承了四代人

每一个老物件的背后都有一段鲜为人知的故事，就像舜园社区居民杨俊山家里的这台缝纫机一样，虽然半个世纪的风霜已让它风华不再。对于杨俊山一家，它却比啥都宝贵。这是因为，它为这一家人缝补了54年的岁月。

在60岁的杨俊山家里，有一台无敌牌的缝纫机。说起这台缝纫机，杨俊山就打开了话匣子："这缝纫机跟我妹妹一样大。有54年了。"

杨俊山兄弟姐妹共 5 人，20 世纪五六十年代，兄妹们都还小，家里缝缝补补的活计也就格外多。

"所以，我母亲就特别想要个缝纫机。"杨俊山说道。

1961 年，杨俊山一家终于等来了这台上海协昌缝纫机厂生产的无敌牌缝纫机。

"那个时候买一台缝纫机可真不容易，有券的没钱，有钱的没券，我们家也是费尽力气才买来的。"杨俊山说道。

杨俊山所说的"券"指的是我国在 1961 年至 1978 年发行的工业券。购买一台缝纫机需要特定数量的券，"当时，我们家的券不够用，父母就四处张罗着跟同事朋友借券。"杨俊山说道。

凑够了券，又一个问题摆在了杨俊山一家的眼前——钱不够。买一台无敌牌的缝纫机需要 131 块钱，但是当时经济困难，各家各户都没有多少余钱。

"实在没办法了，父亲就把老家河北定县（现为定州市）的几棵树卖了，这才买回了这台缝纫机。"杨俊山说道。

缝纫机买回来以后，母亲就一直用它为家人缝补衣物。

后来，杨俊山兄妹 5 个都成家后，这台缝纫机便被母亲"指派"到了杨俊山家。直到今天，杨俊山的妻子张振英还在用这台缝纫机为一家人缝缝补补。

"大孙子穿的盖的很多也是出自这台缝纫机，现在儿子准备要二胎，我老伴儿得空的时候就用这个缝纫机给第二个孙子（女）缝制小衣服、小被子啥的。"杨俊山笑道，"这么多年了，这缝纫机就像是我们家的老朋友一样。"

（口述 | 居民 杨俊山）

爸爸藏在一把刮胡刀里

　　母爱如水，父爱如山。一直以来，父亲在我们心里都是高大而不失亲切，严厉而不失温柔的形象。然而，对于苏成婕来说，自3岁时起，父亲的形象便逐渐浓缩在了这把刮胡刀里。

　　65岁的苏成婕已是儿孙满堂，她带头创办的舜玉路街道星光合唱团也日益繁盛起来。然而，在她的心中始终有一抹无法弥补的痛——自始至终

都不曾知道自己的父亲究竟长什么样。只有一把常伴身侧的刮胡刀聊以慰藉内心对父亲的无尽渴望与悠悠思念。

1953 年，父亲逝世时，苏成婕刚满 3 岁。以后的日子，看着其他的小孩子每天都有父亲陪着，苏成婕好生羡慕。然而，那个年代照相还不普及，家里甚至没有留下一张父亲的照片。

"妈妈，爸爸长什么样子？"年幼的苏成婕不停地追着妈妈问同样一个问题。妈妈一个人操持着一个大家庭的生计，无暇顾及小女儿细腻的心思，只用一句"跟你一个样"就把她打发了。苏成婕自觉没趣，只好躲在一旁偷看别人的父亲陪自己孩子们嬉闹，一边天马行空地想象着自己父亲的样子，一边悄悄地抹眼泪。

直到有一天，苏成婕在无意中发现了一把长相很奇特的刀子。实在猜不出这把奇形怪状的刀子有什么用，只好又跑去问妈妈。

妈妈告诉苏成婕这是一把刮胡刀，是父亲在世时用来剃头和刮胡子的。得知这把无意中翻出来的刀子竟然是自己日思夜想的父亲的旧物，苏成婕满心欢喜。她细细地打量着这把刮胡刀，希望从中发现一丝一毫父亲留下的印记。

母亲去世后，苏成婕便把刮胡刀珍藏了起来。每当想起父亲时，她就会找一个僻静的地方坐下来，对着刮胡刀说几句心里话。每当这个时候，苏成婕总会觉得父亲就藏身在这把刮胡刀里，正在聆听小女儿对他的无尽思念。

而今，苏成婕再不会像小时候一样围着妈妈追问爸爸的相貌，但她仍会时不时地拿出这把刮胡刀细细擦拭、打量一番，她说："我不知道我的父亲长什么样，但是每当看到这把刮胡刀，就仿佛看到了父亲的音容笑貌。看到了父亲，就有了安全感；有了安全感，做起事来，也就有了动力。"

（口述 | 居民 苏成婕）

一部相机见证一家人 36 年喜乐

在舜园社区居民杨俊山的家里，有一台日式傻瓜相机。30 多年来，这台相机见证了当年那个"摄影发烧友"的生活点滴，也记录下了一家人的喜怒哀乐。

1980 年，杨俊山终于如愿以偿买回了这台自己心仪已久的日式傻瓜相机，从那之后，相机就成了他的"标配"，无论走到哪儿，他都会随身带着。

"那时候流行出去郊游，每次出去，我都会带着相机，帮别人拍照，也让别人给自己拍。"杨俊山回忆道，"尤其是每次去海边玩，身上挎着相机，感觉所有人都在看自己，特别自豪。"

关于相机的故事，还得从杨俊山的少年时期说起。当时，杨俊山随父母住在纬四路附近。由于地处繁华商业街，人流量比较大，商铺也是林林总总，单是照相馆就有好几家。

"当时，有个姓宣的邻居在家门口开了一家皇宫照相馆，纬三路上还有一家良友照相馆，是我同学的父亲开的。"杨俊山回忆说，正是由于邻居、同学的带动，自己才逐渐迷上了摄影，也掌握了不少洗照片的技巧。

"我的很多照片都是自己冲洗的，现在我们家里还有不少当时的照片呢。"杨俊山笑道，"那时候自己没有相机，只能跟单位借。后来，我省吃俭用了5个月，这才买下了这部相机。"

有了相机以后，摄影成了比洗照片更让杨俊山着迷的事。不管是出游，还是朋友聚会，或是家里有什么事，杨俊山都会拍摄下来。

"我们家现在还保存着许多孩子从小到大的照片，大部分是用这部相机拍的。"杨俊山介绍说，"买相机时，儿子还没出生，现在儿子都成了30多岁的壮小伙了。时间去哪儿了，全都在这相机里呢。"

后来，杨俊山一家搬到了舜玉北区。在舜玉北区定居的第一天，杨俊山又把一家人请到门外，拍下了一张全家福。"当时，我们家楼前还是一片荒地，舜玉公园还有两个拱形门，跟现在完全不一样。"杨俊山说道，"可以说，这台相机记录的东西太多了，承载的东西也太多了。"

（口述 | 居民 杨俊山）

钢琴，我一生难以割舍的梦

　　在 58 岁的伟东新都社区居民许慧家里有一架星海牌钢琴，钢琴已经在家里摆了 23 年，但许慧仍对它爱不释手。因为，这架钢琴既承载了她青春的梦想，又传承了她对儿子的期望。

对钢琴"暗生情愫"

许慧上初中时，有一次在学校活动室排练样板戏，忽然听到活动室的角落里传来一阵极为动听的声音。

循声望去，许慧发现学校的一名音乐老师正端坐在一架旧钢琴前，认真地弹着一首悦耳的钢琴曲。

音乐老师修长白皙的手指轻盈地在钢琴键盘上跳动着，动听的音乐也随着手指的移动流淌在许慧的耳边。

"那是我第一次听见钢琴的声音。"许慧回忆道，"我真的是被震撼到了，音乐老师弹钢琴的场景到现在我都历历在目。"

从那天之后，许慧就对钢琴暗生情愫，梦想着有一架属于自己的钢琴，并且能像音乐老师那样弹出一首动听的曲子。

文艺兵：艺术学院学钢琴

参军后，许慧成了一名文艺兵，并按照部队要求，前往云南艺术学院学习专业知识。

"学校教室里摆放着很多钢琴。我当时就想，实现梦想的第一步，就要从这里迈出了。"许慧激动地说道。

此后，许慧的钢琴生涯便开始了。每天下课后，其他学生都去休息了，可是许慧仍然坐在教室里练习钢琴。

皇天不负苦心人，在离开艺术学院之前，许慧终于可以流畅自如地弹出自己喜欢的任何一首曲子了。

为买琴狠心借款 5000 元

1993 年，眼看着儿子逐渐长大，许慧萌生了让儿子学习钢琴的想法。

经过一番考察，许慧相中了这架星海牌钢琴。当时，这架钢琴需要 8000 元，但是家里只有 3000 块钱。犹豫再三后，许慧狠心向朋友借了 5000 块钱，买回了这架钢琴。

"拥有一架钢琴是我的梦想，花再多钱也值！"许慧笑道。

再传承：儿子成"钢琴王子"

买了钢琴之后，许慧就开始教儿子弹钢琴，没想到儿子在音乐方面很灵透，学得又快又扎实。

经过多年的学习，儿子顺利考入了泰山艺术学院，并在结业比赛中获得了专业第一名的成绩。

"当时我去参加儿子的结业表演，看着他在台上表演，便想起自己第一次见到音乐老师弹钢琴的场景。"许慧笑道，"当时，我还听到好多小姑娘说我儿子是'钢琴王子'呢，高兴得我不得了！"

（口述 | 居民 许慧）

一套自制家具，收了一颗少女心

　　1969 年，22 岁的朱先兰同 24 岁的聂新义领证结婚。婚礼只宴请了 4 桌宾朋，也没有多少彩礼，然而，几十年相处下来，朱先兰直言"幸福"。朱先兰介绍，几十年来，丈夫为自己做了很多事，让平淡的婚姻变得温暖、幸福。

一张边角磨损的照片

　　朱先兰与聂新义是经人介绍认识的。瘦瘦高高、长相俊朗的聂新义让朱先兰十分满意。"当时觉得他挺有男子气概的。" 朱先兰笑道。朱先兰不知道的是，聂新义对自己也是一见钟情。

　　"当时介绍人要我的照片，我就把自己 16 岁时拍的一张照片拿出来送给他了。"朱先兰回忆，再次见到这张照片时，却发现它已经变黄发皱了。原来，拿到照片以后，聂新义十分

喜爱，时常拿在手里翻看，没想到竟把边角磨损了。

自己动手做家具

20 世纪 60 年代，聂新义家里的经济条件不好，因此朱先兰的父亲并不赞成女儿的婚事。"但是，我老伴儿当时做的一件事，让我下定决心嫁给他。"朱先兰介绍说。由于家庭情况不好，又担心结婚时妻子受委屈，于是聂新义决定自己打家具。

为此，聂新义特地拜了一位"师父"，一边学习，一边琢磨着打家具。"我们认识不久，他就跟我说在做家具，但直到真的看到他做的家具时，我才震惊到。"朱先兰说，"沙发、床、衣柜、梳妆台一应俱全，而且每一件都很精巧、结实。"

直到现在，朱先兰家里的家具还是当年丈夫亲手制作的。"很多人看了以后都特别羡慕。"朱先兰笑道。

背起晕倒的妻子爬上 5 楼

朱先兰 40 多岁时，有一次由于血压高，在单位晕倒。随后，便被同事送到了医院。"我那天中午正准备去食堂打饭，走着走着就摔在了路上，把脸、腿都磕破了。好在没什么大碍，很快就出院了。"朱先兰回忆说。出院当天，聂新义见朱先兰身子虚弱，二话不说便背起了妻子，一口气爬上 5 楼。"我当时就想，他这么瘦，怎么这么大劲呢。这件事让我很感动，没想到他这么细心。这几十年，老伴儿为我做了很多事，每件事都让我感动、幸福。"朱先兰说道。

（口述 | 居民　朱先兰）

37 块钱的二胡陪了我 35 年

　　家住舜玉北区 55 号楼，68 岁的唐英烈家中有一把用 37 块钱买来的二胡，虽然已经用了 35 年，但唐英烈仍对它爱不释手。因为，这把二胡既承载了他青年时代的梦想，又丰富了他退休后的生活。

55 年前，对二胡"一见钟情"

　　1961 年，唐英烈来到济南第 18 中学就读。一次，他经过学校的音乐教室，被一阵动听的旋律吸引住了。循声望去，唐英烈发现学校的一名音乐老师正端坐在椅子上，演奏着一首二胡曲子。

　　"我第一次听到二胡的声音就喜欢上了这种乐器。"唐英烈回忆道。从那时起，他便跟着老师学习拉二胡。为了纠正自己拿琴弓的姿势，唐英烈想了一个办法：他在右臂下夹了一本书，确保书不会从胳膊下面滑落，锻炼自己借助手腕的力量运弓。每天课程结束后，唐英烈的右臂总是又酸又痛。"我梦想着能像老师那样演奏出动人的旋律，吃再多的苦也值！"唐英烈笑道。

找来梨木做二胡

为了能在回到家后也可以练习二胡，唐英烈萌生了自己做一把二胡的想法。

他找来一根梨木做琴杆，用丝线做琴弦，用竹筒做琴筒，又在琴筒上蒙了一层海鱼的鱼皮做琴皮。

虽然做出来的二胡十分简陋，音色也很差，但唐英烈练习拉二胡的热情不减。

每天回到家，唐英烈都要把课堂上老师讲的内容温习一遍，确保把每一个新学的知识点都掌握清楚。

由于练习的时间过长，唐英烈左手用来按弦的手指尖常常被粗糙的琴弦磨破皮。怕耽误学习进度，唐英烈就在指尖上粘上一块胶布，忍痛继续练习。功夫不负有心人，在初中毕业前夕，唐英烈终于可以像老师一样，流畅自如地演奏任何一首自己喜欢的曲子了。

借二胡邂逅知音

1970 年，唐英烈参加工作，在济南钢铁厂负责炼铁。领到第一个月的工资后，唐英烈就迫不及待地给自己买了一把二胡。"后来，这把二胡被我用坏了，我又从百货大楼花 37 块钱买了一把新的，一直用到现在，陪伴我整整 35 年了。"唐英烈抚摸着手中的二胡说道。

如今，唐英烈是社区吕剧团的团长，而这支队伍的建立，也与二胡有关。

原来，退休后的唐英烈每天早晨都会拿上二胡到舜玉公园演奏几曲，动听的旋律吸引了不少居民的围观。让唐英烈没想到的是，一些爱好扬琴、笛子、小提琴等乐器的居民也陆续加入到演奏队伍中来。如今，这支队伍已有成员 40 余人。"能够通过二胡结识这群爱好音乐的知音是我的福气。如果一天不拉二胡，就感觉少了些什么似的，二胡已经成为我生命中的一部分了。"唐英烈笑道。

（口述 | 居民 唐英烈）

收集邮票的快乐

　　在舜玉北区97号楼的刘俊明家里有一本保存了近20年的集邮册，其中保存了大大小小近千枚邮票，这也见证了她26年的集邮岁月。如今，刘俊明仍时常翻看集邮册，并和9岁的小外孙分享收藏心得。

收集信销邮票，过程烦琐不嫌累

　　1971年，刘俊明来到邮电新村粮店上班。

　　"那时候我刚入职，每月工资20多元，实在拿不出闲钱买那些精致的新邮票。"刘俊明回忆道，于是她便开始收集通信用的信销票。

　　每次收到家人朋友的来信，刘俊明都要把粘贴在信封上的好看的信销票揭下来。为了不破坏邮票的品相，刘俊明先将剪下的信销票放进水中浸泡，待邮票与信封分离后再慢慢揭开，然后把邮票用卫生纸包起来轻轻压平，晾

干，再用镊子把邮票插进集邮册。

"虽然过程很烦琐，但我乐此不疲。整理邮票的过程就是集邮最大的乐趣。"刘俊明笑道。

为买 1 枚邮票，通宵排队 10 小时

20 世纪 90 年代，粮店改革后，刘俊明的工资也提高到了每月 200 元。"手头宽裕了，我每月花在买邮票上的钱就占了工资的近四分之一。"

在刘俊明收集的近千张邮票中，她最喜欢的一枚是 1997 年 7 月 1 日发行的《香港回归祖国》纪念邮票。当时，由于担心去晚了买不到邮票，刘俊明在邮票发行前一天就来到了邮局门口排队，从晚上 10 点多钟一直等到了第二天早上 8 点。

"站了一整晚，我真的是又累又饿。不过当工作人员把那枚期待已久的邮票放到我手上的时候，所有的疲惫感都一扫而光了，只觉得幸福。"刘俊明笑道。

鼓励外孙收集：过程快乐最重要

1997 年底，刘俊明退休后忙于家务事，用来集邮的时间便越来越少了。不过，每隔一段时间，刘俊明都会拿出那本厚厚的集邮册，把里面的活页翻动一下，防止有灰尘堆积在上面。

如今，在刘俊明的影响下，9 岁的小外孙也开始养成收集物品的习惯。"他从 6 岁开始，就会把自己的玩具按照不同的动画片做好标记，整整齐齐地摆放到箱子里。到现在，他坚持收集玩具 3 年了，收藏的玩具已有十几个系列。"刘俊明笑道，"我常常鼓励他坚持下去，并告诉他收集什么东西不是最重要的，重要的是收集的过程能给他带来快乐。"

（口述｜居民 刘俊明）

丈夫花 5 年积蓄为我买缝纫机

在伟东新都二区 24 号楼的吕志英家里，有一台缝纫机，是她用丈夫攒了 5 年的 20 张购货券和 100 多块钱买来的。38 年来，吕志英先后搬家 5 次，却一直没舍得扔掉它。

丈夫 5 年积蓄换来一台缝纫机

1978 年，婚后的吕志英有了女儿，考虑到物资紧缺，衣服比较难买，她便和丈夫商量着买一台缝纫机。丈夫听了吕志英的想法后，便把 20 张购货券和 100 多块钱塞给了她。吕志英知道，这些是丈夫省吃俭用 5 年的积蓄，虽然舍不得花掉，但想到可以给孩子缝补衣服，便买回了缝纫机。

"丈夫说我们结婚两年多来，一直没有给我置办过什么像样的东西，便执意让我去买，还说钱花完了他可以再挣。现在想来，我还是很感动。"吕志英说道。

专门进校学习做不同款式的衣服

刚开始，吕志英只会用缝纫机缝制鞋垫、缝补衣服等。后来儿子出生，女儿的衣服都要改一改再给他穿。于是，20 世纪 80 年代末，吕志英便去缝纫学校学习用缝纫机做服装。

　　学会了基本的制作方法后，吕志英便去市场上买来布料，给两个孩子做起了衣服。手艺日渐娴熟后，吕志英开始换着花样做，用牛仔布料给女儿做裙子，用棉质布料给儿子做短袖上衣等。除了两个孩子的衣服，吕志英还给丈夫做裤子，给自己做花布连衣裙等。

为女儿同学做新衣

　　当时，吕志英的女儿有个关系很好的同学，两个人经常一起吃饭、一起写作业。但这位同学的妈妈常年卧病在床，一家人的日子过得很艰难。因此，女孩的每件衣服上都打着补丁，有时甚至会穿着破洞的衣服出门。吕志英见了于心不忍，买布料的时候就会多买一块，给女儿做一件衣服，再给女儿的同学做一件。每一件衣服她都花了心思，不是缝制个蕾丝花边，就是钉几颗闪亮的扣子。

　　"女孩子都爱美，做几件衣服也不费劲，算不上什么的。"吕志英笑道。

（口述 | 居民 吕志英）

婆婆送的"传家宝"，我保存了 25 年

在玉函铁路宿舍 6 号楼的刘芝芳女士家里，有一件保存了 25 年的真丝旗袍，是婆婆送给她的"传家宝"。刘女士说，一件旧式旗袍的背后不只是一段记忆，更是一段岁月变迁的真实写照。

1977 年，刘芝芳结婚成家，婆婆的父亲是著名的章丘孟氏祥字号创始人之一。当时，婆婆一家在泉城路的隆祥商铺经营真丝绸缎生意，在青岛等地也开有分店。由于刘芝芳是家里最小的儿媳妇，因此倍受长辈的疼

爱。过门不久，婆婆便将一件由雪青色真丝制作而成的上好旗袍送给了她。

旗袍是高贵的深紫色，上面绣着花卉图案的暗花，领口设计成别致的三层盘扣，尽显旧式旗袍的韵味。"这件旗袍婆婆十几岁时就曾穿过，可以说是我们家的'传家宝'。'文革'期间，店里的大部分旗袍都被损毁了，所以这件旗袍更显得弥足珍贵。"刘芝芳介绍道。

收到婆婆送的旗袍后，刘芝芳很是欢喜。第二天就穿着旗袍出门了。让她没想到的是，走在泉城路上，过路的行人、沿街的商贩都盯着她看。"那个年代，穿着这身旗袍上街，真是太拉风了，街坊邻居见了都说我真敢穿。一来二去，被他们盯得怪不好意思的，我就不再穿了。"刘芝芳回忆道。

穿了两次之后，刘芝芳便把旗袍小心翼翼地用丝质手帕包好，放进了衣橱的最上层。后来，刘芝芳单位的同事到家中做客，见到了这件做工精致的旗袍，都对旗袍的制作工艺赞不绝口。"同事们纷纷嚷着要买下来。"刘芝芳笑道，"不过，就是出再高的价钱我也不会卖，因为这是我们家的'传家宝'，我会把它送给儿媳妇，将旗袍承载的传统文化好好传承下去。"

（口述 | 居民 刘芝芳）

一件棉衣 19 个补丁，她珍藏了 48 年

当你老了，你是否总是回忆从前，是否看到一些事物，总会回想起青葱岁月。舜园社区合唱团的团员游济荃就拥有着一段特殊的青春回忆。她的回忆，来源于一件 48 岁"高龄"的棉衣。如今，这件棉衣已经捐赠到中国知青博物馆，但是年轻时的记忆，却依然在她的脑海中回荡。

2014 年 3 月 15 日，中国知青博物馆来济南巡展。游济荃当时将珍藏了 48 年的棉衣赠给了博物馆。"这些东西只有我自己当宝贝，百年之后就被当成垃圾扔掉了。"游济荃说道，她希望给自己的东西找最好的归宿。

说起这件棉衣，还要追溯到 1966 年，游济荃到甘肃的第二年，那时游济荃在甘肃当知青。下乡第一年，发了一套黄军装，游济荃十分喜欢，便决定再买一套。但是买整套太贵了，因此，她只登记买了一件上衣。

交了钱，衣服拿到手之后，游济荃有些失望。"这不是我想要的黄军装，而是一件军装样式的衣服，深蓝色卡其布，和普通衣服不同的是两个口袋有三粒咖啡色'八一'军扣。"但再失望，衣服还是要穿的，以前人们常说"新三年，旧三年，缝缝补补又三年"，这件衣服，游济荃一直穿到 1973 年。

当时，衣服已经洗得发白，还补了 19 个大大小小的补丁。"现在看那些补丁真有点工艺品的意思，补丁补得很认真、很仔细，平展展的，上面的针脚很细密，距离大小几乎一模一样。"游济荃笑道。1973 年，日子稍微富裕点了，她就买了几尺黄卡其布做了件军装样式的新衣服，这件旧衣

服也就躺进了柜子。

多少年过去了，别的旧衣服都处理掉了，唯有这件衣服跟着游济荃从张掖到昌马，又从昌马到黄羊镇，之后到兰州上大学，然后回济南。无论到哪儿她都舍不得扔。

"只是觉得这件衣服与我的青春岁月有关，就这样保存下来了。现在我把衣服捐出去，也是让衣服做个知青时代的见证吧。捐出去之前，我给衣服拍了张照片，以后想回忆青春的时候，就看看照片了。"游济荃说道。

（口述 | 居民 游济荃）

一台老式照相机带给我无限的快乐

　　70岁的郭伯英自年轻时就喜欢拍照。1968年，她买了第一台照相机，用它记录了很多难忘的故事。郭伯英说，这台老式的"海鸥"照相机给她的生活插上了翅膀，给她带来了无限的欢乐。

　　郭伯英上学时就很喜欢拍照，"那时候我学习不错，考进了实验中学，不谦虚地说，我当时还是学校的校花。"郭伯英笑道。

　　因为得意于自己的外貌，郭伯英特别喜欢到照相馆拍照，而且每次都要拍好几张，一直拍到自己满意为止。

　　1968年，21岁的郭伯英来到济南百货批发站工作。当时，她负责批发肥皂、搪瓷碗等日用品，她的同事则负责给瑞昌照相馆批发摄影器材。这一年，海鸥牌4A相机出产。得知此事后，郭伯英拜托同事以90元的进货价帮自己买了一台相机。

　　"我把第一个月的工

资 21 元钱全用上了，家里面 3 个哥哥很宠我，又给我添了些钱才买到了这台相机。"郭伯英说道。向同事学习了如何使用相机和洗照片后，郭伯英便把自己的房间布置成了一间"暗房"。她把铝制的饭盒当成洗照片的盒子，还买了显影粉、定影粉等。此后不管去哪里，郭伯英都会带着相机，随走随拍，回家以后再把照片冲洗出来。当时，郭伯英有了这台相机，身边的同事都好不羡慕。"那个年代很多人没有拍照的意识，逢年过节去照相馆拍照就很隆重了。我每天拿着这台相机，在单位里很威风，同事们都想让我给他们拍照。"郭伯英说道。

有一年，刚过完国庆节，正是秋高气爽的好天气，郭伯英约了几个要好的老同学，一起到大明湖游玩。"那一天是我有了这台相机以来，印象最深的一次拍照。我和我的同学们在荷花池边高兴地笑啊闹啊，都被记录在了镜头里。"郭伯英回忆道，"在那个年代，摄影给了我一处栖息之地，给我和朋友带去了很多的欢乐。"

1972 年，郭伯英出差去了 5 省 19 市。其间，这台海鸥牌相机她一直带在身旁。随着相机的更新换代，郭伯英的相机也逐渐从胶片机"升级"成了数码相机。这台海鸥相机也由于比较笨重，逐渐被淘汰了。但郭伯英一直小心保存着。

"甚至相机外边的皮套也一直戴着，几乎没有损坏。于我而言，这台海鸥牌老相机记录了我年轻时的快乐时光，很有收藏价值。"郭伯英笑道。

（口述 | 居民 郭伯英）

它记录了我俩的美好时光

　　随着科技的进步，单反、微单、手机相机等各式摄影器材层出不穷，传统的胶片相机逐渐尘封在历史的长河中。然而，在居民郑继英眼中，胶片相机是一个承载着温度和人情味儿的老物件，每一次"咔嚓"声背后，都有一段珍贵的记忆。

　　在郑继英家里，有一台保存了 22 年的胶片相机，虽然"年岁"大了，但机身上没有丝毫剐蹭的痕迹。"这是我 1997 年在香港买的，花了大约

2000 块钱。安上电池和胶卷，这相机还是可以正常使用的。"郑继英说道。

这是她买的第三台相机了。1986 年，在外工作回到家的郑继英发现家里闯进了小偷，此前买的第一台国产相机"不翼而飞"。"那台相机我忘了是什么牌子了，只记得花了 100 多块钱，那时候一个月工资才 40 多块，发现相机被偷走了，我心疼得不得了。"郑继英说道。

后来，郑继英的老伴儿又买回来第二台相机，等到买第三台相机的时候，两人的小孙子已经三岁了，于是第二台相机就成了小孩子的"玩具"。

"老伴儿买回来这台 PENTAX 牌的相机，很好用，我就让小孙子拿原先的相机玩了。"郑继英笑道，"新相机毕竟是牌子货，质量好，用起来舒服，拍出来的照片也好看。在我们家，它算是出力最多的相机。"

后来，郑继英一家无论是出去旅游还是日常生活拍摄的照片，都出自这台照相机。

（口述 | 居民 郑继英）

一份保留了 43 年的入党宣誓词

2017 年 10 月 18 日，中国共产党第十九次全国代表大会正式开幕。不少党员在看完电视直播后非常激动，邵玉伟也是其中一位。43 年前，他宣誓入党。当时的誓词被他留存至今。

1976 年 1 月 31 日，在原市中区委旧址三楼礼堂里，21 岁的邵玉伟同 30 余位党员一起参加新党员入党宣誓大会。"那天我们高唱国际歌，手拿誓词宣誓，聆听新的党员代表上台发言以及老党员讲革命传统……43 年过去了，我还留着那天的入党誓词，这对我来说意义非凡。"邵玉伟说道。

1974 年，邵玉伟作为省电子系统的知青，来到历城县唐王公社纸坊大队插队。"当时，大队书记屡次找到我，提醒我作为知青代表，应该以党员标准要求自己，处处走在前列，积极靠拢党组织，早日填写入党申请书，成为一名优秀青年。"邵玉伟回忆。

当时，邵玉伟是

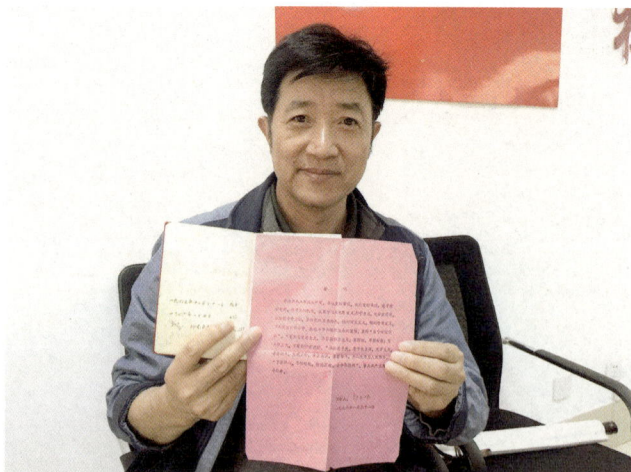

知青组组长，做什么事总想做到最好，虽然还未入党，却以党员的标准严格要求自己。1975年，公社组织"战涝洼工程"，通过深挖涝洼地，将白云湖的湖水引进来养鱼，以繁荣当地经济。当时是冬天，邵玉伟光着脚就跑进涝洼地开始挖鱼塘。"回想起来，我的脚踩在冰碴上也不觉得冷，只想着带头完成上级交给的任务。说句实话，那时候对党的认识还是肤浅的。"邵玉伟笑道。

誓　词

我志愿加入中国共产党，承认党的章程，执行党的决议。遵守党的纪律，保守党的机密。认真学习马克思主义、列宁主义、毛泽东思想，以阶级斗争为纲，坚持党的基本路线，批判修正主义，批判资本主义，不断提高阶级斗争、路线斗争和继续革命的觉悟。坚持"五个必须做到"，"要搞马克思主义，不要搞修正主义；要团结，不要分裂；要光明正大，不要搞阴谋诡计。"永远忠于党，忠于毛主席，忠于人民，英勇战斗，忘我工作，谦虚谨慎，艰苦奋斗，全心全意为人民服务。"下定决心，不怕牺牲，排除万难，去争取胜利"。誓为共产主义奋斗终身。

宣誓人：邵玉伟
一九七六年一月三十一日

1976年，邵玉伟拒绝了两次批准回城的通知后，跟随最后一批知识青年离开农村回到城里。同年1月18日，邵玉伟收到了批准入党的通知，他在这一天的日记上写道："我一定积极工作，给党增光。"

宣誓大会后，邵玉伟把入党誓词小心地粘在本子里，时常拿出来翻看。在之后的工作和生活中，邵玉伟谨记誓言，不管是在部队服役，还是复员后进入政府机关部门工作，他都以此勉励和提醒自己，努力做好工作。

"可以说，43年前的这份誓词，我牢记并做到了。作为一位老党员，应当继续紧紧团结在以习近平同志为核心的党中央周围，做好自己工作，为社区事务多做一些贡献，践行自己的入党誓词。"邵玉伟笑道。

（口述｜居民 邵玉伟）

10 对暖瓶的淳朴时光

1983 年，李耀华和丈夫步入婚姻殿堂，很多同事前来祝贺并送上礼物，其中包括 10 余对红色暖瓶。34 年来，她家的暖瓶陆陆续续用坏了很多，如今仅剩的一对红色暖瓶，李耀华已经用了四五年，却用得格外小心……

1983 年 5 月 10 日，在诚通纺织有限公司工作的李耀华和爱人喜结连理，从此开始相伴一生。"我们结婚至今有 34 年了，看不惯对方的时候也会吵架，生活不就是这样嘛，吵吵闹闹才有滋有味，这么多年也习惯了。"李耀华笑道。

每每想起当年结婚的场景，李耀华和老伴儿脸上都会挂满笑容。"我

们那时候的婚礼很简单，亲戚朋友聚到一起吃个饭，举行一个简短的仪式就行了。"李耀华说道。

结婚那天，李耀华的老伴儿特意花费24元钱租了两辆苏联进口的红色轿车。"我们是通过我表妹认识的，相识一年半就结婚了。我还记得结婚那天，老伴儿穿了一套天蓝色的西装，很漂亮。"李耀华的爱人笑道。

结婚当天，夫妻俩的同事们都上班，没能出席婚礼。因此，婚后的一个星期天，夫妻俩特地在聚丰德大酒店请喝喜酒。30多位亲朋好友到场庆贺。到场宾客都送上了新婚祝福，随的份子钱多则五块，少则五毛。

此外，李耀华夫妻俩还收到了暖瓶、被面、锅、搪瓷盆、茶具、录音机等礼物。其中，数量最多的是成对的红色暖瓶。"同事给我们送来了10多对红色暖瓶。那个年代，暖瓶是很受大家欢迎的结婚礼物。"李耀华介绍。

结婚34年来，李耀华家里的暖瓶陆陆续续坏了很多。如今，只剩下了一对完好的红色暖瓶。"这一对暖瓶我用了有四五年了，保温效果还非常好。"李耀华说道。

对她来说，这些暖瓶代表着那个年代的友谊。"那时候，同事就像知己一样，谁家里有什么困难，大家就凑到一块想办法、凑钱，很团结，也很温馨。"

这些暖瓶也见证了李耀华家的历史变迁，也见证了孩子的成长，从结婚时住的国棉厂宿舍到现在的舜玉小区，幸福一直伴随着他们。"之前搬家，扔过几对坏了的暖瓶，现在想想挺可惜的。以后这对暖瓶要是坏了的话，我就打算把它们送给孩子，留个念想。它们见证了我们家太多的回忆，也见证了我们和同事的友谊，我不舍得扔。"李耀华说道。

（口述｜居民 李耀华）

百年樟木箱见证三代人情分

　　在吕永娥的家里，有一个已经保存了近百年的老樟木箱子。多年来，吕永娥搬了至少 5 次家，然而每一个新家里总有一个位置是留给樟木箱的。老人家说，这一个樟木箱见证了家里三代人的情分。

初见，公婆带来樟木箱

　　1982 年，由于公公婆婆上了年纪，吕永娥与老伴儿商量后，决定将老人从肥城老家接来一起生活。因此，吕永娥第一次见到了婆婆的樟木箱。樟木箱是个长方体，长近 1 米，宽约 50 厘米，高 32 厘米。"因为是樟木制作，箱子总会散发出一种特别的香气，并且防虫防蛀，比现在的樟脑球好用多了。"吕永娥说道。

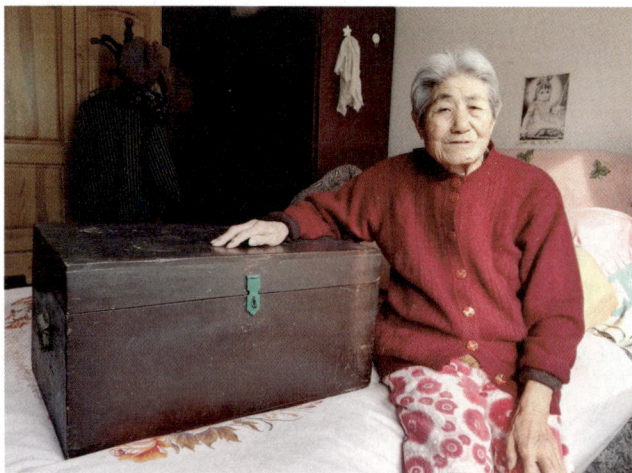

　　不过，当时吕永娥并不怎么在意这个樟木箱，将其放置到房间的一角后，就把注意力集中在了照顾

一家老小的生活起居上。"婆婆在世时，我不曾问过箱子是如何而来的。现在想来，按照那时出嫁的风俗，樟木箱应该就是婆婆的嫁妆。如此，箱子可就有近百年的历史了。"

分别，它成了女儿嫁妆

1996 年，吕永娥的大女儿结婚。装着新被子的樟木箱，作为嫁妆被女儿带去了新家。"按照那时的习俗，姑娘的陪嫁里，一定要有娘家人准备的被子，代表未来家庭和和美美一辈子。"吕永娥笑道，"这么重要的嫁妆，用什么来装呢？我就想到了樟木箱。"就这样，樟木箱随着女儿一起出嫁了，一走就是 16 年。

"孩子结婚后不久，婆婆就因病去世了。"吕永娥介绍，女儿从小在婆婆跟前长大，祖孙俩的感情特别好。自此，老樟木箱就成了女儿思念奶奶的唯一念想。

重逢，它有了"专座"

2012 年，吕永娥的老伴儿去世，她的身体也状况频出，女儿便带着一家三口搬过来照顾她。兜兜转转，老式的樟木箱又回到了吕永娥这里。由于年代太长，樟木箱看上去很陈旧了，箱身周围的漆有些脱落，锁扣和提手处也生了锈。可吕永娥依然把它当作宝贝，为了防尘，她在箱身上面仔仔细细盖了一层面罩。卧室的一角有一张桌子，桌子上面的位置就是专门留给樟木箱的。

"每当看到樟木箱，我就能够想起曾经跟婆婆一起生活，给女儿置办嫁妆时的场景。樟木箱记载的是我们一家三代人的回忆，我一定会把它好好地保存下去。"吕永娥说道。

（口述 | 居民 吕永娥）

百封信件见证的几十年战友情

在王树河的抽屉里，小心存放着百余封已经泛黄的信件。老旧的纸张、斑驳的字迹诉说着一段段真实亲切的战友情。岁月失语，为信能言。那一个个清晰可见的邮戳，盖在了信封上，更盖在了王树河的心中。

1986 年 10 月，19 岁的王树河接到了大红的入伍通知书。他怀揣着无比激动的心情，买了一张去往湖北省武汉市的火车票，开始了他为期

4年的军旅生活。

当时，在武汉机务训练团报到的新兵有400余人，在这里，王树河"意外"结识了刘伟、梁智峰两位战友。"我们3个学的不是一个专业，也不是住在同一个楼层，能相识确实是个意外。"王树河笑道。

教室、宿舍、食堂三点一线的生活看似枯燥，但是三个爱学习的人聚在一起，就把简单的日子过得有滋有味。很快，三个人逐渐成了无话不谈的好朋友。因为是技术兵种，三个人被分配到不同的机场去执行任务。通知下来的那一天，三人还像往常一样，围坐在一起，嘱咐彼此到了新地方一定要照顾好自己，要时常联系。

当时的通信技术并不发达，三人只能靠书信联系。写一封信寄给对方需要两周左右的时间，等收到对方的回信，一个月就过去了。"树河兄，您好。来信收到，很高兴！不知你上次说的入党一事现在是何情况？"信里的一字一句，现在读来，王树河直言"倍感亲切"。

当然，除了关注彼此有没有入党，信里还有关于兵旅生活的体验以及生活中的柴米油盐。"信纸是有限的，但是话总是说不完，每次写到最后都会感觉意犹未尽。"王树河说道。三个人就这样你一封我一封，一写就是三年。从1987年分别到1990年退伍前，王树河共收到刘伟、梁智峰的信件百余封。退伍后，三人都回到了济南，见面的机会多了，联系也方便了。但是这些信件，王树河却一直保留着。

"等以后退休了，闲来无事时，坐在阳台上，拿出这些信细细品读，肯定是别有一番滋味在心头。"王树河一边说，一边把别在信封上的生锈的曲别针取下来，夹上了一个新的，然后小心翼翼地把信件装进了盒子里，生怕一不小心，弄坏了本就破旧的信件。

（口述｜居民 王树河）

它给我们带来了无限的欢乐

　　20世纪80年代，录音机一度成为"豪华奢侈品"。如今，随着科技的进步，各类电子产品逐渐普及，录音机已经基本淡出了人们的生活，但那些年与录音机相关的故事，依然历久弥新。在玉函路90号院的居民王宗仑的家中，就保留着一台"34岁"的老式录音机。王宗仑说："这台录音机给他的生活带来了无限的欢乐。"

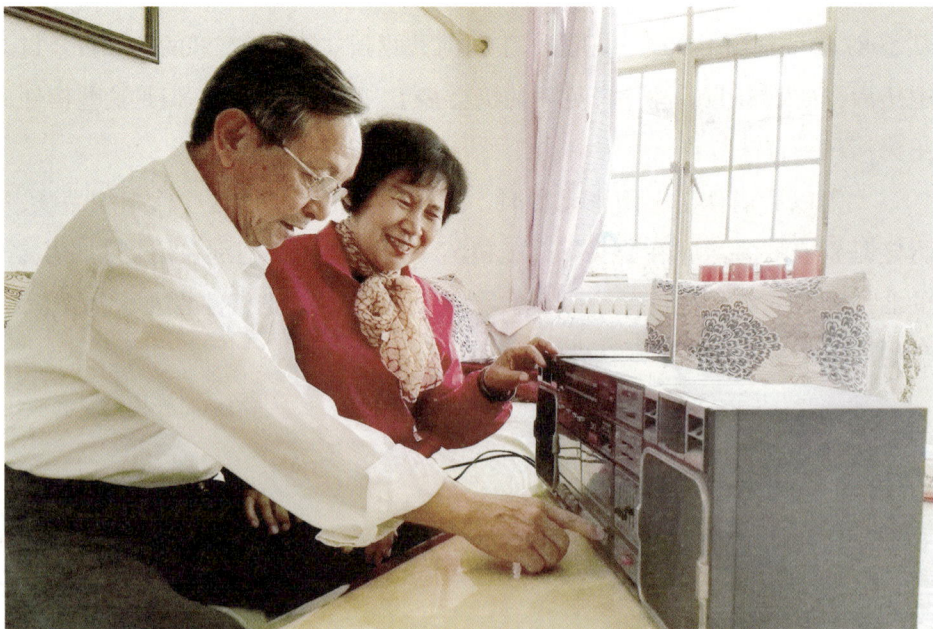

1984年，在林祥南街小学任校长一职的王宗仑与妻子的工资加起来不到70块钱。除去日常花销，两人攒了好几个月才攒到100多块，在经四路的家电公司买回了这台录音机。

"我和老伴儿都喜欢听歌，也喜欢跟着自己欣赏的歌手唱歌。那时录音机十分少见，也不便宜，店里的老板认识我，给的我进货价，要不然200块都买不回来。"王宗仑回忆道。

这是一台长约60厘米的，高约20厘米的黑色录音机，双门卡带，两边带有四个可以闪光的大喇叭，还能收听多波段的频率广播。录音机买回来之后，每天下班回到家，王宗仑就会打开录音机，放进磁带，调高音量，与老伴儿一起听着邓丽君、苏小明等当时流行歌手的歌。两人一边洗菜做饭收拾家务，一边随声吟唱，十分惬意。

"不管白天上班多累，回家只要听到自己喜欢的歌，就觉得浑身都在放松，经常会陶醉进去，和歌声融为一体。"王宗仑的老伴儿赵玉凤说着说着，就轻轻地唱了起来："红萝卜的胳膊，白萝卜的腿儿，花心心的脸庞，红嘟嘟的嘴……"

除了两个人使用，王宗仑家里的录音机还成了街坊邻居眼里的"西洋景"，大家都想过来凑个热闹，看个新鲜。

在那个只有黑白电视机的年代，王宗仑家的录音机激起了街坊四邻的好奇心。因此，不时有街坊邻居到家里来瞅一瞅、摸一摸、听一听。"至今我还可以回想起那个年代，大家一起围坐在录音机前听广播、听歌曲、唱歌的情景。如今数码设备更新太快，我们老年人跟不上时代发展的速度，每当看到这台老式录音机就会觉得格外亲切，也不舍得丢掉。"王宗仑说道。

（口述｜居民 王宗仑）

那些年，我带着理发推子漂洋过海

在舜园社区老党员孙福增的家里，有一套理发工具，包括推子、梳子、剪刀、披肩等，十分齐全。这套工具已经陪他走过了 55 个春秋，见证了那些年风华正茂的他义务学雷锋的事迹。

1963 年，毛泽东主席发出"向雷锋同志学习"的号召。当时，正在山东大学读大二的孙福增积极响应号召，决定义务给贫下中农理发。于是，他从自己的助学金里省出来一部分钱，买了一把推子、一把梳子、两把剪刀，又从家里找出来一块方布作为披肩。

毕竟没有学过理发，虽然"硬件设备"都备齐了，孙福增也不敢贸然去给贫下中农理发。于是，他喊来自己的同窗好友，决定先用他们的头练练手。"我好几个同学成了我的'试验品'，刚开始给他们剪的时候，总是七长八短。"孙福增笑道。不仅如此，由于不会使用推子，孙福增经常会夹到同学的头发，好友们笑称孙福增"老给我拔毛"。

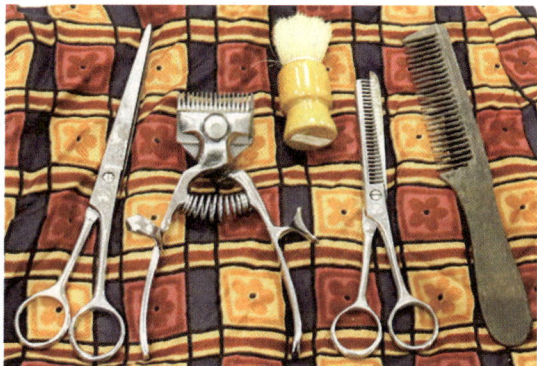

　　"所以我说，能让我给理发，首先得有牺牲精神。"孙福增笑道，为了让好友们"少受罪"，没事时，孙福增还会对着镜子给自己理发。后来，孙福增上了大三，搬到了山东大学洪家楼校区。这时，他的理发技术已经练得很不错了，便开始给更多同学、青年教师、贫下中农理发。逐渐地，义务帮人理发成了孙福增的常态。

　　再后来，无论是去加拿大进修，还是在法国巴黎联合国教科文组织任职，孙福增都会随身携带着这一套理发工具，给同学、同事们理发。"在巴黎时，理发的费用很高，每次要上百法郎。但是我的孩子们都不想让我理。"孙福增介绍，小儿子少年时期喜欢齐秦，也学着年轻的齐秦留了一头长发。回国那年，孙福增要求小儿子一定要把长头发剪了，并再次拿出理发工具，亲自剪掉了儿子的长发。"看着落了一地的头发，我小儿子当时心疼得都哭了。"孙福增回忆道。

　　退休回到济南以后，孙福增依然保留着这套理发工具，并开始用它给岳母理发。"岳母那时也有八九十岁了，总是出去理发不太方便，就让我给她理。"孙福增说道。如今，孙福增已经76岁高龄了，不能再给别人理发。但是，这套理发工具却被他完好地保存着。他说，看见它们，就仿佛看到了年轻时的美好岁月。

（口述｜居民 孙福增）

老相框框住了我与奶奶的祖孙情

　　一些现代人讲究"断舍离"，觉得只有不断地扔掉一些旧物旧事，才能走向更好的生活。但是，往往在一些不起眼的老旧物件里，珍藏着不为人知的往事。这些往事或喜或悲，或苦或甜，在许多年以后回想起来，总让人从心底生发出一丝温暖。吕志英家里就珍藏着不少老物件，对她来说，老物件里寄托着故人往事，不能忘，也忘不了。

　　在吕志英的家中，有一个小小的相框被珍藏多年。这个相框长3.5寸，高约2寸，由于年数已久，框身已有些许斑驳痕迹。"这是奶奶生前留给我的，

年龄比我还要长很多，已经有 90 年的历史了。一晃，奶奶离开人世已经 30 多年了，但我还是能时常想起她。"吕志英说道。

吕志英的奶奶出生前就被父母指腹为婚。19 岁那年，她遵守婚约嫁到了北京。然而到了北京，她才发现男方竟然是让自己做小老婆。性格刚烈的奶奶一气之下跑回济南，并将自己的嫁妆也搬回了娘家。

然而，在当时那个年代，擅自"悔婚"的奶奶却不再被众人认可。一直到 1955 年，在别人的介绍下，吕志英的奶奶才与爷爷相识，两人情投意合，很快便结了婚。当时，奶奶已经 50 岁，考虑到自己已经无法生育，吕志英的爸妈工作又忙，奶奶跟爷爷一商量，便将一岁半的吕志英接到了身边。

虽然不是亲奶奶，但是奶奶却一直将吕志英当成亲孙女，无微不至地照顾了 8 年。出身大户人家的奶奶，头发盘得一丝不乱，衣着整整齐齐，言谈举止温文儒雅，做事不急不躁，这一切都给吕志英留下了深刻印象。直到现在，吕志英做家务活时处处都有当年奶奶的影子。

"我到现在还记得，奶奶的身上一直有一股香香的味道。"吕志英回忆。后来，奶奶患上了乳腺癌，不久又得了小脑萎缩，十分痛苦。那段日子，吕志英时常陪在奶奶身边。奶奶去世前，曾把吕志英叫到身边，把这个相框交给了她。"这个相框是奶奶的嫁妆，陪奶奶嫁了两次人。奶奶生病时，把它交给了我。她说把这个小物件交给我，也不枉我们娘俩祖孙一场。以前，相框里都是爷爷奶奶的照片，现在换上了我和我的老伴还有孩子们的合影。虽然照片换了，但是每每看到这个相框，我都会想起奶奶。"

（口述 | 居民 吕志英）

一把折扇给予我创作动力

　　"80岁"折扇凝聚两代情。每一个带有历史印记的老物件，背后都会尘封着一个故事。对于吴国梁而言，这把上了岁数的旧折扇就是缅怀父子之情、为自己画画提供源源不断的精神力量的催动力。

　　在吴国梁家中，有一个小小的折扇被珍藏多年。由于年数已久，扇骨已有些许斑驳痕迹，但扇面上依然可以清晰地看出是一幅八仙上寿图。"这

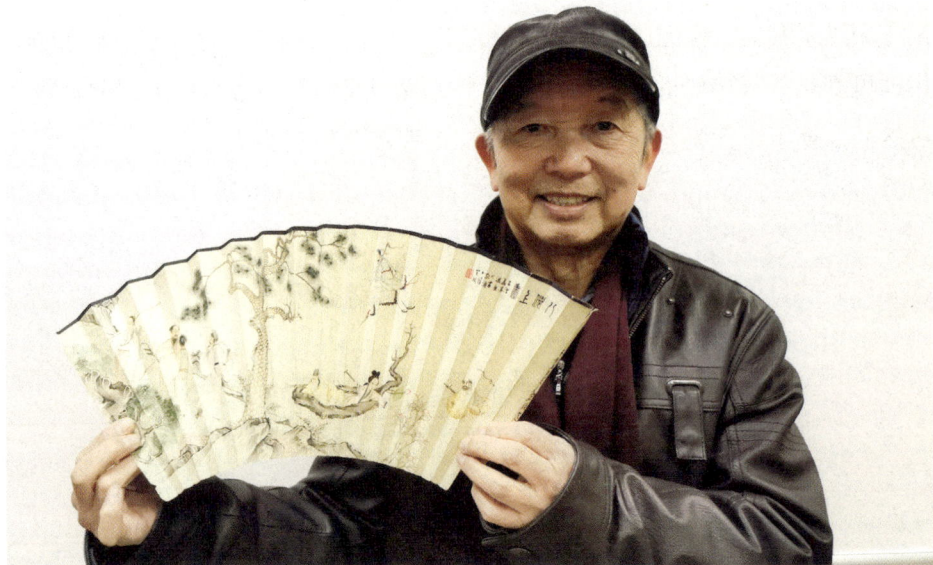

是我小时候在家里玩耍，从父亲房间里找出来的。因为实在喜欢上面的画，就擅自做主收藏了起来，一直在我手里。这把扇子年龄比我还要长很多，已经有 80 多年的历史了。"吴国梁说道。

吴国梁的父亲出生于 1917 年，年轻时在英国人开办的洋行工作，费了好大的力气，才在杭州找师傅定做了这把扇子。扇子一面是工笔画，一面是题字，左端写着"廷根先生清拂"，右端写着"不复定"，由此可知是一把私人定制、独一无二的折扇。

扇面上的绘画笔法细腻，人物线条高奇，意蕴盎然。从小就对画画感兴趣的吴国梁在得到它后自然是喜爱不已。"我一直佩服这个师傅的画技，闲暇之余特别喜欢看画上的人物角色和风景，可以说每一处都不放过。而且，我一直在研究师傅是如何在这么一个小小扇面搞创作的。"吴国梁说道。

说起来，吴国梁是一个"理工男"。1963 年，他考入山东大学化学系，毕业后一直从事与专业相关的工作，但从未放弃绘画创作。"你看，这把折扇已经有好几处地方破了，可见我从小到大来来回回翻看了多少遍。"吴国梁笑道。

退休后很长一段时间，吴国梁一边照顾生病的父亲，一边从现实生活中寻找灵感，进行漫画创作。这把折扇既是父子之情的见证，也是他将画画技能磨炼得愈发细致的精神动力。

"我现在也正在筹备画一幅八仙上寿图，不过肯定比不过扇子上的画，但也算是对这把扇子的致敬以及对父亲的一种怀念吧。我会一直把这把扇子保存好，因为它存留着父亲曾经的痕迹，以及我对画画的无限热爱。"吴国梁说道。

（口述 | 居民 吴国梁）

一枚与爱情无关的戒指戴了 37 年

经过将近四十年岁月的洗礼，崔云芬手上的戒指已然失去了光华。然而，崔云芬却舍不得摘下它。因为这个实实在在存在的戒指让她相信那不知流落何方的一家人还安稳地活在这个世上。

1979 年，来济南求医的王建国一家人孤苦无依，寡居在家的崔云芬从朋友口中得知此事后，马上把他们接到了自己家里，并且免费管吃管住。就这样，崔云芬结识了这饱受命运折磨的一家人。

原来，王建国十几岁的女儿在一次出门打酱油时遭遇了意外，精神上由此受到了刺激。

看到乖巧懂事的女儿几天之内完全变成了另外一个人，王建国与妻子终日以泪洗面，日夜兼程带女儿来到省城济南，希望能治好女儿的病。

然而，虽然找到了落脚的地方，但昂贵的医药费却愁坏了这一家三口。不得已，王建国夫妇拿出了家中祖传下

来的清朝时期的金元宝，将其打成十几枚金戒指，并打算以 600 块钱一枚的价钱卖出去以给女儿筹措医药费。

但是，改革开放初期，人民的生活水平普遍低下，即使是中等收入的家庭也很难一下子拿出 600 块钱。戒指卖不出去，就没钱给女儿看病，这样一来，女儿的病情就没办法得到控制。

王建国夫妇二人只好央求崔云芬帮忙四处询问一下，看有没有人愿意买下金戒指。

崔云芬看着王建国那日益消瘦的孩子，心疼不已。她随即回到家里，翻箱倒柜找出了自己所有的积蓄——不到 400 块钱。

崔云芬说："那个时候，我在饭馆里给人打工，一个月的工资只有三十多块钱。"200 多块钱几乎相当于崔云芬大半年的收入，到哪里再去找 200 多块钱呢？这可愁坏了崔云芬。

无奈之下，崔云芬只好去找儿子借钱。儿子起初不清楚母亲为什么要花那么多钱去买一枚戒指，何况自己的父亲刚去世两年，家里的境况本身就不是很好，母亲若是一下子把积蓄都花光了，以后的生活就很成问题，所以他并不支持母亲的做法。

崔云芬只好跟儿子讲明了事情的缘由，儿子了解母亲的为人，知道即使是倾家荡产，母亲也一定会帮人这个忙，便凑出 200 多块钱给了母亲。

崔云芬拿着东拼西凑来的 600 块钱交到王建国夫妇手里，她还张罗着帮助他们找来了其他的买家，终于为那个十几岁的女儿凑够了医药费。

后来，一个疗程的治疗结束以后，王建国一家三口便回到了老家，从此再无联系。

时至今日，这件事已经过去了 37 年，84 岁的崔云芬每次想起来都会长吁不已："虽然过去了这么长时间，心里还是惦念得很。现在也不知道他们一家人住在哪里，过得好不好，但是，每次看到这枚戒指，我心里就踏实很多，总觉得他们还安稳地活在这个世上。"

（口述｜居民 崔云芬）

岁月即便再艰难，也不要放弃，坚持住，熬一熬，就过去了。一辈子那么长，生活中变数那么多，岁月变迁，谁能阻挡？要学会释然，熬得住，春天依然在！是的，人生无法倒带，生活既真实又现实，不是电影，不是科幻，不是小说。他们走过的岁月，给予我们无限启迪：温暖、善良、坚强，是活在这个世界上的法宝。

老矿工讲述与煤矿"从一而终"的岁月

遇塌方被砸晕，伤痛跟了他47年

曾经，改编自路遥同名小说的电视剧《平凡的世界》在各大卫视热映，剧中有关煤矿工人工作环境的描述更是触动了不少观众。的确，煤矿工作面临的苦难与煎熬是常人无法想象的。

其实，在咱舜玉路就有这么一位老人，在井下工作了几十年，多次走到生死边缘，却从未有过动摇。他说："既然我选择了煤矿，就应该坚持到底。"

1951年，中考成绩优异的刘志明放弃了读高中、考大学的机会，而是选择进入淄博市煤矿职业学校学习煤矿技术。问及原因，刘志明说道："当时，我们家里条件不好，学煤矿的话，因为国家有补贴，这样就能减轻一些家里的负担。"

据刘志明介绍，因为老家附近就有煤矿，当时村里几乎家家户户都有一到两位煤矿工人，"我知道很多我身边的邻居、老乡在井底作业时因遭

遇塌方而受伤、致残甚至逝世"，
刘志明说道，"真实煤矿工人
的生活就是'三块石头夹着一
块肉'，随时都有可能丧命。"
所以，最开始，他并不喜欢这
一行业。

但是，不喜欢归不喜欢，
刘志明还是选择当了一名煤矿
工人，他说："既然我当初选
择了这个专业、这份职业，就
不能半途而废。"

虽说在学校已经有过井下
作业的实习经验，但到了工作
岗位以后，刘志明才明白，真
正的考验才刚刚开始。刘志明
回忆："那时候，国家规定的是 8 小时工作制，但其实每天在井下的时间
一般都是 12 个小时。"

1958 年，由于工作认真、负责，刘志明当选为小队长。此后，刘志明
更是将全部的热情用到工作当中。有一段时间，为尽快完成工作任务，他
甚至一度加班加点，累得每天躺床上就睡着，睡醒了吃完饭就准备再次下井。
其间，他忙得甚至连烧一壶热水的时间都没有。

正是出于刘志明这种废寝忘食的敬业精神，他所带领的小队在最短的
时间内完成了任务，被共青团山东省委表彰为"千里马队"。

但是，由于长时间喝不到热水，每天在井下也只能吃个煎饼填饱肚子，
肠胃长期受到冷、硬食物的刺激，刘志明的身体健康受到了严重威胁，甚
至患上了肠梗阻。庆幸的是，由于抢救及时，刘志明捡回了一条性命。

刘志明介绍，生病还在其次，在矿井下工作，不可预料的事故才是最
致命的。"文革"期间，国家号召各级干部都要参加劳动，刘志明积极响

应党的号召，带头下井作业，却不幸遇上了塌方。

刘志明回忆，当时，他的头部被矿石击中，直接晕了过去。虽然有幸捡回了一条命，但头上还是被缝了五针。直到现在，刘志明额头上的疤痕还清晰可见。

一直到 1995 年退休，刘志明在煤矿上一共工作了 38 年。38 年间，他遇到的大大小小的事故不计其数，与死亡擦肩而过的经历也不胜枚举，身上的伤疤更是数不胜数。其间，有很多次机会可以调往其他单位，而且各方面的待遇也不比在煤矿公司差，但是刘志明都婉言谢绝了。

他说："人这一辈子啊，不管是做什么工作，不管在这个工作当中遇到多少困难，都应该坚持到底。因为只要努力，就肯定会有收获。做煤矿工人，是我自己的选择，我愿意为它从一而终。"

（口述｜居民 刘志明）

二哥激励我不断进步

那年，由刘家成导演执导，于震、郝蕾、于洋等主演的电视剧《我的二哥二嫂》在各大卫视热播。该剧以20世纪70年代末至改革开放前为背景，以二哥的故事为主线，讲述了一个家庭的悲欢离合。

看到这部电视剧，想起自己的二哥，64岁的居民蒋长春感慨万千。那是在生活上给她无微不至照顾的二哥，是在思想上给她无限启迪的二哥，是让她每次想起都觉得顿生温暖的二哥。

一张老照片，记录一个故事。定格一段时光。蒋长春家中的相册里，珍藏着一张已经旧得发黄的照片。40年的时间褪去了它的颜色，却褪不去那个时代在她心里打下的烙印。

照片是蒋长春二十几岁时参加共青团山东省第五次代表大会时拍的，那时能参加这样一次大会，她觉得十分荣幸、自豪。而如今再回忆起来，参加大会前，母亲和二哥送她到招待所门口时

的欣喜、兴奋才是她念念不忘的温情。

小时候家里穷，蒋长春初中便辍学了，并没有受到过太多的教育，但是二哥对她的影响很深。二哥曾是村儿童团的团长，爱好发明创造，曾发明过蹲地式的便盆，还曾被评选为青年模范，也曾作为山东代表到北京参加过群英会，亲眼见到了毛主席。

那时，二哥时常与蒋长春聊去北京见毛主席的事，潜移默化中，蒋长春也用哥哥的事迹激励自己，不断寻求进步。后来，二哥为响应支援三线城市的号召，去了莱芜。但每当哥哥回来看母亲的时候，都会跟蒋长春聊天，询问她学习、生活等方面的事，还教育蒋长春要好好学习、思想进步，积极参加社会活动，有时候一聊就是近两个小时。在思想觉悟等方面给了她深刻启蒙。

蒋长春22岁起参加丝绸厂的工作，一直以哥哥对自己说过的话激励自己，投身于厂子的建设，一步一个脚印，成了生产骨干。由于表现突出，她被评为先进个人、模范党员，又经过岁月的打磨，成了厂里的团支部书记。但她并没有因此放松，而是不断地充实自己，响应党的号召，和全厂职工一起积极生产，掀起一股生产潮。

现在，年过花甲的她，积极参加社区的腰鼓队和老年大学，不断学习，圆了自己年轻时的大学梦。

蒋长春说：“我人生走的每一步都有哥哥的参与和见证，他是我不断进步的动力。”

（口述 | 居民 蒋长春）

良友相伴敦促我前行

　　现如今，年过七旬的吴国才家里还完好地保存着当年在新疆生产建设兵团工作时与老友汪希琦的一张合影，他说，他是我的良师，也是我的益友，一直激励着我前进。

　　吴国才十几岁的时候，因为家里条件不好，遂前往新疆投奔姐姐，这才有机会再次踏入校园。毕业后，吴国才被分配到了新疆生产建设兵团工作，这一干就是几十年。

　　1966 年，从原南京军区转业至新疆的汪希琦被安排到了建设兵团负责运输工作。从那之后，吴国才就结识了这位对自己影响深远的货车驾驶员，两人的友情也日益加深。

　　吴国才说，当时汪希

琦负责道路运输工作，每天开着大货车运送货物。而新疆的气候环境比较恶劣，冬冷夏热，春秋多风沙，冬天最冷的时候甚至能到零下 30 摄氏度，地上结的冰都亮晃晃的，像是一面天然的大镜子。

在这样的气候条件下开车，无疑是一个技术活儿。"他一般都是跑乌鲁木齐到伊犁这条线，途中要经过果子沟，那里地势险要，汪希琦有好几次途经果子沟时都遭遇大雪封山，被困在山里一连几天脱不了身。没有水，就用干粮就着雪吃，甚至有的时候连干粮也没有，如果遇不上当地牧民，好几天吃不上饭的情况也有。"

但是汪希琦并未因此而退缩，反而每次都能超额完成任务。而且每次回家，他都会仔仔细细地把车擦洗干净。由于保管仔细，汪希琦的车寿命总比其他人的多出几年。

正是由于这种吃苦耐劳、敬业奉献的精神，汪希琦屡次被评为劳动模范先进个人。

吴国才说："共产党员就是一块砖，哪里需要就往哪里搬，这一点上，汪希琦真的做到了。他在新疆一共待了 20 多年，从他身上我真的受益匪浅。"

（口述 | 居民　吴国才）

逝世前一晚，父亲还坚持出诊

父亲节前夕，花甲之年的居民马春英又拿出了这张翻新过的老照片，细细端详着父亲的遗容。十多年来，岁月带走了照片上原有的色彩，却带不走女儿对父亲深深的爱与思念。

一张老照片，带您走近一位一生治病救人、积德行善的乡村医生。

关于童年时期的记忆，马春英的脑子里尽是背不完的药方、抓不完的药，还有家门口望不见尽头的看病队伍。

那时，父亲马怀明在老家梁山斑鸠店马家庄开了一家药铺，取名为"积善堂"。由于父亲医术精湛，医德高尚，赢得了十里八村的乡亲们的信赖与尊重。当然，随之而来的便是数不清慕名而来的患者。

每天天不亮，积善堂门口就排起了长队。父亲不忍心让乡亲们在门外苦等，便早早地把门打开，来不及吃早饭就坐进诊室。由于病人太多，父亲一个人忙不过来，马春英姐弟四人

从小便被安排到药铺帮忙。马春英回忆说："那个时候我们几个又要给病人抓药，又要背诵药方，还要负责把一些中药磨制成粉，一天到晚都不得闲，每天累得站着都能睡着，更不用说父亲了。"

但是，白天累了一整天，晚上父亲也很难睡一个完整的觉。几乎每天夜里都有人来敲门，请求他前去看病。

有一年冬天，同村的一个小男孩半夜敲响了积善堂的大门。原来，小男孩和母亲相依为命，那天夜里，母亲肚子疼得厉害，小男孩从未见过母亲这样，吓得手足无措，只好连夜跑来求助。

但是已经被吓坏了的小男孩无法说清楚母亲发病的缘由及症状，父亲只好在风雪里蹒跚了将近 2 里地赶到了小男孩家里。给小男孩的妈妈看完病以后，父亲心知孩子太小，无力给妈妈煎药，便让小男孩在家照顾母亲，自己回到家煎好了药又顶着风雪送过去。

"像这样的事情几乎每天都会发生，但是父亲从来没有喊过累。"马春英一边说着，一边红了眼眶。

不仅如此，父亲总会想着法儿地帮助别人。那时候家家户户都不富裕，父亲常常免费给那些经济状况差的人看病、取药。赶上大饥荒的时候，还把"糠饼"———一种用麦麸制成的促进消化的中成药——拿出来分给大家吃。

由于常年劳累，马怀明的身体状况每况愈下。"到后来，父亲的身体已经到了走几步就得坐下休息一会儿的境地。但是，临终前一天晚上他还坚持出诊。结果，把别人医好了，自己却再也起不来了。"马春英一边说着，一边悄悄抹下了眼角的泪水。

而今，父亲已去世多年，但他默默奉献的精神却延续下来。时至今日，马春英姐弟几个还在坚持免费给四邻看病。"父亲一辈子积德行善，是我们做子女的一生学习的榜样。虽然我们不如父亲医术高，但也愿意像父亲一样做一个有用的人。"

（口述 | 居民 马春英）

我与姐姐从不敢提"母亲"二字

　　清明节马上就要到了，68 岁的居民韩如珍又拿出那张与"母亲"的合影，看了又看。那是一张珍藏了 60 多年的照片，那是一份难言的情怀。

　　现如今，已经 68 岁的韩如珍每当提起"母亲"二字，心里都会泛起阵阵酸痛。这个词也是她与年长自己两岁的姐姐心里共同的雷区。这么多年，两人心照不宣，谁也不轻易提起。

　　自从 23 岁开始第一次当了母亲，韩如珍就把这个身份当成了自己莫大的责任，甚至是可以用生命去诠释的使命，她说，自己尝过缺少母爱的滋味，不想让孩子有一丁点如此的失落、委屈，因此她把所有的热情和精力都投入了一对儿女的照顾和疼爱上。

　　失去母亲那年，韩如珍 3 岁。全家人住在济南芙蓉街，爸爸是名医生，治病救人，母亲在家照顾孩子。

　　虽说父亲有门手艺，但家里的日子并不好过，当时看病能给钱的人少之

又少，充其量是用一碗小米或别的东西代替。

有次，一位正处于排菌期的肺结核病人到诊所看病，不料，韩如珍的弟弟受了感染。

父亲精通医术，但药物的缺乏让他这位远近闻名的医生也束手无策，就这样眼看着自己的儿子死于病魔之下。

这时，又传来了另一个噩耗。母亲因为忙于照顾弟弟，也感染了肺结核，不久后去世了。

那年，韩如珍3岁，姐姐5岁，哥哥7岁。三个孩子还没体味够母爱的温暖，一切都消失了。

年纪最小的韩如珍对母亲的记忆，只是母亲留下的唯一一张黑白照片上的样子，可对母爱的渴望，似乎是一个总也装不满的无底洞。

每当看到其他同学扑入母亲的怀抱，她都会深深地低下头，她不敢看。甚至是当从别人口中甜甜地叫出一声母亲，她都会有一股莫名的心酸。

后来，有了继母，也添了弟弟、妹妹。1955年，受政治因素影响，继母带着弟弟妹妹下放到农村，而8岁的韩如珍和哥哥、姐姐继续留在济南。

那年，哥哥小学毕业，收到了师范学校的录取通知。师范学校是寄宿学校，以后哥哥也不能每天回家了，全家人团聚的机会更少了，且与"母亲"——父亲请画家照着母亲的黑白照片画了一幅画，用相框装裱——不能天天相见了，于是父亲提议拍摄一张照片。

那天，兄妹三人都穿上了自己最喜欢的衣服，哥哥怀抱着妈妈的相框，去照相馆拍摄了一张照片。

从那以后，这张照片一直跟在韩如珍身边，如今安放在家中的相册里。她很少和上高中的外孙子还有读小学的孙子提起儿时的经历，但每当闲来无事，她总喜欢翻翻相册，缅怀母亲，也回忆与哥哥姐姐一起度过的青春岁月。

（口述 | 居民 韩如珍）

那年，他们借了 12 平方米的平房结婚

静女其姝，俟我于城隅。爱而不见，搔首踟蹰。静女其娈，贻我彤管。彤管有炜，说怿女美。自牧归荑，洵美且异。匪女之为美，美人之贻。

《诗经》中描写的这一番男女约会的浪漫场景在很多 90 后、00 后的人眼中恐怕已是天方夜谭了。殊不知，在 40 年之前，这样简单、淳朴的爱情却屡见不鲜。

让我们一起聆听一位年过花甲的奶奶的爱情故事，感悟她在借来的 12 平方米的小平房里盛开的爱情。

1977 年春天，时年 25 岁的陈桂芬与 29 岁的左先生在认识两年以后如愿以偿领到了结婚证。

"3 月 27 日，我们俩办的婚礼。"陈桂芬说，"当时我们还是在酒店里办的，一共摆了 6 桌酒席，一桌 15 块钱。别看钱少，这在当时已经很敞亮了。"

虽然酒席够场面，但是婚房却没有着落。陈桂芬回忆说："那时候，我们俩的单位都没有房子，没办法，我们只好跟人借了间房子住着。"

借来的这间房子是个小平房，只有十二三个平方，没有厨房，也

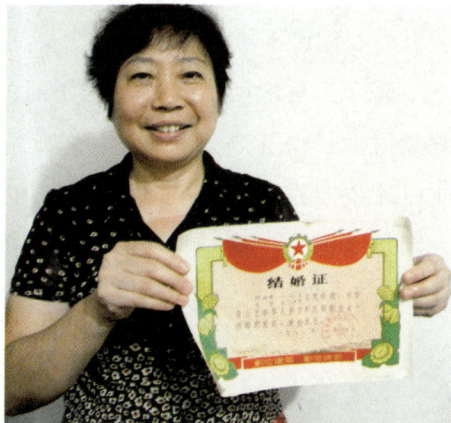

没有卫生间。

"平房的周围都是楼房，把我们这间小平房围在了里面。"陈桂芬说道，"后来我们俩又搭盖了一个棚子做厨房，但是卫生间却没办法解决，只能去别的院子里上厕所。"

更为头疼的是，刚结婚那会儿，两个人都不适应新的生活。"虽然我们俩认识两年了，但是见面的机会很少，对彼此也不是特别了解，所以刚开始还是会因为一点儿鸡毛蒜皮的小事儿闹别扭。"陈桂芬笑道。

1978年，儿子出生以后，12平方米的房间显得更小了。而且，儿子的尿布需要经常换洗，因为自家院子里没有水，陈桂芬夫妇不得不一趟趟地跑到前院去打水。

尽管如此，孩子的降临还是给这个刚刚成立的小家庭带来了很多的快乐。"本来我老伴儿这个人就很踏实，晚上下了班都是准时回家。孩子出生以后，他外面的应酬就更少了，也开始帮着我做一些家务。"

随着两人默契度的逐步提升，家庭也变得越发和谐，闹别扭的事儿越来越少。但是，房子的事一直到五六年以后才得以解决。

说是"解决"，其实两人分到的还是一间12平方米的单位宿舍。不同的是，这间单位宿舍是个"标准间"：卧室、卫生间、厨房都配齐了。

直到1988年，陈桂芬一家三口才住进舜玉南区。

28年过去了，陈桂芬依然和丈夫、孩子住在这里，"以前是我们三口人住，现在是5口人了。"陈桂芬笑道："我老伴儿现在特满足，尤其是有了孙子以后，他更不愿意出门了。"

而今，再次回忆起当年结婚时的场景，陈桂芬依然笑意盈盈："当年就觉得他长得又高，为人也踏实、正直，不像有些男的在外面拈花惹草，所以才决定嫁给他。虽然刚开始的时候条件是苦了点儿，但是那时候很多人都是这样，也没觉得受委屈什么的。我们那代人都很传统，结了婚就是一辈子，踏踏实实的。"

（口述 | 居民　陈桂芬）

妈，别给我买了，太贵了

乌鸦反哺，羔羊跪乳，汉文帝亲尝汤药，小黄香扇枕温衾，这些都是我们所熟知的关于"孝"的故事。我们常常为这些书中的美丽故事落泪，却在无意间忽视了身边的感动。

现年已经53岁的依英姿已经是一个两岁孩子的奶奶，看着日益长大的小孙子，她时常会想起儿子浩浩小时候说过的那些温暖人心的话语。

依英姿回忆称，以前家里的条件不是很好，所以有时候浩浩想要买什么吃的、玩的，她都很少给他买。

"虽然那时候浩浩很小，但是却特别听话，不给他买他就不再要了。"依英姿说道。

眼看着别人家的孩子吃得好穿得暖，而自己的孩子却要跟着大人吃苦，依英姿心里很不是滋味。偶尔，依英姿也会用省吃俭用攒下来的钱给儿子买点儿好吃的。

"后来，浩浩便

不肯让我给他在外面买吃的了。"依英姿回忆道："那年浩浩应该是读五年级吧，有一次，他放学回来看见我又给他买了些吃的，他就跟我说，'妈，以后别在外面给我买着吃了，外面的东西那么贵'。"

听完浩浩这些话，依英姿心里很不是滋味，她说："孩子这么说是因为他知道家里的条件不好，是孩子懂事。可是，我们做家长的，没本事给孩子提供好一点儿的生活条件，让孩子从小跟着我们吃苦受累，想到这里我心里就很难受。"

尽管孩子这么说，依英姿还是尽量提高孩子的生活质量。1998 年，依英姿找到一份新的工作——给一户富裕人家看孩子。虽然多多少少能赚到些钱，但是做这份工作就意味着中午不能回家给浩浩做饭。

念及儿子还小不会做饭，依英姿每天早晨出门前都会特意给浩浩准备几块零钱，让他自己买点儿中午饭吃。

上班第一天回来，依英姿就发现儿子并没有在外面买饭。"他自己在家用煤气炒了点儿菜吃的。"依英姿说道，"在这之前，我从来也没有教过他做饭，也没跟他讲过怎么用煤气。现在想起来，我还有点儿后怕，那么小的孩……"

而今，当年的小浩浩已为人父，不会再像小时候一样天天跟在妈妈身后。

看着活蹦乱跳的小孙子，依英姿时常会拿出儿子小时候为数不多的几张照片左看右看。

"这张照片上，浩浩戴的帽子还是别人给的。那时候，家里的条件真的是太差了。但是，老天能给我这么一个孝顺懂事的孩子，再苦的条件我这心里也觉得甜。"依英姿说。

（口述 | 居民　依英姿）

妈妈别哭，不苦，我喝

"妈妈别哭，不苦，我喝。"看到妈妈心疼地偷偷抹眼泪，4岁的儿子拿着鸡胆汁望着妈妈说。稚嫩的话音刚落，乔万荣的眼泪已经像断了线的珠子。

母亲节马上就要到了，说到母亲这个角色，70岁的乔万荣感受最深的不是辛苦和操劳，而是孩子们带给她的温暖和感动。

翻开相册，一张老照片里，乔万荣和二儿子笑容温和。那是30年前定格的画面。当时乔万荣一家还住在学校的集体宿舍中。那天，天气正好，乔万荣提议让隔壁学摄影的一位教师家属给她和二儿子拍张合照。虽然光阴荏苒，数次搬家，但这张照片却一直陪伴在乔万荣身边。

说起二儿子，印象最为深刻的就是儿子4岁时患百日咳，至今她都还记着儿子喝鸡苦胆汁时说的那句"妈妈别哭，不苦，我喝"。

病情时好时坏。从那以后，乔万荣和儿子就成了省立二院（今为齐鲁医院）的常客。最多的时候，一晚上要带儿子去三次。最严重的时候，孩子鼻子里、嘴里都是血，捂都捂不住。用一个小桶，打半桶水接着，没多久水就变得通红通红，再加上营养跟不上，有时候孩子走路都打软腿。看着被病痛折磨的儿子，乔万荣的心像针扎一样。

为了给孩子治病，乔万荣遍求偏方，希望能找到治疗疾病的方法。后来经人介绍，说用新鲜的鸡苦胆可以治疗孩子的百日咳。但那时候家里穷，鸡蛋都吃不上，更别提花钱买鸡了。但是为了给儿子治病，乔万荣问了所有的亲戚朋友，终于得知有位同事的爱人在肉联厂的一个加工鸡肉的车间里工作，可以帮忙弄到新鲜的鸡苦胆。

鸡苦胆是有了，但储藏又成了一个大问题。那时候没有冰箱，只能放在防空洞里，跟负责防空洞的人说好了，到时候帮忙开门，吃一个拿一个。吃的时候先用火给针消毒，再用棉棒擦拭，捅开给孩子喝。

之所以叫苦胆，可想而知它的味道。这对于一个4岁大的孩子，更是莫大的痛苦。有时候，看着孩子每天强迫自己喝那么苦的东西，小脸皱巴巴的，乔万荣心都快碎了。懂事的儿子看到妈妈偷偷掉眼泪，强笑着说："妈妈，不苦，你别哭了，我喝。"

虽然后来儿子的病反复发作，持续了近一两个月才康复。但儿子当时安慰自己的话，乔万荣一直记在心里，每当想起儿子，那稚嫩的声音又在耳畔响起，她的内心便泛起无限涟漪。

（口述｜居民 乔万荣）

照片里的老同事，你们还在吗？

108 岁老人发起"寻人启示"

张安社区 108 岁的老人孟宪陶曾参加过抗日战争，抗战结束后，一直从事教师职业。

50 多年过去了，孟宪陶一直保留着一张与老同事的合影，如今，这位百岁老人最大的心愿是能找到这些老同事，与他们一起回味当年在一起执教的日子。

如果您就是照片中的老人，或者是老人的子女、知情人等，欢迎与我们联系，促成一场重逢，圆百岁老人一个梦。

亲历战乱，渴望"教育救国"

20 世纪 60 年代初，孟宪陶辗转来到济南，并在赵家庄小学兼任会计和地理教师。"我跟闫君是老相识。当时，闫君是段店郊区政府教育科科长，他的妻子巩秀芝是段店小学的校长。我能来赵家庄小学当老师还是闫君给介绍的。"

其实，早在少年时代，孟宪陶就有了当老师的想法。"我生逢战乱年代，幼年时亲眼看见了外敌入侵、百姓流离失所的局面。"孟宪陶回忆称，"后来，我父亲在家乡创办了学堂，为贫困子弟提供了一个免费求学的地方。

受父亲的影响，我一直想当老师，走教育救国的路线。"

随着孟宪陶年龄和阅历的不断增长，他也开始在父亲的学堂里任教。"第一次当老师，没什么经验，就是尽可能地把自己的所学教给学生们。"孟宪陶笑道。

赵家庄小学圆教师梦

20世纪20年代，孟宪陶参加了中国共产党地下党组织，后又随游击队到达莱芜，他的教师生涯一度中断，但他的教师梦却从未停止。

回到家乡以后，孟宪陶再次拾起了"教育救国"的梦想，在家乡做了一名教师。由于当时战乱频繁，孟宪陶的教师事业进展得并不顺利。为了养家糊口，他还要兼做一些其他工作。

新中国成立以后，孟宪陶辗转来到了济南，并在闫君夫妇二人的帮助下成为赵家庄小学的一名教师。孟宪陶回忆说："我采取的是开放式教学，常带着学生到电视台、工厂去参观学习。这样一来，课程更有趣味性，学生们学到的东西也更多一些。"

由于这种别具风格的教学方法，孟宪陶在学校里收获了很高的人气。"那时候学校里都知道有个孟老师，很风趣，他们都很喜欢我。"时隔多年，再提起当年的情景，孟宪陶依然很兴奋。

与同事失联，百岁老人心结难解

好景不长，随着"文革"的开展，孟宪陶被迫离开了学校。此后，孟宪陶便与赵家庄小学的同事们失去了联系。

而今，刚过完 108 岁生日的孟宪陶依然惦记着当年的老同事们。

"这张照片翻洗了好几遍，就怕给弄丢了。现在照片是留下了，但是里面的人却都联系不到了。在我有生之年，真希望能找到一两个那时候的同事，毕竟在赵家庄小学那几年是我最后一次做老师。"孟宪陶一边说着，一边细细端详着手里的老照片。

（口述｜居民 孟宪陶）

我的母亲：历尽坎坷的奇女子

她生于旧社会，幼年即跟随亲人四处逃荒；20岁时被卖做人妻，跟着做搬运工的丈夫寄人篱下近20年，好不容易有了自己的住所，却又遭遇战乱：逃亡途中丈夫被杀，她只身一人带着3个幼女继续在战乱年代摸爬滚打……

她一生受尽苦难，却依旧乐于助人，晚年生病，街坊四邻百余人抢着给她抬担架。

一位历尽坎坷仍笑对人生的传奇女子。

母亲出身贫苦，20岁被卖做人妻

"我母亲和毛主席同一年出生，这也是她非常自豪的事情，逢人便说。"提起自己的母亲，张树岭的话匣子就打开了，"不过，我母亲一生受尽了磨难，却连个名字也没有，只有'张张氏'这么一个不是名字的名字。

张树岭介绍，母亲张张氏老家在山东庆云县附近，家庭条件很是贫苦，不得已跟随父母逃荒至位于山东省与天津市交界的下洼街。张张氏稍大一些就开始帮着母亲给富裕人家洗衣服、做饭，并以此赚取微薄的生活费。

"母亲 20 岁那年被她的父母卖给了我父亲。"张树岭说道，"但是，我父亲是个孤儿，一个人从天津搭船来到下洼街，靠做搬运工生活。买了我母亲以后，父亲一点儿积蓄也没了。两个人连个住的地方也没有。"

一家 7 口借住他人磨坊近 20 年

不得已，张张氏跟着丈夫张月红住在一户人家的磨坊里。因为白天工人要在磨坊里做工，不能住人，只有晚上停工了，一家人才能住进去。"就这么搬出来搬进去反反复复地折腾了近 20 年。但是没办法啊，后来又有了我们兄妹几个，父亲做搬运工赚的钱只够一家人糊口的，哪有钱买房子呢。"张树岭回忆道。

后来，张家把 16 岁的大女儿卖给一户做香油生意的人家，一家人才有钱买了一户小宅子住。"有房子住，这在我们家是个很高兴的事。但是卖香油的那家人对我大姐很不好，姐姐回来时常常跟我妈吵架，俩人哭了不知道多少遍。"张树岭说道。

母亲重病去医院，百余邻里争抬担架

但是，这样的日子张张氏也没过多久。1937 年抗日战争全面爆发以后，父亲被杀，母亲独自操持一家四口的生计。

新中国成立后，张张氏得到了土地，"这是我母亲以前想都不敢想的事"张树岭说道，"当时不仅分了土地，我们家还分到了一头驴。从那之后，我母亲对共产党有了一份感激之情，并且一直念念不忘。"

后来，农村成立了互助组。也许是为了报答党的恩情，张张氏从来没有缺勤过，而且每天都是早出晚归，干起活来特别卖力，还时不时地帮帮四邻。

1952 年，张树岭把母亲接到了济南。在四合院里住的时间长了，张张氏逐渐发现城里人每天很忙，来不及烧水，所以她便"承包"了整个院里烧水的任务。

"我母亲乐意做这些事，她说，不然闲着也是闲着，多做点事也挺好的。"张树岭说道，"那时候街坊四邻都喜欢她，乐意跟她聊天。几天见不着她就赶紧过来问问。"

"文革"开始以后，女儿女婿受到了"四人帮"的迫害，张张氏急火攻心，病倒了。"送我母亲去医院那天，街坊们大概百余人都出来送她，争着抢着帮她抬担架。"张树岭说道，"这应该跟我母亲乐于助人的品质分不开吧。"

（口述 | 居民　张树岭）

要不是反应快，就被乱石砸死了

日前，辖区征兵工作正在如火如荼地开展，很多年轻人也在响应党和国家的号召，积极报名参军。每到这个时候，舜函社区居民王宗仑都会有种特殊的情感——早在 1964 年，年仅 19 岁的王宗仑便说服家人，义无反顾地走进了绿色军营，开始了他向往已久的集体生活，也开始了一段鲜为人知的峥嵘岁月。让我们一起走进这位老党员的军营生活。

家有兄弟姐妹 11 人

1964 年，高中毕业后，王宗仑执意要参军，除了向往部队生活，王宗仑参军还有一个不为人知的原因。当时，王宗仑兄弟姐妹共 11 人，家里的负担很重，"如果我参了军，家里就不必再为我的衣食住行操心。"

然而，王宗仑的想法并没有得到父母的支持。后来，他摆事实、讲道理，一点一点说通了父母，毅然走进了军营。"毕竟那时候家里条件不好，我走了父母就能减轻一部分压力。"王宗仑笑道。

华罗庚现身祝捷大会

参军后，王宗仑被编入人民解放军铁道兵某部队，并在云南接受了为期 3 个月的新兵训练。

训练结束后，王宗仑及其他599名一同入伍的山东兵一起被编入铁道兵某部队，进入贵州，开始建设成昆铁路，主要担任挖隧道工作。

在王宗仑等山东兵到达梅花山隧道前，这一隧道的月成洞量只有七八十米。"我们到了以后，第一个月，月成洞就突破了100米；第二个月，突破了150米；第三个月，突破了200米。"王宗仑自豪地说道。

后来，铁道兵某部队召开祝捷大会，华罗庚教授也来到贵州，在会上表彰了铁道兵某部队，尤其是这600名山东兵所创造的卓越成绩。

差点命丧梅花岭

挖隧道的成绩斐然，但过程却异常艰险。一次，王宗仑在执行任务时，差点命丧梅花岭。王宗仑回忆说："挖隧道时，我负责点炸药。"然而，在点炮过程中，有一根导火索出了问题——着了一会儿就灭了。

那根导火索连接的是一个落脚炮，这个炮必须点燃，否则后续工作很难进行。于是，王宗仑将洇湿的一段导火索剪了去，重新将其点燃。过了一会儿，火又灭了，王宗仑便再次上前减掉洇湿的部分，重新点燃导火索。

就这样反复剪了3次，导火索才点燃，将炸药引爆。而此时，本来2.5米长的导火索只剩七八十厘米了，且其余50多个炸药包均已炸响。

王宗仑往外跑时身边的石头乱窜，"我看见旁边有一个推矿渣用的翻斗车，赶紧一头扎了进去。后来，战友把我拉出来时，我的耳朵已经完全听不见了。"

时至今日，王宗仑回想起此事时还心有余悸，"若不是我反应快，恐怕就被乱石砸死了。"

（口述 | 居民 王宗仑）

14岁冬日光脚挖湖 "没觉得冷"

9月10日是一年一度的教师节，每当这个时候，我们都会想起自己的老师，想起他们的谆谆教诲与嘱托叮咛。然而，对于古稀之年的鹿忠诚来说，年幼时单纯、质朴的同窗情同样难忘。

让我们一起穿越时光，去看看50多年前那份温暖、明媚的同学情。

12岁考入中学，随同学四处劳动

1957年，12岁的鹿忠诚考入了济南市第十四中学，成为初二级四班最小的一名学生。鹿忠诚介绍称："初二级不是指初二年级，而是说我们是这个学校的第二届学生。"

同窗三年，留下的合影少之又少。鹿忠诚家里珍藏的这张老照片，还是读初三时拍的。"当时，学校每年都会组织三夏、三秋活动，号召我们学工、学农，到工厂里、农田里劳动。"鹿忠诚介绍说，"1959年应该是农历的11月份吧，学校又组织我们去金牛公园挖人工湖。"

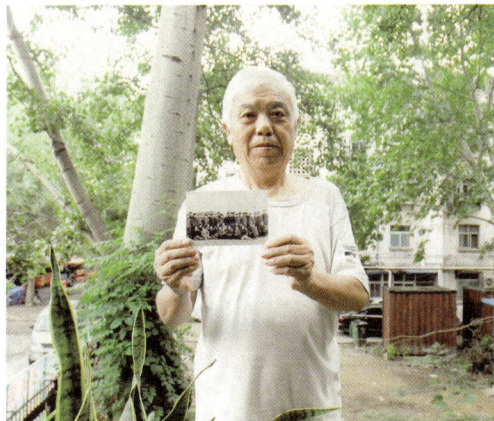

金牛公园即现今的动物园，当时还未对外开放。时年 14 岁的鹿忠诚跟着班主任谢留珊老师及同班同学一起来到了位于济泺路上的金牛公园。

徒步 30 里，午饭自带馒头咸菜

鹿忠诚回忆说，当时在金牛公园劳动了两天，每天早晨 5 点左右到学校里集合，集合完毕后徒步走了 30 多里地到达目的地。"那时候年轻啊，走得快，但是差不多也得走俩小时。"鹿忠诚笑道，"到了以后，领了工具就直接去劳动了，没人喊累。"

当时，学生出去参加劳动需要自己带饭。由于条件有限，鹿忠诚等人的午饭就是自己从家带的馒头加咸菜。"工地会给我们提供水，吃完饭，还能休息一会儿，挺不错的。"鹿忠诚笑道。

湖底渗水，40 位同学光脚下泥潭

40 余人一起劳动，很快，人工湖湖底就开始往外渗水了。为了不把鞋弄湿，鹿忠诚等人纷纷脱掉了鞋子，光着脚下到湖底。尽管如此，溅起的泥水还是把同学们的衣服都弄脏了。

"当时正是冬天，没觉得脏，也没觉得冷，大家一边劳动，一边有说有笑的，还挺开心。"鹿忠诚回忆道。

傍晚，一天的劳动结束之后，一行人又列好队步行回家。"回家还得走两个小时啊。到了家吃完饭，躺床上就睡着了。"鹿忠诚说道，"那时候，班里最大的就是班长，也才 17 岁，其余的大都是十五六岁的孩子。劳动一天下来，真的是累坏了。"

时隔多年，鹿忠诚仍时不时拿起这张照片，细细品味当年的同学情谊。"那时候大家思想都很简单，不怕苦、不怕累，争着抢着干累活，把轻活留给别人。现在想想，仍然很感动。"

（口述 | 居民 鹿忠诚）

从厨 20 年，每天凌晨 3 点起床

　　舜园社区居民刘新江在山东财经大学捡到钱包后，想尽各种办法联系到失主，最终物归原主的事迹得到了很多居民点赞。殊不知，这位"刘大胡子"还曾在济南电视台食堂担任了 20 年的大厨。让我们一起走近这位老厨师，走近那段辛苦却又充满欢乐的日子。

　　1985 年 1 月 1 日济南电视台正式开播。同年，刘新江被调到了电视台食堂工作。每当回忆起在济南电视台的日子，刘新江总免不了感慨："太累了，在台里的 20 年，是我这一辈子最辛苦的 20 年。"

　　刘新江是军人出身，曾在部队做过厨师。济南电视台成立后，刘新江作为老牌厨师被调到了台里的食堂。

　　"自从到了电视台，几乎每天凌晨 3 点就得起床。骑 20 分钟自行车到台里以后，首先就得发

面，因为早饭要配油条啊。"刘新江笑道，"发完了面再准备一些粥、咸菜什么的，一刻也不得闲。等大家都吃完了饭去上班了，我们的早饭才刚开始。通常这时候已经9点多了。"

吃完早饭，刘新江等人又开始忙着进货，准备午饭的食材。用刘新江的话来说："一般就是一天到晚围着灶台转，要么在做饭，要么就是在准备做饭。"

由于电视台工作人员，尤其是外出采访的记者、摄像等人员的作息时间很不规律，有时候上午出去采访，下午一两点才回来，这时候，其他人已经吃完饭准备下午的工作了。食堂的工作人员刚开始吃午饭。

"如果这时候记者们回来了，我们就得撂下饭碗，赶紧去给人做饭。"刘新江回忆称，当时食堂工作人员的宗旨就是"随叫随到"，不管什么时候，只要有人过来吃饭，厨师们就得立马放下手里的工作，去厨房做饭。而且还要保证来者吃饱、吃好。

然而，"随叫随到、吃饱吃好"虽然说起来简单，真正做起来却要困难许多。刘新江回忆，当时电视台的食堂就在一排小平房里，由于条件有限，厨房里只安装了风扇和排气扇。每逢夏天，厨房里热得就像蒸笼一样。"没办法啊，这是我们的工作。再说了，人家记者在外面跑了一上午，回来总得有口饭吃吧。"刘新江说。

尽管工作辛苦，刘新江依然很享受台里的这段时光。"在台里这么多年，见识了形形色色的人，也结交了很多的朋友，这样一想，再辛苦也觉得值了。"刘新江笑呵呵地说道。

（口述 | 居民 刘新江）

毛主席 39 年忌辰居民诉往事致哀

9月9日是毛泽东的忌辰，每当这个时候，很多人都会自发组织各种形式的悼念活动。在舜园社区，就有一位古稀老人，用一段往事勾勒出了自己的哀思。

让我们一起，听听老人的往事，体会老一辈人对毛主席的景仰之情。

袁士朴，78岁，舜园社区居民。在很多人眼里，他是一位优秀的外语教师，是一位杰出的翻译家。殊不知，这位耄耋老人还是一位出色的画家，尤其擅长水彩画和油画。

早在 20 世纪 60 年代，他根据邮票《毛主席去安源》所作的大型同名油画作品就受到了时人的青睐，甚至成为西藏自治区成立大会上的一幅重点领袖画。

1937 年，袁士朴出生于山东沂水县一个普通的家庭，后考入上海复旦大学。1962 年，中印自卫反击战爆发，袁士朴被调往西藏担任翻译。战争结束以后，袁士朴继续留任西藏，成为一名外语教师。

其间，袁士朴收到了一封家信，他注意到信封上的邮票是毛主席去安源的画像。

"原画是刘春华先生以 1921 年毛泽东到安源组织工人运动，并举行安源路矿工人大罢工为题材创作的。"袁士朴介绍说，"因为我个人比较景仰毛主席，当时看到邮票以后被其中的气势所震撼，所以产生了把邮票画

像放大为大型油画的想法。"

　　虽然袁士朴自小就开始接触油画和水粉画，但在创作过程中，他还是遇到了一些问题。"当时，我手里只有很小的一张邮票，要把它放大，需要综合考量各方面的比例。实际操作起来十分麻烦。"袁士朴说道，"没办法，我只能把邮票夹在画板上，细细观摩。"

　　袁士朴回忆，当时，这一幅画差不多得画了一周左右，期间画了撕、撕了画，自己都记不清是画了多少遍才画好的。作品成形后，高 2 米，宽 1.3 米，近乎完美地再现了原画中体现出的恢宏气度。后来，该画被西藏自治区高层领导人发现，并成为西藏自治区成立大会上的重点领袖画像。

　　"遗憾的是，'文革'爆发后，西藏地区的派系斗争愈演愈烈。当时，主要有造反总部（即拉萨革命造反总部）和指挥部（指无产阶级革命派大联合造反总指挥部）两大派系。我的油画被造反总部拿去，他们举行游行示威时，常常会拿着这幅画。"袁士朴说道，"再后来，我就调回济南了，至于这幅画的下落也就不甚清楚了。"

　　袁士朴说："一晃几十年过去了，那幅画应该早就没了。而今，毛主席也已逝世 39 年，但他在我心中的形象一直都是高大、伟岸的。

（口述 | 居民　袁士朴）

一条皮腰带救了父亲一命

一张旧照片定格一段记忆，居民徐桂英回忆父亲传奇人生——

他 3 岁丧父，12 岁给人当学徒，16 岁在铁路上"扛大个儿"，所受的苦难不计其数，甚至险些被宪兵队一刀刺死。身为父亲，每每与儿女谈起这些惊心动魄的遭遇，他都表现得那么的云淡风轻，仿佛这些都是书里的志怪故事。然而，就在这不经意间的细声慢语中，女儿的心底依然泛起阵阵疼痛。

3 岁丧父，与母亲住在地窖里

徐桂英介绍，父亲徐阳和 3 岁丧父，只好随他的母亲从历城县西褐马村逃荒到毛家林子，住在地窖里。

"那时候，母子俩就靠我奶奶给人洗衣服养家糊口，很是艰难。"徐桂英介绍说，"父亲 12 岁那年，开始在泰安的一家制衣店做学徒工。"

学徒期间，徐阳和晚上就睡在厨房的草堆里。由

于厨房阴暗潮湿，每天的工作任务又十分繁重，12 岁的徐阳和不堪重负，很快便病倒了。先是长褥疮，后来干脆高烧不退，几乎丧失了意识。不得已，徐阳和只好回到老家。

16 岁"扛大个儿"，暗中给八路军帮忙

16 岁时，徐阳和又辗转来到了济南站，成为一名装卸工，也就是俗称的"扛大个儿"。

尽管当时我国的铁路运输行业还不是很发达，每天来往的火车也不多，但是"扛大个儿"仍很辛苦，不是迫不得已没人愿意干。

"这就是个纯体力活儿，几十斤一袋子的货物，一天不知道要扛多少袋。"

当时，八路军需要通过铁路运输很多的武器弹药，但这些大都是禁运的。为帮助八路军顺利转移物资，徐阳和常冒着生命危险将其搬上火车。

做这个工作其实是很危险的，因为一旦被发现就可能被枪毙。但父亲从来没有犹豫过，他说八路军能为国杀敌，能帮他们做些事很光荣，就是死也觉得值了。

幸有腰带，刺刀没扎入身体

当时，从毛家林子到济南站途中有一个宪兵站，老百姓经过时，必须要给宪兵们鞠躬。

徐阳和对于日军的罪行早有耳闻，一次，路过时没有鞠躬，这被宪兵看在了眼里。宪兵二话没说就用刺刀刺中了徐阳和的腰腹部。

"幸亏当时他扎了个皮腰带，刺刀才没刺入身体，否则当场就没命了。"徐桂英说，"不过，我能感觉到，父亲跟我们说起这事时，心里其实是十分自豪的。"

（口述 | 居民 徐桂英）

下辈子，愿他还做我的父亲

身为父亲，他习惯了省吃俭用；身为医生，他执着于救人；身为拳师，他致力于以拳布道。他自觉平凡，却不知道这些平凡的举动时刻感染着女儿。

时隔多年，父亲的音容笑貌依然时刻在舜园社区居民韩如珍的脑海里回荡，她说："希望下辈子，他依然能做我的父亲。"

从未吃饱，饭菜留给家人

自 3 岁那年母亲去世后，韩如珍的父亲韩宝树便"一人分饰两角"，又当爹又当妈地把 3 个孩子养大。

韩如珍介绍，当时父亲在医院上班，一个月只有 3 斤细粮。"这些粮食，父亲从来没有吃过，都留给了父母子女。"韩如珍说道，"继母嫁过来以后，家里又相继添了几个孩子，生活更加困难了。"

为了让孩子们吃饱饭，控制自己的饭量成了韩宝树的习惯。韩如珍印象最深的一次便是，当时她问父亲的饭量有多大，父亲竟没有答上来，只说了一句"从来没有按照肚子吃饭"。

上班坐诊，下班往患者家跑

韩宝树自幼学医，后来又来到济南拜师名医。几十年的积淀，韩宝树的医术越发超群，并一度被评为济南市 18 位名中医之一。

韩如珍介绍，每次轮到父亲坐诊，医院的中药房总是忙不过来。"来找父亲看病的人太多了，上午坐诊，11 点多就该下班了，但父亲常常要到 1 点多才把当天的病号看完，午饭几乎没有按时吃过。"

韩宝树老家的父亲知道他医术高明，家里有重症病人时，常赶来找他。由于病人体弱，不敢轻易走动，韩宝树常在下班以后拿着药箱到患者家里去医治。

坐着轮椅，仍坚持教授拳法

韩如珍介绍，父亲韩宝树不仅是一位中医界的名师，还是一位形意拳大师。

自 17 岁开始接触形意拳，一直到逝世之前，韩宝树每天都坚持打拳，其拳法也是日益精进，很多人慕名前来拜师学艺。

韩如珍回忆，父亲白天工作忙，只能用晚上下班的时间教拳，而这一教，常常就到了半夜十一二点。几十年来，韩宝树的弟子早已不计其数。

韩如珍介绍，即便在父亲去世当年，也有人在网上看到了他的资料，来拜师学艺。

"当时父亲生了病，身体很不好，但即使是坐在轮椅上，父亲也坚持教学，直到去世。"韩如珍说道，"不管是谁，只要是想学拳，父亲总会倾囊相授。"

（口述 | 居民 韩如珍）

第一笔奖金，领俩妹妹拍了张合影

苏成敏，72 岁，家住山东财经大学教职工宿舍。自 16 岁第一次进照相馆起，至今 50 多年间，苏成敏所拍摄的照片已经填满了多本相册。

对于苏成敏来说，这些旧照片就像是她成长的缩影。而这些照片当中，她印象最深的莫过于这张与两个妹妹的合影。这是苏家三姐妹的第一张合影。

1959 年春天，16 岁的苏成敏带着两个妹妹来到泉城路的人民照相馆，用自己工作以来得到的第一笔奖金给姊妹 3 人拍了一张合影。

"这是我们姊妹 3 个有生以来拍下的第一张照片。"苏成敏笑道。

说起这张照片，就不得不说说苏成敏工作时候那些事儿。

1953 年父亲去世后，家里的生活一度陷入窘境。幸亏母亲在邻居的帮助下找到了一份工作，一家人这才得以填饱肚子。由于母亲白天要上班，作为大姐的苏成敏便自觉承担起了照顾两个妹妹的重任。

"那时候，大妹妹 4 岁，小妹妹才刚满周岁，谁也离不开人。"苏成敏回忆说。母亲下班后，苏成敏便急忙赶到夜校，学习文化知识。

随着两个妹妹逐渐长大，家里的开销也越来越多，母亲一人的工资已经很难支撑。1958 年，15 岁的苏成敏经人介绍来到济南电木电池厂做临时工。

由于家里条件比较差，买不起表，苏成敏每天都要通过星星来判断时间。"那时，只要看见启明星升起来了，就代表该起床上班去了。"苏成敏介绍，

"有时候遇上阴天，没有星星，就只能问问同住在大院里的邻居了。"

简单的洗漱后，苏成敏便摸黑从大明湖附近一路走到位于经二纬一的厂子里上班。"那时候，公交车票才5分钱一张，但是我就是舍不得买，在经二纬一的分厂里干了两年，我差不多就走了两年。"苏成敏笑道。

由于自己年龄小，苏成敏担心自己不能转成正式工人，所以干起活来格外卖力，每天早晨都会提前到厂，此外，工作上的事，她也样样都尽力做到最好。苏成敏的努力逐渐得到工厂领导的认可，不出几个月，她便被厂里破格录用了。

随后，苏成敏又从学徒工转为正式工，并在1959年拿到了第一笔奖金。

"那时候照相算是一件很时髦的事情，但是我们姊妹几个长那么大一张照片也没拍过。我就想，反正是领了奖金，就带着妹妹们去照张相吧。"苏成敏回忆道。于是，一个周末，苏成敏便带着两个穿戴整洁的妹妹来到照相馆，留下了这张合影。

（口述 | 居民 苏成敏）

读书与救人填充了父亲一生

在赵玉凤的印象当中，父亲的一生除了看医学方面的书籍就是给人看病，再无其他。每每想起父亲，年过花甲的赵玉凤总忍不住感慨几句："父亲这一辈子什么人情世故都不懂，只知道治病救人。我再也没见过像他一样的医生了。"

说起父亲赵振民，家住舜函社区的赵玉凤直感慨："父亲这一生什么人情世故都不懂，除了看书就是给人看病。"

"吃饭的时候，尤其是冬天，一般人都愿意趁热吃，吃饱了也暖和了。

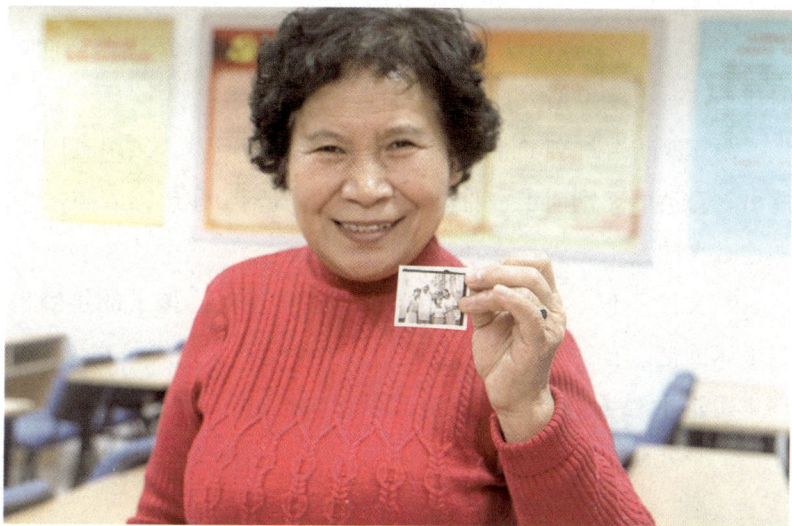

但我父亲不这样。"赵玉凤说道，"父亲总是先用嘴唇试试粥的温度，如果觉得热，他就回屋看书去了。估摸着饭凉了，他再来吃饭。"

不仅如此，怕妻子担心，每天晚上，赵振民都会早早上床睡觉。等妻子睡熟了，赵振民就支起被子，拿着手电，在被窝里看书。

后来，赵振民得了阿尔茨海默病，也就是俗称的老年痴呆。病情严重时，家里的人一个也不认识，可唯一的爱好仍然是看书。"那时候，父亲基本上已经不识字了，书拿反了都不知道，但他仍然坚持要看书。"赵玉凤说道。

正是由于阅读了大量的医学书籍，加上平日的刻苦研究，赵振民在医学领域，尤其是儿科、妇科方面取得了很大的成就，并研究出了许多治疗疑难杂症的药方。

一次，一位母亲抱着自己未出满月的儿子找到了在聊城市高唐县巡回医疗的赵振民。小孩子连续几天高烧不退，当时已经不省人事了，当地的医生都说其回生无望了。赵振民接诊后，迅速配了药方，救活了那个孩子。后来，孩子的母亲为表示感激，还让孩子认赵振民做了干爹。

尽管医术高明，赵振民从未因此摆过"架子"。有病人因为排不上号直接找到家里时，得知病人还没吃饭，不会做饭的赵振民总会先为其煮一碗鸡蛋面；每次遇上病人腿脚不好，家离医院又远，赵振民都会主动记下病人的家庭住址，定期到家里治疗。

不过，人无完人。用赵玉凤的话来说，赵振民虽医德高尚、医术高明，但却是"一点儿世俗人情都不懂。"

赵玉凤介绍，那时候家里刚有电视，有一天，父亲进门时，电视上正播出一对情侣离别前难舍难分的情景。看着剧中演员的表演，父亲十分不解："这么大的人了，为什么还让抱抱？"

"父亲不仅不懂这些世俗人情，甚至连自己孩子的年龄也不清楚。"赵玉凤回忆，有一年，有人问姐姐多大年纪，父亲想了想说42岁。"其实，那年姐姐才32岁。"赵玉凤说道，"尽管如此，我仍然为有这样的父亲而骄傲。"

（口述 | 居民 赵玉凤）

为帮姐姐回家，她卖了新自行车

一张与姐姐、嫂子的合影珍藏60年。93岁老人回味刻骨的姐妹深情——

詹庆贵，93岁，家住伟东新都二区。在詹庆贵的家里有一张很珍贵的照片，是60年前她和姐姐、嫂子的合影，这也是詹庆贵现存的唯一一张年轻时的照片。

几十年来，历经多次搬家装修，但她都没有把这张照片丢掉。她说，照片记录的是她的姐妹情深，一辈子不能忘怀。

詹庆贵是德州人，结婚时嫁到了济南，但是由于家里的兄弟姐妹都在德州，詹庆贵又自小和姐姐要好，所以经常回德州老家住。

20世纪四五十年代，由于家里人多，粮食不够吃，詹庆贵的姐姐不知道从哪里听说，青海那边地大人少，遍地牛羊，吃饭不成问题，所以姐姐一家决定到青海"闯一闯"。

姐姐临走前，詹庆贵十分不舍，以为她去了就不再回来了，

所以提议跟姐姐，嫂子三人一起去照相馆里拍下了这张照片，留作纪念。

然而，世事难料。姐姐一家去了青海不到一年，就送信回家说"闯青海"失败了，牛羊遍地、粮食充足的理想遭遇了水土不服、语言不通的现实，日子过得还不如在家的时候好。最重要的是姐姐一家身无分文，连回家的火车票都买不起。

收到信后，詹庆贵十分着急，不知道该怎么救助姐姐。"当时我丈夫刚刚买了一辆自行车，我们俩就商量着把自行车卖了，换了180元钱。"詹庆贵回忆，当时，买自行车不仅要钱，还得要票，十分麻烦。

但即使卖了自行车，也还是不够姐姐一家最基本的生活费，无奈之下，詹庆贵只好又向亲朋好友借了一些钱，全部给姐姐邮寄过去。这才帮着姐姐一家回到了德州。

考虑到姐姐回来以后没有工作，詹庆贵决定自己还债。为尽快还清债务，除了干好自己的本职工作，詹庆贵又在离家十几里地的张庄飞机场打零工。每天早出晚归，直到把债务还清。

"我觉得这张照片记录了我们姐妹俩之间的情谊，所以一直保留着。"詹庆贵说道。有一次，家里人收拾屋子觉得这些"老东西"都没什么用处，就给扔了。詹庆贵发现后，又捡了回来，并单独放好。

詹庆贵的儿媳妇介绍，现在詹庆贵年纪大了，很多事记不清了，但一直珍藏着这张照片，甚至都把照片当成她的"陪嫁"了，"好像有这张照片在，过去的日子就有迹可循一样。"

30 年前，儿子对它"一见钟情"

30 年前，儿子第一眼便看上了这个红色的不倒翁；30 年后，孙女又对这个不倒翁"一见钟情"。对韩素琴来说，这个小小的娃娃，是儿子童年幸福时光的见证者，也是祖孙三代深情的承载物。

初见，与娃娃"一见钟情"

30 年前的一天，韩素琴带儿子去逛百货商场，逛了没一会儿，就听到儿子喊着："要！"韩素琴顺着儿子小手指着的方向一看，一个斜着眼睛的红色不倒翁正立在一个玩具摊儿上。

这个不倒翁，做工精巧，十分可爱。一看标价，韩素琴却为难起来。"5 块钱啊，在那个年代，差不多就是一周的菜钱了。"韩素琴说道。

然而，看着儿子眼睛里溢满的喜爱之情，以及那看着不倒翁就笑开了的小脸儿，韩素琴最终还是狠心买下了这个不倒翁，这也是她送给儿子的第一件礼物。

"按说一个小男孩儿不应该喜欢这些东西，但是他就

是对这个娃娃'一见钟情'了，我怎么好让孩子失望呢？"韩素琴说道。

相处，它是哄娃"秘诀"

"自从买了这个不倒翁，我儿子就天天带着它玩儿，他是独生子，这个娃娃就像是他的兄弟一样，十分亲密。"韩素琴说道。

不仅如此，不倒翁在儿子作息习惯的培养方面还立了"大功"。

韩素琴介绍，每天晚上睡觉前，儿子总会要求把不倒翁放在床头。"有时候儿子不乖乖睡觉，我就告诉他说，'你看，娃娃看着你呢！不好好睡觉，娃娃以后就不喜欢你了'。"

听见韩素琴这么说，儿子赶紧盖好被子闭上眼睛。小孩子淘气，过不了两分钟，韩素琴的儿子又偷偷张开眼睛，看到娃娃还站在床头看，他就又赶紧闭上眼睛睡觉。

"这个娃娃可是帮了我大忙，不管什么问题，用娃娃哄儿子准没错儿。"韩素琴笑着说。

传承，孙女再现"娃娃情"

随着儿子逐渐长大，娃娃已经不是儿子面前的"红人"，却仍然是儿子割舍不掉的童年记忆。"每次搬家，我儿子都得来叮嘱我，让我千万记得留好这个不倒翁。"韩素琴说道。

所以，30年来几经搬家周折，这个不倒翁依然保存得完好无损，并被安放在家里最显眼的地方。

说也奇怪，2年前，韩素琴的小孙女第一眼见到不倒翁，便被它迷住了，就像儿子当年"看上"它一样。

"现在，每次孙女来我家，都会喊我让我给她拿娃娃。娃娃拿到手以后，她就高兴地不停鼓掌。"韩素琴笑道。

（口述｜居民　韩素琴）

儿子送的频谱仪，我用了 30 年

　　母亲节这一天，不少母亲都会收到孩子们精心准备的礼物。家住玉函路 60 号楼的居民张宪英却一直记着长子在 30 年前给自己买的一份礼物。她说，那是儿子在那个物资贫乏的年代，用不知道攒了多久的生活费给自己买的，它见证着儿子对自己深深的爱。

　　每晚临睡前，75 岁的张宪英都会拿出频谱仪烤一烤身上不舒服的关节。这个习惯已经持续了 30 多年。这台长子送的频谱仪也陪了她 30 多年。张宪英介绍，这台频谱仪是长子王超在 20 世纪 80 年代买的，价值近 500 元。

　　说起王超，张宪英满眼都是自豪。王超自幼喜欢读书，四五岁时，因为家里条件差，没有机会上幼儿园，夏天天气炎热，小孩子都光着屁股在外面玩，唯有王超背着个大纸箱在屋里走来走去。这让张宪英十分困惑。

　　"因为纸箱上面有字。"王超的回答让张宪英陷入沉思。"那时候条件差，根本没有意识到要送孩子上学。正是他的这一举动，让我决定再苦也要送孩子上学。"

　　1976 年，王超如愿考入曲阜师范大学。"我老家在临沂市的一个小县城，那一年，我们县里就出了这么一个大学生。"张宪英一共有 3 个孩子，在那个物资贫乏的年代，不少家庭的生存都是问题，要供 3 个孩子上学，更需要付出比常人多好几倍的劳动。

　　伴随着儿子考入大学，张宪英的身体也因劳累过度出现了一些疾病，

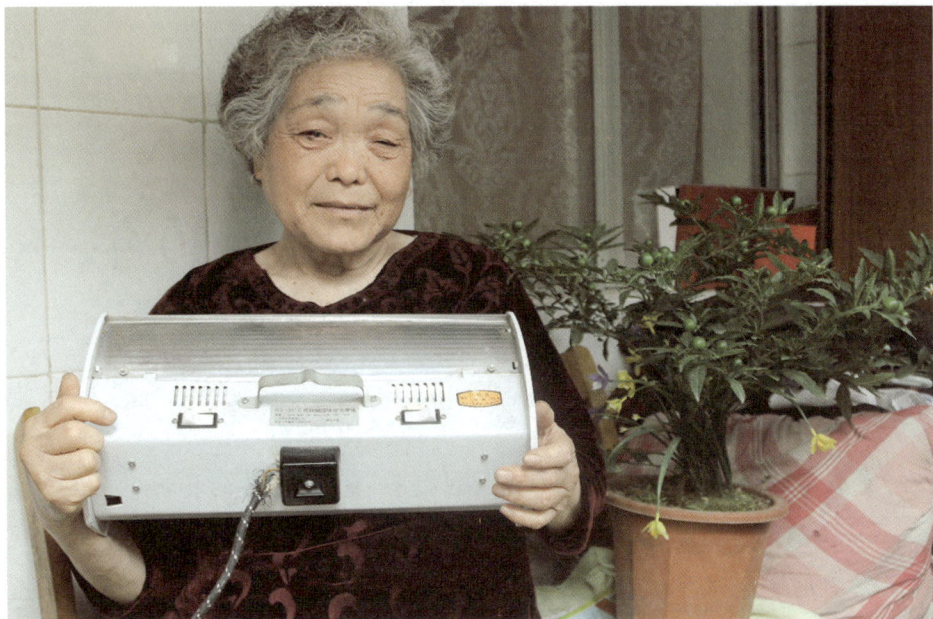

腿脚经常疼痛。得知此事后，儿子王超便开始了"漫漫攒钱路"，并最终用 500 块钱给母亲买回了这台频谱仪。"买频谱仪的时候，儿子刚参加工作一个月。"张宪英回忆道："当时，长子的工资是每月 50 块钱。为了买频谱仪，孩子肯定是从上学的时候就开始攒钱了，我给他的生活费本就不多，不知道攒了多长时间才把钱凑够。"

后来，王超又将父母接来济南照顾，教父母上网、带父母旅游，无微不至地关怀着父母。"我儿子可孝顺了。"这是张宪英时常挂在嘴边的一句话。30 多年过去了，儿子买的频谱仪已经老旧，有些地方已经破损，但张宪英仍不愿换新的。每天晚上，她都会拿出来烤一烤，然后小心翼翼地将其放好。"频谱仪管用，缓解了我的腰腿疼，可儿子的孝心更管用。"张宪英感慨道。

（口述 | 居民　张宪英）

一块钱买回"私人助理"

每次读书看报时，家住舜玉南区119号楼的居民、79岁的许小峰就会把一本《新华字典》放在身边以便随时查阅。这个习惯已经持续了30多年，而这本《新华字典》也已经陪伴了她30多年。

由于年代久远，字典已经开始发黄，很多地方也出现了破损，但许小峰仍然爱不释手。她说，这本字典是她的"私人助理"，也是她30多年辛勤奋斗岁月的见证者。

13岁那年，许小峰辍学回家跟随父亲学习绘画；16岁时，因父亲去世，许小峰自此靠卖画养活家人。时至今日，许小峰已经成为一名一级美术师。从一个小学都没毕业的"半文盲"到一级美术大师，许小峰说："多亏了这本《新华字典》，它是我的'私人助理'。"

原来父亲去世以后，为确保一家人的温饱，许小峰每天都把自己关在家里练习绘画，还买来许多美术教材

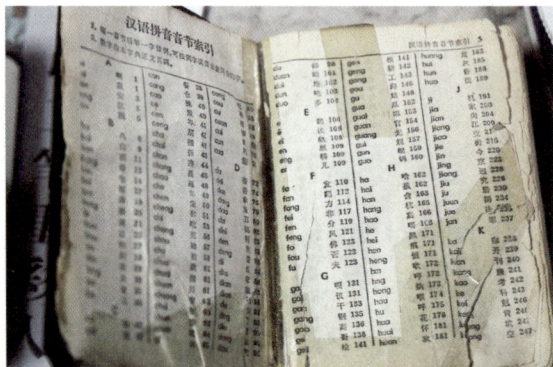

自学。但由于只念了几年小学，很多字都不认识，她只能借助字典。最初，许小峰使用的是父亲留下的一本四角号码字典。由于这本字典十分破旧，没办法继续使用，于是许小峰在 20 世纪 80 年代，花一块一毛钱买回了这本《新华字典》。此后，每当看书遇到不认识或不理解意思的字词时，许小峰就会习惯性地拿出字典，仔细查阅。

许小峰所擅长的中国工笔重彩人物画中，每一个人物都有特定的时代背景，这就要求画家本人具备广博的历史知识。比如，要画李清照，就必须阅读大量历史文献，了解宋代的着装、头饰、房间摆设，等等。而在这些历史文献当中，总会掺杂着许多生僻字，许小峰就不厌其烦地拿出字典一个个仔细查阅。

1994 年，许小峰打算考"一级美术师"的证书。按照要求，若想取得这一证书，必须在英语和古汉语两门课程中选择一项参加考试。许小峰不懂英语，只好选择了古汉语。为了通过考试，许小峰买来许多书籍。"当时，一些文言文注释我根本看不懂是什么意思，只能靠翻阅这本字典一个一个把读音、释义都标注下来，然后再理解、背诵。多亏了这本字典，我最终才通过了考试。"许小峰介绍道。

除了美术专业书籍，许小峰平时还喜欢看中外文学名著。《聊斋志异》《红楼梦》《钢铁是怎样炼成的》都是她常读的书籍。"我差不多可以说是半个'文盲'，全靠这本字典，我才能把这些书读懂、读透。这本字典前面的音节索引、偏旁部首索引几页已经被我翻烂了，有的已经掉下来了，我也舍不得丢掉，只好用透明胶一点点给粘上。"许小峰讲道。

（口述 | 居民 许小峰）

篮球场上，我们仨曾形影不离

　　长亭外，古道边，芳草碧连天。晚风拂柳笛声残，夕阳山外山。天之涯，地之角，知交半零落。一壶浊酒尽余欢，今宵别梦寒。毕业季也是离别季，看着大学里正在拍照留念的毕业生们，家住张安社区的张玉芬又拿出了这张珍藏了56年的两寸黑白照片，细细打量起来。她说，这张照片印刻着自己在篮球场上奔跑的时光，也记录着"我们仨"的友情。

　　1959年，20岁的张玉芬考入哈尔滨电炉厂技校。当时，学校积极开展体育活动，其中一项就是成立女子篮球队。凭借1.72米的身高，张玉芬被选入了篮球队，成为学校第一支女子篮球队的一员，并在其中担任后卫。虽然加入篮球队让许多人艳羡不已，但频繁地练习却让队员们叫苦不迭。

　　"照片上这两个女孩是跟我打配合的。那时候，我们每天都要训练，周末休息时间也常常

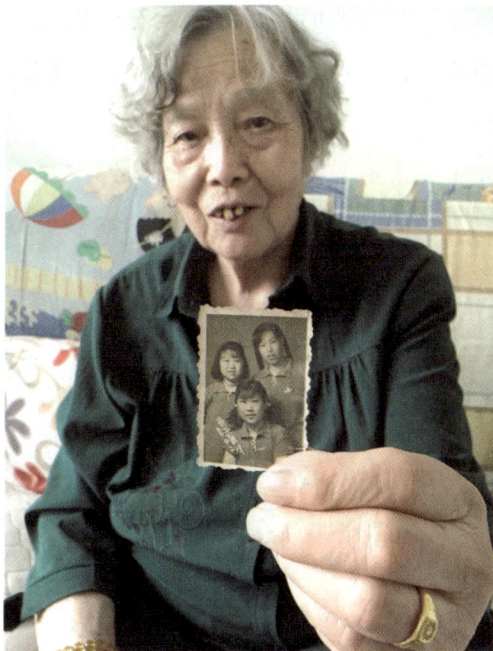

被占用。刚开始，大家基本的动作都不会，更谈不上配合了。随着不断地练习，队员们学会了三步上篮、运球等一系列动作，相互间的配合也越来越默契。"张玉芬介绍。

其间，张玉芬与这两位比自己年龄稍小的妹妹也建立起了很深的友情。三个人同吃同住，甚至上厕所也要一起去。"晚上怕黑，每次上厕所，总得结伴去才行。"张玉芬笑道。

由于当时正赶上三年困难时期，粮食紧缺，学校的饭都是定量的。篮球队的训练十分辛苦，所以，队员们的饭量也在不知不觉间增大，常觉得饭不够吃。"我们三个都是在一起吃饭，谁的不够了，就互相分一分。"张玉芬说，当时，有一个女孩的饭量比较大，虽说学校给的饭也不少，但总是觉得没吃饱。为此，她总是尽可能地省出一个馒头分给那个女孩吃。"看着她们吃不饱就觉得很心疼，正好我饭量也小，能省就省出来给她们吃。"张玉芬说道。

后来，在一次市里举行的女子篮球赛中，张玉芬所在的篮球队代表学校取得了第一名的好成绩。"为了庆祝，我们仨就凑了钱，到附近的照相馆拍下了这张照片。"张玉芬回忆道。

1962年，张玉芬毕业回到济南，此后便失去了那两个女孩的音讯。54年来，张玉芬历经多次搬家，很多老物件都丢掉了，唯有这张老照片，她一直很小心地保存着。"我很想念跟她们在一起打球的日子，真想和她们再相聚。"张玉芬手里拿着照片，眼睛向窗外看去。

（口述｜居民 张玉芬）

母亲置办的嫁妆，我舍不得用

　　36 年前，一位母亲用一针一线密密缝织着自己对女儿的爱；36 年后，她的女儿也在生活的考验中逐渐体会出母亲当年的良苦用心，懂得了"向来多少泪，都染手缝衣。"家住舜玉北区 38 号楼的居民徐丽华讲起了一段关于自己嫁妆背后的往事。母亲当年亲手缝制的嫁妆，她自始至终没舍得用。她说，这嫁妆里装满了母亲对自己的爱，温暖而厚重。

　　1980 年，徐丽华同丈夫结婚。按照当时的习俗，女子的嫁妆讲究"四铺四盖"即 4 床被子、4 床褥子。除此之外，还有枕套、毛毯等其他生活用品。为给女儿做被子，徐丽华的母亲特意到当时济南市口碑最好的布料店里买来 3 块真丝面料、1 床软缎和 6 块上好的布料。

　　"母亲都是挑着布店里最好的料子买的，这些布料都很贵，很少有人买。当时家里的条件很一般，而且我还有哥哥和弟弟，这些钱都是母亲精打细算省下来的，很不容易。"徐丽华说。

　　尽管如此，母亲对自己花"血本"买回来的布料并不十分满意，因为结婚时一般都选用大红色，但自己买回来的真丝却是白色的，徐丽华的母亲又特意请染坊的师傅把布料染成红色。布料准备好了，接下来的任务就是做被子。"四铺四盖"不是一个小数量，对于白天要上班，空闲时间还要为女儿筹备婚礼的徐妈妈来说，尽快做好这 8 床被褥成了大难题。

　　"我老公的父母去世早，我们俩的婚礼几乎是我母亲一手操办的。为

了赶在结婚前把被褥做好，母亲每天晚上都坐在灯下，一针一线地缝着，常常到后半夜才睡。"徐丽华说道。结婚后，想到母亲日夜操劳为自己缝制嫁妆的情景，徐丽华禁不住感慨万分。36年来，除了新婚之夜，徐丽华再也没用过这些嫁妆。

"母亲费尽心思为我准备的嫁妆，我真的舍不得用。"徐丽华介绍。前几年，儿子结婚，她把被褥从柜子里拿出来送给了儿媳妇。被褥上的凤穿牡丹图栩栩如生，根本不像存放了30多年。

"虽然这些被褥不是什么价值连城的东西，但一针一线都是母亲对我的爱。我把它们送给儿媳妇，也是表达我对孩子的疼爱。不过，我也没舍得都给孩子们。这不，我还留了一对枕套。这是母亲留给我的念想，我得时常拿出来看看。"徐丽华讲道。

（口述｜居民 徐丽华）

"百岁"镇纸传承三代人

镇纸，写字作画时用来压纸的东西。在舜玉北区 34 号楼的郑葆驹家中，有一把自民国时期传承下来的镇纸。至今为止，这把镇纸已经传承了 100 多年。随着这把镇纸传承下来的，除了书法，还有郑家严谨求学的家风。

郑葆驹介绍，爷爷 6 岁开始学写字，十几岁时买下了这把黄铜镇纸。此后，每次练字，爷爷总要用这把镇纸压纸，一用就是 30 年。"我印象最深刻的是每天晚上爷爷都会准备好笔墨纸砚，端坐在桌前写毛笔字。爷爷的字写得很好，一气呵成。我就在一旁认真地看着，觉得他练字的样子十分神气，让人很羡慕。"郑葆驹回忆道。

后来，爷爷把镇纸传给了郑葆驹的父亲郑梅先。"如果说爷爷是我的启蒙书法老师，那么父亲就是我的指导老师。"郑葆驹说道。起初，郑葆驹只是偶尔练练字，但总是写不好。他的父亲看到后，便亲自指导。郑葆驹回忆，每次教学前，父亲总是先用镇纸压好纸，再手把手地教，从来没有显现出一点儿不耐烦的情绪。

"父亲 80 多岁时，每天看到我写字，还会在一旁指点，提醒我'这个横太短了，那一撇太长了'，帮助我进步。"郑葆驹说道。

20 年前，郑梅先把这把镇纸交给了郑葆驹，并督促他好好写字，好好做人。

现在，郑葆驹每天都在家练字，经常一练就是三四个小时。也许是受

爷爷和父亲的影响，郑葆驹每次练字时都能耐住性子，即使手上练出了茧子，也仍不会偷懒。

很多人听说郑葆驹字写得好，就特意请他写字。他也乐意帮忙，跑前跑后地为亲戚朋友、街坊邻居以及各个活动单位写字。最忙的时候，两三个月竟瘦了 18 斤。

如今，68 岁的郑葆驹还在舜玉老年大学书法班教课，每次上课时，他都会带上这把镇纸。压纸的同时，他也时刻提醒自己"好好写字，好好教书，好好做人"。"这把镇纸是我家的传家宝。我知道，爷爷跟父亲传下来的不只是一把镇纸，还有对书法的热爱，更有一些求学、做人的道理。这些都是要代代相传下去的。"郑葆驹说道。

（口述 | 居民 郑葆驹）

57年前，我曾与沈从文先生对话

在舜玉南区75号楼的章云里家里，有一张保存了近70年的老照片。照片上，章云里身着军装，神采奕奕。也正是从那时起，章云里开始成为一名文化教员，编写教材，教书育人。担任文化教员期间，章云里有幸认识了沈从文先生，还曾与他交流编写教材的困惑。

初任教员：自编两万字讲稿

1950年，章云里被山东省军区政治部选为文化教员。经过一段时间的考核、培训后，1951年10月，章云里被分配到解放军第28速成中学，并被任命为史地教研组主任教员，负责用一年多的时间把只有小学文化的部队干部的文化素养提高到中学水平。

此后，章云里长达20多年的文化教员生涯开始了。教学过程中，章云里逐渐感到地方学校课本或其他代用教材不适用于自己的学生，他决心要编写一部适合部队使用的教材。为了编写教材，章云里翻阅了大量资料，并最终于1955年编

写出一册两万字的《中国现代史讲稿》，凭着这本讲稿，顺利完成了教学任务，"当时，学校还给我发了20块钱的奖励。那个时候，20块钱可了不得啊。"章云里笑道。

编写教材：博物馆遇沈从文

1959年7月，章云里被调到北京总政文化和旅游部，负责为部队编写大学历史教材。章云里没想到的是，他竟然在这里遇到了著名文学家沈从文先生。当时，章云里与同事们一起到中国历史博物馆搜集古代兵器资料，博物馆特意安排特级讲解员沈从文先生接待。

"他当时50多岁，中等身材，长方脸，双目有神。在我说明来意向他请教时，沈先生一一作答，还说乐于合作。"章云里回忆道。几番交流后，章云里便与沈从文道了别。没想到时隔一周，章云里竟收到了沈从文邮寄来的一卷图文并茂的手抄资料。"这卷资料用的是32开毛边纸，共35页，涉及一系列古代服饰及器皿等专题，对我编写课本有很大帮助。真没想到沈先生竟然把我的事记在了心里。"

发挥余热，义务讲课不收费

1979年秋，离休在家的章云里应济南电视大学之邀，讲授中国古代史。讲了一年后，校长见章云里执意不要报酬，便拿出讲课费购买了许多史学名著送给他。为此，章云里还作了一首小诗："原说尽义务，焉知按劳酬。耳顺神矍铄，翘首新征途。""我从成为文化教员的那一刻起，就决定一辈子都要奋斗在文化战线上。"章云里说道。如今，他仍在不断地发挥余热，教书育人。

（口述 | 居民 章云里）

"异地恋" 4 年，家书近百封

"我住长江头，君住长江尾。日日思君不见君，共饮长江水。"对于36 年前的刘文祥、曹丙珍夫妇来说，这两句词正是对他们心境的真实写照。从 1979 年至 1982 年的 4 年间，刘文祥在广州工作，两人每年只有两次见面的机会，其余时间只能鸿雁传书。尽管如此，回忆起那段日子，曹丙珍依然觉得幸福。

一年有 10 个月只能靠书信联系

1979 年，曹丙珍的丈夫刘文祥在广州空军高射炮兵营训练。当时部队规定，已婚的干部 1 年可以有 1 个月的探亲假。此外，家属每年也可以到部队探访一次，时间也是 1 个月。

也就是说，1 年 12 个月，曹丙珍与丈夫二人有 10 个月分隔两地。1979 年至 1982 年，刘文祥一直在广州工作，这期间，刚刚结婚的二人只能借助书信联系。

每个月，两个人都会给对方写一

封信，而收到这一来一往的两封信，需要 20 天的时间。

　　每每读完丈夫的来信，曹丙珍都要把信放在出嫁时陪送的箱子里。周末休息时，曹丙珍就在家里洗洗涮涮、缝缝补补。临睡前，便把丈夫写的信拿出来细细读一遍。"不读一遍，就睡不着觉。"曹丙珍回忆道。

　　4 年间，两人来往的书信近百封，每一封都被曹丙珍细心收藏着。"只可惜，有一年搬家时把这些信弄丢了。为这事，我们俩还惋惜了好一阵。"曹丙珍说道。

换 3 次车探亲，背 20 斤仍不嫌沉

　　当时，曹丙珍还在泰安新泰市工作。每次去广州探亲，她都要换乘 3 次列车。"先坐慢车到磁窑，再从磁窑坐慢车前往郑州，最后从郑州搭乘 15 次特快列车到广州。"曹丙珍回忆道。

　　在那个年代，从新泰到磁窑需要走大半天，磁窑到郑州慢车要走一天

一夜，15 次特快列车走京广线，从郑州到广州也需要一天一夜的时间。每次去探亲往返路上就要花掉六七天的时间。

尽管路程遥远，换乘又很麻烦，但每次去探亲，曹丙珍都会背着大包小包的东西。包里装的都是新泰的美食：花生、大枣，还有丈夫最爱吃的煎饼。"我每回都要背着将近 20 斤的行李挤火车，但是路上都感觉不到累，反而觉得一身轻松。心里觉得很踏实、很幸福，因为离他越来越近了。"曹丙珍回忆道。

自己养家糊口，丈夫工资给公婆

丈夫在广州这段时间，曹丙珍在新泰毛纺厂上班，每月工资 31 元。除去 6 元交房租、5 元给公婆，还要给娘家爸妈买些东西，剩下的十几块钱就是曹丙珍和女儿一个月的开销。

当时，曹丙珍的女儿还很小。每天，曹丙珍都要回家两次给女儿喂奶。"当时女儿由父母照看，父母家离工厂有 500 米远，但我每次喂奶的时间只有半小时，时间很紧张。"曹丙珍回忆道。尽管十分疲累，曹丙珍也没有动过请假的念头。"厂里规定一年内请假超过 15 天，到年底就没有年终奖和先进个人奖了。"曹丙珍讲道。为此，她只能咬牙坚持着。

丈夫体谅曹丙珍的辛苦，每次一发了工资就赶紧寄回家。考虑到丈夫家里兄弟姐妹多，生活更加清贫，曹丙珍便把丈夫的工资全寄给了公婆。"他家里更困难，不把钱给公婆，他们的日子可咋过呢。"曹丙珍说道。

（口述 | 居民 曹丙珍）

父亲是九死一生的"捞八路"

现年91岁的田恩泽已失去了行动能力，常年躺在床上，饮食起居都需要他人照顾。但在女儿田秀玲的心里，父亲一生经历传奇，他的形象依旧那样高大、伟岸。

为给战友借锅，失足跌入深井

田恩泽19岁那年参加革命，成为一名八路军，加入抗日战争的洪流中。一次，身为班长的田恩泽带领部队夜间行军。行至一个村庄时，田恩泽发现了一个闲置的房子，便安排部队进去休息。

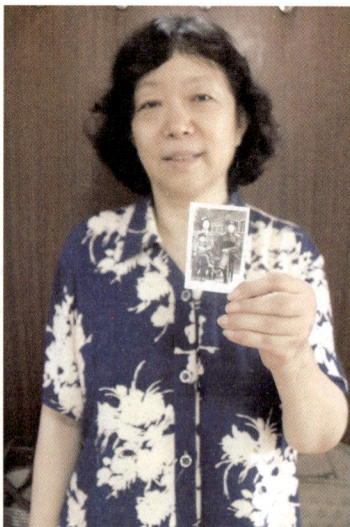

由于房间里空无一物，战士们没法生火做饭。田恩泽便独自出去找老乡借锅。当时夜色已深，远处村庄的灯光若有若无。田恩泽走着走着，一下跌进了一口近10米深的井里。"南方的井都没有井沿，加上天黑，父亲根本没有注意到脚下的井。"田秀玲介绍道。

近两个小时过去了，由于在冷水里泡得时间过长，田恩泽的耳朵和鼻子都开始流血。战友们见田恩泽迟迟不归，担心他出意外，便跑出来寻找。走到井边时，他们听到了田恩泽的呼救声，便把十几条腰带牢牢系在一起，把他从井里拉了出来。从那时起，田恩泽就被战友们戏称为"捞八路"。

弹壳削掉帽檐，侥幸逃过一劫

1950 年 10 月，田恩泽随中国人民志愿军赴朝鲜作战。当时，田恩泽所属部队是陈毅司令员率领的第三野战军。

一次，田恩泽同警卫员、卫生员并排趴在草地里观察敌情。突然，田恩泽感觉脑袋上被什么东西砸了一下，头上的帽子飞了出去。他扭头去看战友，发现警卫员和卫生员已倒在一片血泊之中。

当时，美军的一块炮弹皮从田恩泽的右侧飞过来，把他的帽檐削掉了，又穿过警卫员的太阳穴打入了卫生员的后脑勺。田秀玲说："后来，父亲常常用这次经历教育我们，要把每一天都过得充实起来，多做有益于人民的事情，绝不能浪费生命。"

埋伏雪地一夜，双腿冻伤致残

抗美援朝战役中，一次，由于作战需要，身为连长的田恩泽在雪地里埋伏了整整一夜。朝鲜的气候奇冷，交战结束后，田恩泽的军大衣湿透了，双腿也已经失去知觉。由于严重冻伤，田恩泽得了脉管炎，被认定为二等甲级残疾军人。

复员回到家，田恩泽在九〇医院接受了长达 10 余年的治疗。"我父亲 28 岁就坐了轮椅，但他一直积极做复健，后来能够站立起来了。父亲从不后悔参军。"田秀玲说道。

（口述 | 居民 田秀玲）

那三年，卡车成了我的家

45 年前，舜玉北区 46 号楼的王庆雪是新疆军区后勤部宣传队的一名"样板戏"演员，负责给野战部队演出。那时，他常年坐着卡车四处演出，十分辛苦。

如今，69 岁的王庆雪老人回忆起那 3 年的军营生活，各种苦辣酸甜仍历历在目。

常带妆休息，脸上褪了层皮

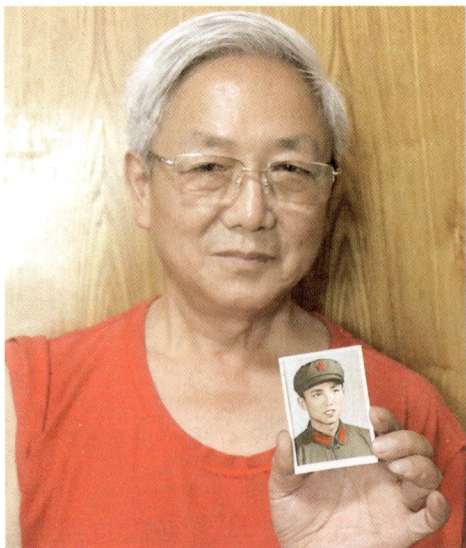

1970 年初，王庆雪成为新疆军区后勤部宣传队的一名"样板戏"演员，负责给驻守在新疆各地的野战部队演出。演出 3 年间，基本上每天都有 2 场演出。晚上，演出常常到 11 点左右才结束。第二天早上 9 点，新一场演出又将开始。由于过度疲劳，王庆雪常常还没有卸妆便倒头就睡。由于长时间带妆睡觉，王庆雪的脸部严重过敏，还褪了一层皮。

缝 8 米布景，连续两晚没睡

当时，演出用的布景、道具等都是由演员亲手制作的。舞台布景长 8 米、宽 6 米，是由 8 块 6 米长、1 米宽的白色布条拼接制成的。"我们买来的白色布条仅有 1 米宽，只好借来随军家属的缝纫机，把它们缝在一起。"王庆雪回忆道。

由于白天要排练，王庆雪同战友们只有利用晚上的时间做布景。他们连续两晚没睡觉，终于赶在正式演出开始前把 8 米长的布景做好了，准时给部队带来了精彩演出。

四处奔波为演出不怕苦

作为"样板戏"演员，王庆雪跟战友们有时会在乌鲁木齐市的大礼堂内演出。但更多时候，他们乘坐在大卡车里，四处奔波，到县城、到边境去给军民演出。

王庆雪介绍，当时演员们经常是在外演出 3 个月，然后回部队休整 1 个月，之后再坐上卡车四处去演出。

"坐着卡车走在路上的时间比在部队的时间可长多了。我印象最深的就是每年开春出去演出时，路上的青草刚刚发芽，等回来时，草已经开始发黄了。"王庆雪回忆道。每次到县城、边境演出，王庆雪跟战友们都要吃不少苦头。由于物资匮乏，他们的住宿、饮食都很受限。尽管如此，王庆雪依然很享受这个过程。

"每次我们到边境演出，周边村庄里的老百姓都会提前两三个小时赶到部队驻地等候，这让我们既心疼又感动。所以为演出吃点苦，真的不算啥。"王庆雪回忆道。

（口述 | 居民 王庆雪）

我真想再当一回文艺兵

　　51年前，家住舜玉南区18号楼的钟秀荣通过严格的选拔，成为一名文艺兵。在军营里，需要四处演出，还要种菜喂猪，十分辛苦。然而，每每回想起这段日子，她都会感叹"真想再当一回文艺兵"。

学手风琴半年练会五六首

　　上中学时，爱唱爱跳的钟秀荣一直担任班里的文艺委员。每次班里组织文艺活动，她就跟同学们一起编排舞蹈动作，编写歌曲。每天放学后，钟秀荣还跟着学校里的音乐老师学习拉手风琴。"我从小喜欢音乐，看到乐器就想学，二胡、京胡、琵琶，我都学过。不过，学得最好的要数手风琴。"钟秀荣说道。

　　由于手风琴课只有1个小时，钟秀荣便在征得老师同意后，将手风琴背回家，利用晚饭后和周六、周日的时间练习。在学习了半年多

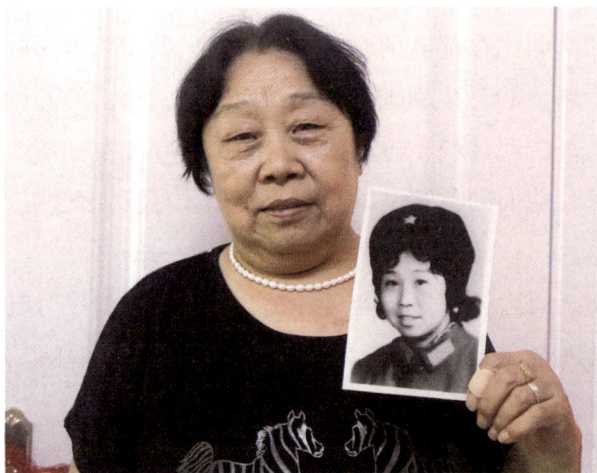

以后，钟秀荣能够熟练地演奏《莫斯科郊外的晚上》《康定情歌》等五六首曲子了。

先斩后奏，瞒着父母进军营

1965 年，解放军到学校招收文艺兵。在同学们的鼓励下，钟秀荣报了名。

"考试内容还是挺有难度的，我印象最深的就是测试音准和气息。考试时，考生背对考官站着，根据考官吹哨的声音，把对应的音符唱出来。"钟秀荣介绍道。

由于钟秀荣基础比较好，顺利通过了考试。然而，父母舍不得让女儿去当兵。后来，钟秀荣只好"先斩后奏"，瞒着父母毅然走进了军营。

发挥所长，苦中有乐

1965 年冬天，钟秀荣跟随文艺兵队伍来到甘肃，开始了为期 3 年的军营生活。每天，钟秀荣和战友们天不亮便起床跑步，进行体能训练。"那时候，我们四处奔波，体能差的根本撑不下来。"钟秀荣说道。

当时，钟秀荣跟战友们乘坐大卡车，到县城、农村慰问演出。在难得的休整期，钟秀荣还要同战友们一起种菜、喂猪。尽管如此，钟秀荣每天都乐呵呵的，嘴里时常哼唱着小曲儿。"虽然条件艰苦，但是做的是自己喜欢的事，心里有种说不出的快乐。如果时光能倒流，我真想再当一回文艺兵！"钟秀荣一边说着，一边将老照片小心翼翼地保存起来。

（口述｜居民 钟秀荣）

义务劳动收获光荣感

　　家住舜玉南区 57 号楼、62 岁的宋贤福家中，有一张刚工作时和单位共青团员一起拍的照片。当时作为一名团支部委员，他经常参加义务活动，拉煤、给老职工读报纸、公休时间依旧在岗工作。每当回忆起那段青葱岁月时，他都会产生无限感慨。

每天下班义务拉煤

　　1975 年，宋贤福加入了共青团，同年，他被分配至一家浴池从事服务工作。刚参加工作的他，一心想要多多发挥余热。当时单位号召大家参加义务劳动，即帮锅炉房拉煤炭。宋贤福得知后，主动前去报名，表示愿意利用下班后的两个小时来参加劳动。

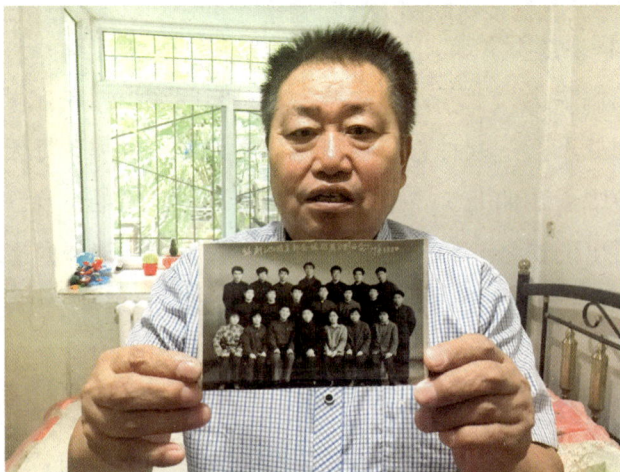

　　每天 6 点下班吃过晚饭后，宋贤福便早早来到锅炉房拉煤。拉煤用的是手推

独轮车，由于只有一个轮子，推的时候车子很容易倒。刚开始，宋贤福总是小心翼翼地慢慢推，防止翻车。起初，劳动结束后，他的两个胳膊都累得酸疼，抬不起来。

渐渐地，宋贤福掌握了方法，两个胳膊也有劲了许多，他的效率也越来越高，两个小时下来，他最多都能拉 20 多趟。而他的两只手掌，也磨出了一层厚厚的老茧。

8 个月不休一天假

当时倡导贡献公休假，就是每个月休息的 4 天时间继续上班，把这个时间存起来，然后贡献出来。

当时宋贤福觉得，身为一名共青团员，更应该积极努力工作，这对自己以后的职业发展也很有益处，于是，他经常在休息日继续工作。

最长的一次，宋贤福连续 8 个月无休。他算了一下，已经累积了 30 多天的公休假，随后，他便把这累计的公休假贡献出来，继续奋斗在工作岗位上。

"当时年轻，在工作中很有精力和能力，每天的生活也都是充满希望和目标的。"宋贤福笑着说道。

组织团员义务读报

宋贤福所在的单位老职工较多，还有相当一部分不识字。为了让这些老职工能多多了解国家大事、丰富业余生活，身为团支部委员的他，联合其他成员们一起开了个会，商量如何帮助这些老职工。

"我们可以每天给他们读读报纸，那上面既有国家大事，又有一些身边趣事，在读的同时，咱们也把报纸看了。"宋贤福提议道。宋贤福的提议立刻得到了大家的响应，随后，团员们分为3个小组，每天早晨起床后，便将老职工们召集到一起，给他们读报纸。

"我很喜欢我的这份工作，虽然当时很多人瞧不起服务行业，但我引以为傲，大家都以劳动为荣，身边都充满了正能量。这也让我努力地生活，过得很充实。"宋贤福笑着说道。

（口述｜居民 宋贤福）

19 岁拜师侯宝林，让我受益终生

在舜园社区"YI 家园"吕剧团成员薛斌的家里，有一张保存了 56 年的老照片。这张照片曾有人出价购买，但都被薛斌坚决拒绝了。因为这张照片记录了他 19 岁那年，跟随相声界泰斗侯宝林、马季学艺的经历。如今，75 岁的薛斌老人每每回想起那段经历，都会想到师傅的一言一行对自己潜移默化的影响。

19 岁考入曲艺团，曾拜师侯宝林

1960 年，19 岁的薛斌考入山东省曲艺团。随后，他被安排跟着"中央说唱团"学习相声。当时，侯宝林、马季等人作为"中央说唱团"的成员，响应中央号召，在山东下乡演出。

薛斌自小就很喜欢听侯宝林说相声。高中时，他还因模仿侯老惟妙惟肖，被任命为文艺委员。不过，让他做梦也没想到的是，自己竟有幸能够拜侯宝林为师。

得知自己能有机会跟

着偶像学习相声，薛斌坦言当时的心情特别激动，不亚于如今追星的年轻人。

"那时候，能在旁边给侯老倒杯水、擦擦汗，我就觉得很幸福。"薛斌说道。

侯老递来一颗桃子，让他受宠若惊

加入"中央说唱团"后，薛斌经常跟着侯宝林前往肥城、泰安等地演出。演出间隙，侯宝林会让薛斌说两段相声，并给他一对一地进行纠正，指出不足。

"相声大师给自己讲课，真的是让我受宠若惊。"薛斌说道。而让他更加受宠若惊的，还是一个桃子。一次，"说唱团"在桃园公社演出。公社给演员们送来一些桃子。侯老顺手拿了两个桃子分别递给了薛斌和他的一个同学，并说道："先给这两个'小么子'。""我当时又惊又喜，都不知道该说什么好了。"薛斌回忆道。

大师敬酒炊事员，教他低调为人

跟侯宝林学习期间，最让薛斌难忘的，是侯老为人处世的态度。尽管当时他已经是全国闻名的相声演员，却仍然能做到礼贤下士。一次，说唱团来到肥城演出，当地县委招待他们吃饭。正要吃时，薛斌发现侯宝林端着酒杯去了伙房，他有些好奇，便跟了过去。

原来，侯老来到伙房感谢炊事员为大家准备丰盛的饭菜。只见他端着酒杯，依次走到每位炊事员面前，向他们敬酒，然后才回到饭桌前。"这给年轻的我带来极大震撼。让我在此后取得成绩时，也不敢得意忘形。"薛斌说道。

（口述 | 居民 薛斌）

十年教学生涯是最幸福的时光

　　家住舜玉北区 96 号楼，61 岁的居民胡桂凤是个很念旧的人，家里珍藏着不少年时用过的物件。所有的物件中，她最珍惜的还是当教师时拍的照片、获得的奖励。她说："十年教学生涯，是我一生中最幸福的时光。"

　　上小学时，胡桂凤给其他学生讲解课业有条有理，让在一旁的班主任老师忍不住赞叹"这孩子真是当老师的苗子。"后来，班主任成为甸柳小学的老师。1973 年，胡桂凤高中毕业后，老班主任邀请胡桂凤来学校教学，她一口答应了。

　　1978 年，恢复高考后的第二年，胡桂凤考上中专。她的教学生涯也由此中止了。不过，似乎也是命运的安排，胡桂凤毕业后，被分配到济南无线电工厂。1981 年，厂子里响应国家号召，设立了教育科，为 1968～1972 年间毕业的初、高中生补课。于是，拥

有教学经验的胡桂凤顺理成章成了教育科的一员，并一直执教至 1985 年。

　　"前后加起来有十年的时间，我都是在当老师，最大的感受就是幸福。"胡桂凤介绍，后期的教学对象就是自己的同事，大家年龄相仿，相处十分融洽。而这幸福就是来自彼此间发自内心的尊重。

　　一次，胡桂凤生病，在家休息。让她没想到的是，几个学生拎着水果点心敲开了她的家门。"当时我家住郊区，离单位挺远的，我都不知道他们一路上怎么打听来的。"胡桂凤说，类似的事有很多，虽然小到微不足道，许多年后回想起来，心底依然温暖如旧。此后，每每想起这段旧事，她都笑意盈盈："当老师是一件很幸福很幸福的事。"

（口述 | 居民 胡桂凤）

平度战役中弹　弹片跟了他59年

家住玉函路87号院的宋文萃家里，有一张保存了54年的老照片，是她现存的为数不多的一张公公的照片。每当看到这张照片，她就会想起公公柳青当年在平度战场上的传奇经历。

1945年9月，宋文萃的公公柳青担任胶东军区独立营政委，参加了平度战役。战役由军区司令员许世友指挥，奉命拿下平度城，消灭盘踞在此

的 600 多名日军和 6000 多名伪军。

战斗开始前夕，许世友召集部队开会研讨战术。散会后，柳青随手将一张记录会议纪要的纸片塞进了上衣口袋内。9 月 7 日晚，攻打平度城的战斗开始。按照会议部署，由两个团和一个独立营负责主攻敌人。

经过两天两夜的激战，主攻部队将日伪军全部消灭，解放了平度城。但由于武器装备不敌对方，部队伤亡惨重。柳青在打击敌人时左胸部中弹，鲜血将他放在上衣口袋内的会议纪要染红了，只留下小小的白色一角。

柳青负伤后，警卫员将他送往附近的一户居民家中养伤。由于伤势严重，流血过多，柳青陷入昏迷。"当时，老百姓都认为我公公撑不过来了，便给他做了一副棺材，还刷上了大红色油漆。"宋文萃说道。

然而，柳青的妻子江萍却没有放弃。她把从日伪军那里缴获的白糖兑水，一勺一勺地喂给丈夫，补充能量。在江萍的精心照顾下，昏迷 30 多天的柳青渐渐恢复了意识。

新中国成立后，柳青前往医院想要将体内的弹片取出。"当时，医生告诉他，弹片距离心脏过近，手术风险太大，因此只好将弹片一直留在体内。"宋文萃介绍道。

2004 年 12 月，柳青去世。按照他的遗嘱，火化后体内的弹片要留给孩子们。"留在公公体内的弹片有 4 片，4 个儿子一人一片留作纪念。"宋文萃说道。后来，柳青中弹时那张被鲜血染红的会议纪要被省博物馆收藏，至今仍定期展出。

"那 4 片弹片跟了他 59 年，见证了那段鲜为人知的历史。我想，我公公之所以要将弹片留给儿子们，就是希望我们能够将这段历史讲给下一代听，让年轻人不忘历史。"宋文萃说道。

（口述｜居民 宋文萃）

千佛山上植树，条件虽苦心里美

在刘静家里，有一张与单位同事的合影。1985 年，刘静和同事们响应国家号召，一起参加了为千佛山植树造林的义务劳动。回忆起当年的往事，刘静说，山上条件虽十分艰苦，但心里却美滋滋的。

1985 年，刘静在济南医药包装厂工作。厂里响应国家植树造林的号召，组织共青团员和青年职员去千佛山植树。"当时，千佛山南边还是大片的

荒地。我很想为千佛山的绿化贡献自己的一份力量，所以一早就去报了名。"刘静回忆道。

此后，每个周日，刘静便和同事拿上铁锹、扛上树苗，早早来到山上劳作。

刚开始，刘静使用铁锹不熟练，挖树坑的动作很僵硬，胳膊累得酸痛。时间长了，刘静找到了窍门，效率也越来越高，而她的双手也在长期劳动中磨出了一层老茧。有一回，山上风很大，下起了雨，泥土混合着雨水打在刘静和同事们的脸上、身上，大家一个个都成了"花脸猫"。

刘静一行人为了躲雨，跑到附近的老乡家里，村民们看到他们狼狈不堪的样子，吓得立马把门关上了。一番解释后，村民才同意他们进去喝水。"后来，那位老乡还拿出了他亲手制作的地瓜面窝头招待我们。我至今还记得刚出锅的窝头散发出的香气。"刘静讲道。这件事给刘静留下了很深的印象，直到现在回想起来仍然忍俊不禁。

当时，刘静家里没有自行车，因此每天都要步行两个小时去千佛山，义务劳动结束后再步行两个小时回家。即便如此，刘静仍坚持每周都去，没有一次缺勤。"那时候，真的是干劲儿十足，为了建设国家，建设国家是大事，吃点苦算啥。"刘静笑道。

如今，刘静每次看到千佛山上漫山遍野的绿树，心里都会有一份莫名的感动和欣慰。"现在的千佛山是咱济南的名胜风景区，这里面还有我的一份功劳呢。"刘静笑道。而当年那张和同事们在千佛山上的合影也被刘静视若珍宝，小心翼翼地保存在家里的抽屉里。

"那个时候没有手机，和这帮老同事有这么一张照片多不容易啊，我一直留在身边。当时，心里想的就是绿化荒山，造福后代。如今，看着郁郁葱葱的千佛山，美得很！"刘静说道。

（口述｜居民 刘静）

46年过去了，她依然暖着我的心

生病时，我们总希望有人能在身边嘘寒问暖。然而，总有些时候，我们不得不自己面对病痛。46年前，年仅13岁的张莉便有这样一番经历。幸运的是，无助地躺在医院走廊里的张莉遇到了一位白衣天使，帮她挂号，给她看病，还为她喊来家人。时至今日，张莉依然常想起这位好心医生。

今年60岁的张莉家里珍藏着许多从父亲手里继承下来的老物件。其中，就有两本铁路职工家属证。张莉介绍，父亲是铁路分局调度员。"我4岁那年，办理了第一本铁路职工家属证。凭借它可以到铁路中心医院看病。"张莉说道。

在铁路中心医院，张莉遇见了一位热心医生，至今想起这位医生，张莉仍十分感动。1971年的一天，13岁的张莉像往常一样到学校上课。课堂上，老师发现张莉的扁桃体肿

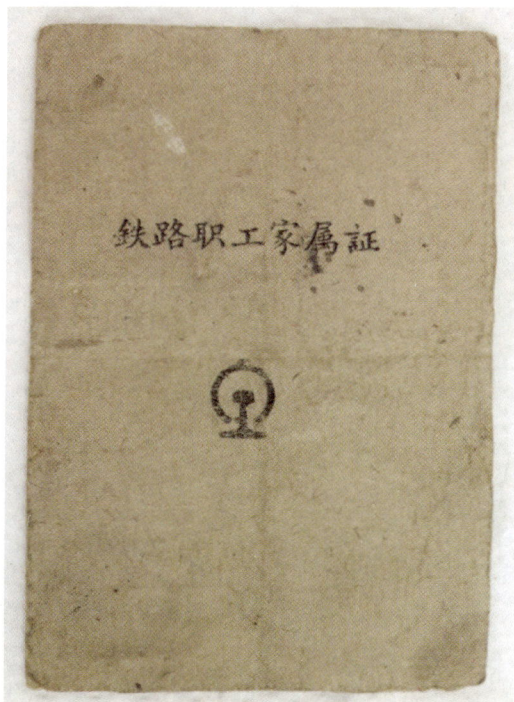

得厉害，便给她放了假，让她去医院检查。

由于当时父母都在上班，张莉只好自己拿了铁路职工家属证，一个人来到医院。"当时年纪小，又是第一次自己去医院看病，不知道该走什么流程。看见有张椅子没人坐，便躺那儿了。"张莉回忆道。"小姑娘，你哪里不舒服？"迷迷糊糊中，张莉看到了一位50多岁的女医生正站在自己身边，关切地看着自己。

后来，这位女医生帮张莉挂了号，又仔细查看了她的病情。开完药以后，这位医生又询问张莉是否能自己回家。张莉摇了摇头，说"我很难受"。这让医生发起了愁。不过张莉接下来说的话，却让医生转忧为喜了，原来，张莉父亲工作单位离医院很近，而且同属铁道部门。

根据张莉提供的"线索"，医生拨通了张莉父亲办公室的电话，向他说明了情况，把张莉接回了家。"算起来，这件事已经过去46年了，但我仍然忘不了。"张莉说："她是我这一生中，遇到的最有爱心的医生。"

（口述｜居民 张莉）

那两枚军功章

在许兴泉家中，珍藏着两枚军功章，这是他在参加对越自卫反击战后留存至今的。回忆那段在战场上浴血奋战的日子，许兴泉感慨万千。手里拿着那两枚沉甸甸的军功章，他说："不怕流血牺牲，就怕被人遗忘。"

1977年，20岁的许兴泉入伍参军。1979年2月17日，中国对越自卫反击战正式拉开序幕。当天晚上，许兴泉所在的云南第十三军收到消息，要和广西第十四军一同向越南发起攻击。战线分为西线云南省和东线广西壮族自治区两个作战方向，总共动用了9个军29个步兵师、2个炮兵师、3个高炮师以及铁道兵、工程兵、通信兵等兵种近56万兵力。

上战场之前，每个士兵都拍下了一张照片当作遗照。要荷枪实弹上战场，刚入伍两年的许兴泉没有一丝胆怯。"当时我们每一个士兵

都有一个共同的信念：倒下我一个，幸福千万家。"许兴泉回忆道："上战场后只往前看、往前冲，如果斜眼去看战友，那就意味着对他极大的不信任。"

当时的作战环境大多处于亚热带森林，气温居高不下，饮用水长期缺乏，战士们严重缺水。许兴泉回忆最久的一次，他两天一夜都没水喝，嘴唇干到起皮，眼睛干涩到眨一下都困难。"水少，粮食也不够。每个战士每天只有一包压缩饼干。"许兴泉说道。不仅如此，战士们还饱受蚂蟥的困扰。蚂蟥黏在战士们的身上甩都甩不掉。因为吸了太多血，蚂蟥的身体比战士们的手指还粗。

直到1979年3月5日，战争才告一段落。1980年1月16日，部队召开表彰大会，许兴泉荣获两枚军功章。拿着军功章，许兴泉感慨万千。"我万万没想到自己能够活着回来。在战场上，我曾亲眼看见了战友牺牲。"

撩起裤子，炮弹在许兴泉腿上留下的痕迹依然清晰可见。"回想起来，最近的一颗炮弹在我耳边就炸了，所以现在听力不太好。"今年"五一"，山东省人民政府、山东省军区以及山东红瑞健康产业有限公司合办了一场颁奖大会。山东省军区司令员雷奇给许兴泉授勋，送上一块奖牌，上边写道：社会正能量特殊贡献奖。

许兴泉上台领奖时，只说了一句："不怕流血牺牲，就怕被人遗忘。"台下不少他的老战友听后都默默掉下了眼泪。如今，许兴泉把军功章、奖牌都小心翼翼地放置在抽屉里，偶尔拿出来看看。"现在的生活安定快乐，我很知足，也希望年轻一代的人们再也不要亲历战争。"许兴泉讲道。

（口述｜居民 许兴泉）

那两年，我们在经二路卖油茶

照片是浓缩的时光，在惬意的午后或难眠的夜晚，翻出许多年前的照片，那些鲜活的、美好的回忆，就像电影一般浮现在脑海，让人憧憬，无限感慨。家住舜玉南区 12 号楼的崔云芬老人家里，就保存着这么一张老照片，照片上另外 11 个人的名字她已经记不清了，但那段与她们相守的岁月，却时常让她感到温暖。

每天吃饭、睡觉、浇花，然后再到和孚中心下下跳棋、五子棋，87 岁崔云芬老人的晚年生活过得简简单单却也有滋有味。无聊时，她也会拿出家里的老照片，回忆似水华年。其中，就有一张拍摄于 1962 年的 12 名油茶部女工在妇女节的合影留念。

1960 年，位于经二路东段路南的新市场糕点美食部下设了油茶部，随后崔云芬被安排到

油茶部工作。与她一起的还有十几名同事。在油茶部干了两年时间后，崔云芬又被调到了其他部门。

"油茶部基本上是全年营业，即使是大年三十、初一也会有同事值班。"崔云芬介绍道："我们这些人，相处得都很好。尤其是马秀贞主任，从来不摆官架子，也不生气、不着急，就知道闷头干活，我们大家都很尊重她。"

不过，让崔云芬印象最深的还是油茶部的卫生管理。"平时要及时清理垃圾，每周还会组织一次大扫除，一次大扫除十几个人一起干，起码得打扫两个多小时。"崔云芬说道。虽然油茶部实行的是8小时工作制，但对于崔云芬等人来说，加班也是家常便饭。每天店里9点开门营业，不到8点半，大家就都到齐了，开始忙着擦洗货架、搬运货物。

因为经营的是食品，店里特别注重卫生环境的维护。崔云芬介绍："当时，店里上上下下几乎是一尘不染。这就要求大家不仅要在平时下足功夫保证好店面整洁，还得每周至少一次大扫除。"

大扫除时，店里大大小小的货架、锅碗瓢盆等一应物品都要擦洗干净。"货架底部也不能有一点点灰尘"。虽然在油茶部的工作并不轻松，而且两年后，崔云芬又被调到了其他部门，但是她对油茶部的感情却十分深切。

56年过去了，崔云芬还保留着这张照片。没事时，她会戴上老花镜，用手指着照片，仔细回想着照片里的小马子、小李子、小张等人的故事以及与她们在一起卖油茶时的快乐时光。

（口述｜居民 崔云芬）

这枚银戒指是我最宝贝的首饰

说到戒指，总让人想起浪漫的爱情。家住舜玉南区的石瑞香老人手上那枚戴了 28 年的戒指，镌刻的却是她与女儿之间割舍不断的亲情……

丈夫许诺送戒指，女儿铭记在心

1960 年，石瑞香嫁到潍坊市临朐县的一个小山村。当时家境困难，结婚的时候根本没有什么像样的首饰。后来，石瑞香的两个女儿、一个儿子又相继出生，一下添了三张嘴吃饭，这使原本就不富裕的家庭更是拮据。为了让三个年幼的孩子吃饱穿暖，石瑞香经常偷偷地节省下自己的口粮让给孩子和丈夫，自己的衣服也是补丁摞补丁。

"等日子好了，一定给你打个戒指，在这个家里真是受苦了。"这是大女儿李秀英印象中父亲对母亲最早的承诺，这句话

也深深地印在了她的心里。

19岁商场打工攒钱买回戒指

1990年，李秀英高中毕业。考虑到自己高考成绩不高，一心想为父母减轻压力的刘秀英决定到济南打工。几经周折，当年这个只有19岁的女孩找到了一份在商场里卖东西的工作。工作之余，李秀英还挤出时间学习。"那段日子，真是苦了秀英了。"谈起女儿过往的经历，石瑞香依旧心疼不已。两个月后，李秀英攒够了50块钱。想起父亲对母亲许下的承诺，她走进商场，为母亲买下了这枚银戒指。

戒指传递家风

如今生活条件好了，孩子们把石瑞香老人接到济南居住，也相继送过金项链、玉手镯等首饰。"我最宝贝的还是这枚银戒指。这是我的第一件首饰，是大女儿用挣来的第一笔钱给我买的。"石瑞香说道。闲时，石瑞香总是出神地盯着这枚戒指，枯褐色的手不时摩挲着它，像是抚摸自己的孩子。在这枚小小的戒指中，石瑞香还升华出了勤俭节约的家风。

一次，9岁的外甥女因为嫌妈妈织的毛衣不如市场上卖的好看，与妈妈吵了起来。得知事情经过，石瑞香将外甥女拉到身旁坐下，给她讲了妈妈给自己买戒指的经过，语重心长地说："我有那么多首饰，金的、玉的，啥样的都有。可我一直把这枚银戒指看得最重，因为亲情不能用钱去衡量。"听完，外甥女什么也没说，默默套上了妈妈织的那件毛衣。

（口述 | 居民 石瑞香）

她曾拜师尚小云

不管什么时候，在舜玉公园里走一走，总能听见或近或远的咿咿呀呀的戏曲声。辖区里的京剧爱好者不在少数，其中也不乏大师、名家。家住山东财经大学内的刘晓兰便是其中之一。刘晓兰自幼学习京剧，曾拜师尚小云、尚长麟父子门下。

8岁学京剧，师从尚长麟

18岁那年，刘晓兰被选中进了山东省京剧团（现为山东省京剧院）。从那之后，刘晓兰的人生就与京剧结下了不解之缘。入团之后，刘晓兰师从尚小云先生之子尚长麟先生，开始学习唱念做打。刘晓兰出色的天赋深受老师们的器重。一次，师父尚长麟把她带到一位长者面前，让她拜师。拜完师，刘晓兰才知道自己拜的竟是"四大名旦"之一的尚小云先生。

受老师器重，16 岁唱西厢

1958 年，京剧电影《望江庭》上映。刘晓兰在看过电影后，被张君秋先生的唱腔迷住，便经常跑到电影院去看。一次，她学着电影中张君秋先生的唱腔哼唱，被一旁经过的老师发现。不久，老师便安排她演唱《西厢记》里的崔莺莺一角。

陪考中戏，连续读三届

一次，刘晓兰陪师哥师姐们去考中国戏曲学院的青年演员选修班。"我现在还记得当时考的是《二进宫》，我现场唱了一段，竟然被录取了。"刘晓兰说道。

青年演员选修班是两年制，普通学员学完两年就毕业了。而刘晓兰却被老师留了 6 年。"后来老师告诉我，当时留下我，是因为后两届学生里'没有角儿'。"刘晓兰说道。

假山后唱戏，票友来围观

前段时间，刘晓兰外出时途径舜玉公园，偶然听见公园里有人在唱京剧，兴致大发，便躲在石头后面，唱了起来。这一唱，周围的票友们听出了名堂，便把刘晓兰拉进了团。此后，刘晓兰常到公园里献唱，并指导票友们演唱。"我是共产党养大的，深受党恩，现在退了休，依然要多做事。只要有机会，我愿意为大家奉献。"刘晓兰说道。

（口述｜居民 刘晓兰）

王团长是我们的好榜样

俗话说："众人拾柴火焰高。"舜玉心连心艺术团就是这样一个充满温暖和力量的民间艺术团体。在团员宫德佩家中，保存着一张艺术团的大合影。照片中，团员们个个笑盈盈地，亲如一家人。每当看到这张照片，宫德佩就会想到和队员们一起排练、一起比赛的时光，还有他们最敬重的人——艺术团团长王玉玲。

成立 17 年，十人团变百人团

舜玉心连心艺术团是一支民间社会团体，多年来在街道与社区的扶持下一直健康稳步发展。目前，艺术团拥有舞蹈队、时装走秀队、手工制作队、葫芦丝队、腰鼓队、合唱团 6 个团队，共计百余名成员。

不过在 17 年前，这个艺术团是一个仅有十人，且大部分都是残疾人的合唱团。在社区居民王玉玲的带动下，艺术团从一个十人团队渐渐成长为一个凝聚力量、传播爱心服务社会的优秀社会组织。

"我们这个团体一路走来，取得了这么多成绩，王团长功不可没。17 年来，王团长不图

名、不图利，任劳任怨地为艺术团忙碌着，她身上这种'小车不倒只管推，好似南山不老松'的风范着实让我们佩服。"队员宫德佩说道。

助残扶贫，培养有爱"团魂"

2002年，王玉玲成立了社区合唱团，邀请身边的残疾人走出家门学习唱歌，丰富业余生活。宫德佩的儿子便是其中一员。"自从孩子参加了合唱团，学会了唱歌，交到了朋友，性格也变得开朗起来。从那时起，我心里就充满了对王玉玲团长的感恩与佩服之情。"宫德佩说道。

建团以来，王玉玲带领大家积极参加各类社会比赛，在拥军助残、扶贫救灾等演出活动中获得多项大奖，在收获荣誉的同时逐渐培养出了有爱、向上、温馨的"团魂"。"从选择参赛歌曲到排练，再到正式演出，王团长每回都是一丝不苟地进行指导，直到演出成功才放心。"宫德佩说道。

因病住院不忘团队事务

"天有不测风云，人有旦夕祸福。"2018年，王玉玲因病住进了医院，可她人在病房心却在团队。正值创城迎评，王玉玲给团员们挨个打电话，请他们帮忙发动志愿者，为创建文明城市贡献一份力量。在她的号召下，200余位志愿者参与到创城"大军"中来。除此之外，王玉玲还时常在病房开小会，及时协调解决团队发生的各类问题。

"王团出院后，不顾及自己刚刚恢复的身体，又立刻投入艺术团的事务中来，以超强的毅力和忘我的工作热情，操劳着艺术团方方面面的事情，实在是难能可贵。"宫德佩说道。

在"三八妇女节"当天，宫德佩与团员姜长春给王玉玲送来了一封感谢信，感谢她让队员们感受到了无限的正能量。王团长是我们的好榜样，希望大家继续发扬团队精神："一家人，一条心，一起拼！"宫德佩说道。

（口述 | 居民 宫德佩）

金婚风雨情

六七十年代的爱情，一把纸伞，几封情书，不够直白，委婉相诉也能腼腆牵手，一面之缘也可以白头终老。“执子之手，与子偕老”。“我能想到最浪漫的事，就是和你一起慢慢变老。”这句平淡质朴的歌词说出了很多恋人们执子之手，与子偕老的美好心愿。对于咱们舜玉路辖区的很多夫妻来说，这一心愿已成事实他们已携手走过了50多年风风雨雨。

50年前一块方头巾“哄”回一媳妇

或许，他们已由最初风华正茂的少男少女变成了步履蹒跚的老头老太，但那段相濡以沫的日子，却让人回味无穷。

那么，就让我们一起来听老人们说说那些平实温暖的金婚故事。

买个方头巾　带回一媳妇

同大多数老人一样，李大福与李淑萍也是经人介绍才认识的，介绍人不是别人，正是李大福的姨夫。恰巧，李大福的姨夫与李淑萍的父亲又是好哥们，而李淑萍所住的村子又是李大福母亲的老家，种种巧缘，让这两位意气相投的青年男女开启了他们的“幸福之旅”。

1965 年，20 岁的李淑萍与 24 岁的李大福结婚。当时李大福的家境并不好，结婚时只摆了 4 桌酒席。"当时，就给我老伴儿做了一身老粗布衣服，买了一块方头巾。"

而他们位于杆石桥的婚房里，还住着大大小小 12 口人。"房子只有 60 来平，现在想想都不知道当时怎么住的。"李大福笑道。

一月 8 块生活费　月底仍有富余

婚后，李大福将李淑萍接到了济南。由于当时正处于"文革"时期，办户口很困难，李淑萍的户口迟迟没有落上。但是，没有户口就不能工作，只能在家操持家务。

当时，李大福每个月的工资是 46 块钱。加上父母的收入，一家人也只有 100 多块钱。"我们家当时 12 口人，平均下来，每人每月只有 8 块钱生活费，还是比较拮据的。"李淑萍说道。

为了让丈夫专心工作，李淑萍每天除了处理家里的家务事儿之外，还要精打细算，保证月底时家人仍有饭吃。偶尔，一个月下来，家里还能有点富余。

从婆婆到孙女　她都照顾有方

很多人一说到婆媳关系就连呼头疼，但李淑萍却从没与婆婆红过脸。婆婆生病，李淑萍更是寸步不离地在旁边照顾，这让只身在外工作的李大福很是欣慰。

后来，李淑萍自己当了婆婆，对待儿媳更是如亲生孩子一般。直到现在，她的儿媳还不愿意与他们分家。

李淑萍共有 3 个孙女，都是她带大的。"大孙女睡觉谁都不找，就认我。"李淑萍笑道。现在，送孩子上学又成了李淑萍每天必不可少的工作。"可不能让孩子们也像我一样没文化。"

他提前退休　替老伴分担家务

李大福是质量检测员，受工作性质所限，他常年出差在外，这就使得家里的重担全都落到了李淑萍的身上。

而李淑萍也一直兢兢业业地操持着一家大大小小的事务，对公婆也是孝敬有加，是当地出了名的好媳妇。

李大福深知老伴的不易，毅然决然地申请提前退休。"其实家里零零碎碎的活儿加起来比外面的工作多得多，不能老让她一个人操心受累，我应该多帮帮老伴。"李大福说。

（讲述人 | 李大福 75 岁 李淑萍 70 岁 婚龄 50 年）

他在前线，她徒步 20 里去医院生娃

　　"人生若只如初见"一直是很多人的美好向往，殊不知，在咱舜玉路辖区，却有一对老人感叹"幸亏不是只见了那一次"。因为第一次见面时，他们俩互相没"相中"，差点儿就分道扬镳了。

初次见面都嫌对方丑

　　李祖康与王玉平是相亲认识的，虽然结婚后小日子过得风生水起，但相亲时却谁也没瞧上谁。

　　两人见第一面时，王玉平并没有刻意打扮，穿一身黑衣服。"她当时头上还戴了条毛巾，特别土，人家都戴围巾，哪有戴毛巾的啊。当时，我心里暗想，决不娶她。"李祖康回忆道。

　　而在王玉平眼里，当时身穿军大衣，头戴棉帽子的李祖康也十分土气。"看见他的第一眼，我就想这人怎么那么胖啊，而且长得也不好看，我才不要嫁给他。"王玉平笑道。

靓女追男　见3次面就结婚

回到家后，李祖康写信告诉介绍人，说这桩婚事成不了。王玉平的父母得知这一消息后十分介怀，非要让女儿去把李祖康追回来。

"我父母思想很传统，认为见了面就该结婚。两人也不管我同不同意，非让我把李祖康追回来。"王玉平说道。

不得已，王玉平只好硬着头皮去找李祖康。恰巧遇到李祖康出门，两人便来到了附近的公园。"当时把我吓坏了，我想着都和她说不合适了，怎么又找来了，结果她一直哭，非让我跟她结婚。"李祖康笑道，"没办法，我只好答应她先相处一段时间。"

然而，第3次见面时，李祖康便被王玉平的美貌"惊呆了"。当时，王玉平穿着靓丽，骑着一辆自行车，很是漂亮。"当时，我就觉得她简直就是我的女神，心里想着要不这辈子就和她过吧。"李祖康笑道。

很快，两人就领了证，正式结婚了。

徒步20里　自己去医院生娃

1962年，王玉平怀孕。眼看到了预产期，李祖康却接到了上前线战斗的通知。"当时，蒋介石要攻打东南沿海。我是军人，必须服从党的安排。"李祖康说道。

生产当天，王玉平挺着肚子徒步走了20里地，才到达离家最近的医院。为了省住院费，生完孩子第2天，王玉平又抱着女儿走回家。"坐月子都是我自己，直到第40天，他才回来。"王玉平回忆说。

然而事情就是那么巧合，1965年，王玉平怀了老二。临近生产时，李祖康又被调回部队，王玉平再次独自走到医院生下了儿子。

"两个孩子出生时：我都不在身边，让老伴儿受了不少苦，我这心里真是既愧疚又感激。"李祖康说。

分居两地　10 年见了 10 次面

1966～1976 年，李祖康被部队调到内蒙古驻守。驻守期间，只有过年时李祖康才能回家与妻子儿女相聚，10 年里两人总共见了 10 次面。

10 年里，由于李祖康常年驻守内蒙古，照顾两个孩子的起居、打理家里的家务、为孩子们赚取生活费的重任全部落在了王玉平身上。为了让李祖康安心，不管遇到什么困难王玉平都是自己想办法解决。

"每当想起那 10 年异地恋'，我就特别感谢我的老伴儿，她太坚强了，把两个孩子照顾得那么好，也从未在我面前抱怨过一句。所以，调回济南后，有什么事我基本都让着她。"李祖康说道。

正是因为两人的相互体谅和宽容，结婚 55 年来他们从未吵过架，甚至连大声说话都没有过，引得旁人羡慕不已。

（讲述人 | 李祖康 81 岁 王玉平 75 岁 婚龄：55 年）

20 岁那年她嫁给了一位小学生

她 20 岁那年嫁给了一个比自己小 6 岁的小学生。67 年来，两人一路陪伴，一路谦让，从未吵过架，红过脸。而今，虽已到了耄耋之年，两人依然像年轻时一样，相敬如宾，相扶相伴。这是一段令人艳羡的"姐弟恋"。

在读小学 5 年级　被喊回家结婚

1948 年，14 岁的张继坦在离家 20 里的小学读 5 年级。由于离家远，张继坦基本上一个月才回一次家。

一天，张继坦的父母托人捎信到学校，让他抓紧时间回家。

张继坦回到家以后得知，父母让他中途回家就一个事——结婚。

"当时对结婚还没什么概念。但是那会儿都讲究个父母之命，媒妁之言嘛，所以也没多想就答应了。"张继坦笑道。

第二天，也就是 1948 年 11 月 18 日，张继坦结婚了，新娘就是时年 20 岁的秦现云。

"结婚的时候家里比较穷，就买了顶帽子，做了一身老粗布的衣服。"秦现云回忆说，"而且结婚的时候才见第一次面，那时候他还是个小孩子，个子矮矮的。"

照顾一家 23 口人　抽空给他做鞋

结婚后没过几天，张继坦就又回到了学校。"其实那么早就让我结婚。而且找个年龄差那么多的，主要还是为了找一个劳动力，帮着家里做一些家务活。"张继坦介绍说。

不过，秦现云接过来的家务活甚至比工人都累。单是一天三顿饭，就要耗费秦现云很多的时间和精力。

"那时候，家里 23 口人，每天早晨起来，先要把玉米磨成面，再拿这些面做一锅饼子，还要煮稀饭。"秦现云说道，吃过早饭后，秦现云又要忙着洗碗，等差不多都忙完了，又该忙着做午饭了。

然而，即便如此，秦现云还要抽时间给丈夫做鞋。"他那会儿上学放学都是步行，而且那个年纪正贪玩，基本上一个月就得换一双新鞋。"秦现云介绍说。

由于婆家人多、事情多，秦现云每天忙得脚不沾地，只有回娘家的时候，她才有时间给丈夫做鞋。"回娘家也得在婆家这边不忙的时候，不过，总归能供上他穿了。"秦现云说道。

在外求学十余载　两年只回一次家

1950 年，张继坦考入了济宁一中。此后，他又相继考入北京邮电大学、重庆邮电大学。

10 余年间，张继坦一直在外地求学，那个时候，对他而言，回家几乎成了一种奢望。尤其是考入大学以后，几乎两年才能回家一次。

"那时候家里条件不好，回家的路费付不起，寒暑假也回不了家。"张继坦说道，"甚至于我的两个孩子出生时，我都没在身边。幸亏家里人多，能帮着照应，不然她一个人真不好过。"

每隔一段时间，张继坦都会往家里寄一封信报平安，但是由于经济拮据，他的信也不多。"我不识字，所以他写的什么我也看不懂。但还是常盼着他写信回家。"秦现云说，"家里有识字的，他来了信，他们一念，我知道他在外边没事就安心了。"

1964年，张继坦被分配到山东省邮电管理局工作。工作落实了，然而，聚少离多的日子仍没有结束。

一直到1980年，国家有新政策出台。张继坦这才得以把妻子儿女也接到济南。

退休在家陪老伴　说话不敢大嗓门

秦现云心脏不好，容易头晕。退休以后，张继坦除了买菜，几乎天天都在家陪着老伴。老同事邀请他出门旅游，他也都婉言谢绝了。

"老伴自己在家，我就算出去了也是老惦记着她，干脆就不出去。"张继坦笑道，"别说出去玩了，现在说话我都不敢太大声。"

原来，秦现云听力不好，人也比较感性，老伴声音一大，她就觉得是在跟自己吵架，心里不舒服，眼泪也跟着下来了。

为了照顾好老伴，张继坦主动接过了家里的家务活，家里的大小事都不再让老伴操心。不仅如此，每天，张继坦都会带着老伴出门散散步，聊聊天。

用张继坦的话说就是："少来的夫妻老来的伴，老伴比我大，年轻时都是她照顾我，而且在老家她也受了不少累。现在，我也该多陪陪她。"

（讲述人 | 张继坦 81 岁 秦现云 87 岁　婚龄：67 年）

一碗中药一颗枣　口苦心却甜

金婚夫妇一路走来偶有争吵，却也温情满满，如今生活细节蕴藏幸福原貌。刚交往时，她爱他的才，他喜她的貌。彼此的优点把他们聚到一起，但相互的缺点却又常常引发"战争"。结婚51年来，他们相互扶持却又相互争吵，把平淡的日子过得有滋有味。一对欢喜冤家的金婚那些事儿。

郎才女貌却互相嫌弃

1962年，经同事介绍，时年22岁的张树梅结识了比自己大6岁的陶孝忠。

见了几次面以后，张树梅发现，陶孝忠为人老实诚恳，有文化。而且写得一手好字，很符合自己的择偶标准。而陶孝忠也被张树梅漂亮的五官、稳重有主见的性格所吸引。很快，二人便确定了恋爱关系。

然而，交往了一段时间以后，二人不约而同地发现了彼此身上的一些缺点，这也让他们的感情陷入困境。

"后来，我们俩谁看谁也不顺眼，干脆就分手了。"张树梅说道。

分手后很长一段时间，二人都没有再来往。"介绍我们俩认识的同事觉着分了可惜，就又苦口婆心地劝我们。"张树梅说道，"后来又一想，觉得对方也都没犯啥错误，不至于闹成这样，就又和好了。"

12 平宿舍住了近 30 年

1964 年，张树梅与陶孝忠在一众亲友的祝贺下结为夫妻。

然而，他们的婚房只有 12 平方米，而且还是借来的。

"那个房子是我们单位的单身宿舍，结婚之前简单地改造了一下，就成了我们的婚房。"陶孝忠介绍说，"当时的家具也只有一张床，一张桌子外加两把椅子，很是简陋。"

后来，二人唯一的女儿出生。每天晚上睡觉前，陶孝忠只能在门口搭一张折叠床，凑合一宿。

这一凑合，就是近 30 年。一直到 1991 年，一家三口才搬离这间借来的单身宿舍，有了一个真正属于自己的家。

火车晚点他等了 6 小时

1964 年春节前，陶孝忠来到了北京的姐姐家，准备在此过年。临近春节时，张树梅为与丈夫团聚，特意请了几天假。

得知妻子要来，陶孝忠一早就到了火车站等候。不料，张树梅乘坐的火车晚点。眼见着时间过去了一个小时又一个小时，陶孝忠不停地去车站服务台打听。

"当时没有手机啊，万一路上出点什么事谁也不知道。"陶孝忠说道。因为不清楚火车几点能到站，担心妻子下车以后找不着人，陶孝忠一直守在出站口。

6 个小时后，火车终于到站了。在人群中看见了妻子的身影，陶孝忠这才舒了一口气，"接着她时，我们俩都冻坏了"。

中药与枣成幸福"标配"

50 多年来，二人早已深知彼此的生活习惯，也依然会为这些小习惯吵架拌嘴。比如，陶孝忠走路比较快，张树梅跟不上了，就会故意走慢；张树梅耳朵有点背，一个问题经常问好几遍，陶孝忠被问烦了总会忍不住大吼一声，吓老伴一跳。

因为身体不好，每回洗衣服，张树梅总是请老伴帮忙涮两遍再拧干。"明明是找我帮忙，每次我给她涮衣服，她都盯着我，非要确认我涮了两遍才行。"陶孝忠说道，"涮不干净还得挨训，天底下哪有这样的事啊。"

不过，虽然偶有争吵，两人的生活中也处处充满温情。张树梅身体不好，陶孝忠每天晚上都会为其熬好中药，配上一颗枣端到她面前。

"因为我有糖尿病，不能吃糖，但是喝完中药嘴里发苦，所以我每次都会吃上一颗枣。"张树梅说道。"刚开始我还自己熬，后来熬着熬着就烦了，我老伴就开始帮我熬，到现在一年多了，我这喝的人都烦了，他也不嫌烦。"张树梅说。

（讲述 | 陶孝忠 81 岁 张树梅 75 岁 金婚）

第三编

六里山街道

六里山的故事多

六里山街道成立于 1987 年，位于济南市中南部，二环南路以北，辖区因有"六里山"而得名，面积 3.97 平方公里。其地理位置优越。六里山和兴济河环绕相抱，依山傍水，景色宜人。

六里山街道东以五里山、六里山、七里山的主峰线与玉函路街道办事处相隔，西至英雄山路与二七新村、七里山街道办事处相接，北邻济南革命烈士陵园与四里村街道办事处为邻，南与十六里河、舜耕街道相连。地形呈刀把形，南北窄长，东高西低呈一面坡状。南北长 5833 米，东西宽 600 多米，面积 3.97 平方公里。

辖区原是山丘石窝和梯田，1978 年以前属历城县所辖。1979 年 10 月划归二七新村街道办事处管辖后，逐步开发建设成为环境优美的居民生活区。1987 年 7 月 1 日，成立六里山街道办事处。1987 年有

居民住户 4868 户，17728 人。1988 年有住户 4071 户，人口 12068 人。1990
年 7 月，原七贤镇所辖西八里洼村划归六里山办事处，改设西八里洼南、
北两个居委会；2018 年 1 月山景社区完成组建，至此共辖 10 个居委会、10
条街道，有居民 4671 户，16191 人。有汉、回、满、朝鲜族 4 个民族。汉
族人口占 98.6%。

　　六里山，位于辖区南部，五里山南侧。海拔 160 米，山质灰岩，
苍松翠柏四季常青。据 1771 年（清乾隆三十六年）《历城县志·山水考》
载："尹旻墓在山之阳，又北为六里山，明陈九畴墓在山之西……"，
因距历城县城六里而得名六里山。

勾鸿禧：书香一瓣　心香缅长

　　山东快书说济南，道济南，咱们济南有名山，咱们济南有灵泉，济南的历史真悠久，济南的名士天下传；映日荷花别样红，月上柳梢歌声甜，孝老爱亲多和谐，纯朴的家风祖辈传；社区里面走一走，好人就在咱身边，家事国事天下事，动人的故事说不完，优良传统永不忘，当不负咱大济南！

——勾鸿禧

　　勾鸿禧老先生，土生土长的济南人（1925年4月～2008年6月），未曾卧病一日，于2008年6月9日，在济南玉函小区南区四号楼家中与世长辞，无疾而终，享年84岁。

书品见人品

　　勾鸿禧老先生一生热爱学习，虽未受过多少学校教育，但天资聪慧，博览群书且过目成诵。青睐唐诗宋词，钟情翰墨，虽年逾耄耋仍孜孜不倦，废寝忘食研习书法，以文章自娱，以书法遣兴，以诗词抒怀，在诗词的意境中如痴如醉流连忘返，在泼墨疾书的气韵中寻找他的世外桃源。

无欲无求度余年	心中底事谁共谈
兴酣不喝过量酒	穷极不花肮脏钱
功名利禄浮云淡	花容月貌镜中缘
喜的是自由自在	乐的是淡泊清闲
憎的是尔虞我诈	恨的是庸吏贪官
爱的是琴棋书画	惜的是似水流年
挥毫挂壁任自赏	清歌一曲散忧烦
人生孰能无憾事	天有阴晴月缺圆
胸怀坦荡心开朗	悲欢离合尽自然
何须求飞黄腾达	但能够随遇而安

余读史记汉书所谓英雄人物，不知历尽多少辛酸苦辣，多少悲欢离合。荣辱无凭死生无据，到后来只落得几篇文字波澜而已。孔明曾说苟全性命于乱世，不求闻达于诸侯，后人感谓是其学问之处，余亦深有感焉，固作是篇以志余志。

——勾鸿禧（辛未改稿四月十二日）

勾鸿禧，冬练三九，夏练三伏，蘸尽寿康泉中水，方悟翰墨个中情，笔耕不辍乐此不疲，终于形成自己的风格，娟秀而不媚美，老辣而不稚拙，端庄高洁，雅俗共赏，德艺双成。倾其一生留下了这篇篇浸着血汗，夹着心酸，扬着笑意，透着信念的不朽之作，如老树新梅在泉城一举绽放。作品被编入《世界书画艺术名人经典》和中国古今书画家《吉祥福寿》作品大典；日本、英国、新加坡、德国、加拿大等国家，以及中国香港、台湾地区都有他的作品被选购和收藏。勾鸿禧老先生在追求书法形体与气韵的旅途上，其端庄大气的书品源于耿介方正的人品。

勾老先生一生布衣粗袜，实事求是，刚直不阿；洁身自好，不羡富贵，不图虚名，豁达乐观，认认真真做事，干干净净做人；兴酣不饮过量酒，穷极不花肮脏钱。他知识渊博，平易近人，对子女严格要求，传家有道唯存厚，处世无奇但率真。教育子女从小刻苦学习，堂堂正正做人，勤勤恳恳工作，先天下之忧而忧，后天下之乐而乐，全心全意为人民服务，做一个无愧于人民的中国人，做一个大写的中国人，做一个堂堂正正的中国人。

父亲送女下乡

1966 年知识青年上山下乡，全国共有 1600 多万城镇知青奔赴农村和边疆。勾老先生五个儿女，其中四个儿女成了下乡知青，大女儿勾笑敏是家里第一个下乡知青。1968 年 18 岁的笑敏背起一床被褥、一副洗漱用品离开了家。在那个物资极度匮乏的年代，别人家的孩子离家远行，父母都尽可能地给孩子带些吃的用的，勾老先生送大女儿去火车站，只送给她两句话："别人难以下咽的饭，你能吃着蜜口香甜；别人干不了的活，你能轻松自如。"回忆起当时的情景，笑敏的眼里含满了热泪。

在父亲的激励下，下乡到日照的笑敏被评为"日照县第一届活学活用积极分子"。因为表现优秀，两年后，笑敏被推荐到蒙阴县野店区毛坪村当了一名公办老师。没有想到的是，一个教师要负责一所学校，一个教室里的孩子从一年级到五年级都有。"一看就傻眼了，不知如何教，就跟当地的民办老师学习。当时的民办老师虽然不会说普通话，粉笔字写得也不够好，但是他们会给孩子们上课。给一组孩子上完课，布置好作业，再给另外一组孩子上课；给这组孩子上完课，再回头检查第一组孩子的作业……课还不能讲得声情并茂，如果讲得过于生动，别的年龄段的孩子也都歪着脑袋听起来。"

如今已经六十多岁的笑敏阿姨说："我在农村待了十年，带给我最强烈的感受是，你不能瞧不起农村人，他们有礼貌、热情，有韧性，吃苦耐劳。穷则思变，他们都有上进心。虽然很多孩子上到四年级就不上了，但只要能读得好的孩子，家里也会供他们读书。农村的娃读起书来特别拼。"

当时年轻的笑敏一个人住在大山的小学校里，一干就是八年。因为她始终不敢忘记父亲的那两句话"吃别人咽不下的饭，干别人干不了的活。"期间笑敏阿姨已经结婚生子，却也想调回城里。很多下乡知青已经千方百计，想尽各种办法调回了城里，可勾老先生却对笑敏说："人家都下乡上山，你是逆风而上。"父亲不但不给帮忙，还给自己泼了一瓢冷水。

家教：不能触及灵魂，就触及皮肉

笑敏阿姨讲了她小时候的一个故事："在我 4 岁的时候，去马路对面开裁缝铺的舅姥姥家玩，我发现缝纫机的小抽屉里有很多各种颜色的划粉片，就往自己穿的小罩兜的口袋里装了几块，妈妈和舅姥姥在说话聊天，我一个人无聊就穿过马路回家了。回到家我就给姥爷，并告诉姥爷让姥娘纺线的时候在纺锤上画十字，姥爷也没说话就接过去了。小小的我觉得这是好事，于是就又回去了。那个年龄还不知道这是'偷'。虽然是亲戚，不经别人同意，任何东西都不应该拿。于是，尝到一次甜头的我，这次装满了小口袋又一个人回家了，这次没有交给姥爷，而是开始在墙上门上涂涂画画。等妈妈回来后，墙上和门上已经被我画得面目全非。母亲十分愤怒，命我送还。这时候我意识到这不是一件好事，在回去的路上，就把划粉片悄悄地扔到了一棵大树旁，假装送回了。其实母亲就跟在我身后，我的小把戏怎么能瞒得过去。"

等笑敏的父亲勾老先生回来知道后说："儿童，无法触及灵魂，只能触及皮肉"。于是，用皮带把四岁的笑敏的手抽成了肿大的馒头。

笑敏阿姨说，父亲的家教甚严。也因为这件事情，笑敏阿姨再也没有犯过这样的错误，包括现在老母亲的工资她也不知道一个月是多少钱，更不会随便翻找老人的抽屉。

自己当了母亲后，笑敏阿姨就会把这些道理先讲给孩子听，防患于未然。

勾老先生言传身教，潜移默化地影响着子孙后代。"存善堂"，告诫孩子们要心存善念。做人要耿直，不能说谎。与人方便，与己方便。己欲立而立人，己欲达而达人。

要想让孩子成为什么样的人，自己就先成为什么样的人。勾老先生正是如此践行着一个父亲的职责，有道义有担当。

父亲还曾说过，比如一个炭火，掉出来了，发着光，通红通红，孩子们因好奇会伸手去摸。但是如果我一个劲地说不能摸，但你就是好奇非要摸，怎么办？摸一下，烫着了你就知道了。所以说，大人告诉孩子的话，孩子一定要听。经历和经验有时候是用血的代价换来的。不听，就自己吃苦头。

勾老先生的"怪癖"

一九五七年反右倾的时候，父亲说了一句实话"粮食不够吃"，被扣上了"右派言论"的罪名，劳教三年。父亲一生耿直善良，孩子们的入党，返城等都受到了极大的影响。

勾老先生的床头上总有一本《聊斋》不离枕边，在那样的环境里，不能说实话，不如沉浸到《聊斋》里面快意人生，借古讽今，也甚是痛快。

勾老先生有一常人眼里的"怪癖"，他的书法可以送给邻里百姓，可以送给楼下市场上卖鸡蛋的、卖菜的，但领导和儿女都别想拿。勾老先生的小儿子为此曾说过："别说自己姓勾，说了姓勾，同事朋友想要一副老爷子的字太难了。"

勾老先生还有一常人眼里的"怪癖"，那就是敬烟的时候，先敬给工人，最后才敬给领导。笑敏阿姨曾笑对父亲说："你让领导不痛快三分钟，领导让你三代人不痛快"。

正是因为勾老先生严格的家教，成就了五个儿女的一生，五个儿女在单位上都是中层干部。四个女儿戏称她们分别是小内衣、小衬衣、小棉袄、小外套。性格开朗的笑敏阿姨是"小外套"。

也算继承父亲的遗志，笑敏阿姨积极参加各种社会活动，她还是"山东广播电视台广播文艺频道智囊团专家"。笑敏阿姨在那个被骂作"臭老九"的年代，改母亲姓氏李名悦。

勾老先生一生光明磊落、襟怀坦荡、不计得失、大公无私，他把自己的一生献给了他所热爱的文学诗词书法事业。儿女们说："家有荣华富贵不如有个好父亲，父亲的优秀品德是留给我们取之不尽用之不竭的精神财富。"

孙子勾承文忆爷爷

小时候，爷爷最爱讲典故，其中常说的就是"圯桥三进履"。故事说的是张良在下邳石桥上偶遇黄石公，黄石公有意传授张良兵法，试其心性，三次将鞋遗落桥下，让张良去取。张良三次将鞋取回，双手奉上。黄石公遂传其兵法，终成一番事业。爷爷那时候教育我，要尊师重道，不骄不躁，虚心好学。

还有就是扬州八怪——郑板桥的典故，相传郑板桥因私开粮仓，接济受灾民众，罢官回乡，在茶馆遇到一酸秀才，颇为傲慢无礼，郑板桥刚好与友人在邻桌饮茶，看到烧开的水壶，即兴作诗一首：尖嘴肚大柄儿高，刚免饥寒便自豪；量小焉能容大物，二三寸水起波涛。这个故事教育我任何时候不要骄傲自满，三人行必有我师。

每当过年的时候，供奉先祖牌位的事情都是爷爷安排。爷爷每次都是恭恭敬敬地把牌位取出，摆在堂屋的桌子上。我们小孩和大人，都要恭恭敬敬行礼，那时候对于我来说，最开心的就是供奉结束，小辈们可以任取供品的时候。有绿豆糕、炸丸子、麻叶，就看谁下手最快了。供奉让儿时的我就有了一颗感恩的心，不忘先祖为家族的贡献，珍惜来之不易的幸福生活。

许炳华：植树护林二十年，
七旬老人的山林梦

　　济南市市中区六里山南路社区里有这样一位老人，年过七旬却整日穿梭在六里山上，义务植树护林二十年，不求回报默默奉献。这位老人就是许炳华，二十年来，每天清晨，老人都要上山维护树苗，有人毁坏树木，他就重新把树苗种好，遇到风雨天气，他都要上山看看，保证树苗的安全。

近年来，许炳华先后被评为济南市市中区道德模范、身边好心人等荣誉称号。老人笑着说，"人老了要老有所为，老有所用，时间宝贵，得多做点有意义的事。我就喜欢山，风吹的山，雨淋的山，雪盖的山，我都喜欢。咱在这儿种树，让山变得更美一些，让空气变得更清新一些，大家看了高兴，就是我这老头的梦想。"

老人讲，山上植树多是见缝插针，哪里缺了、少了，就选择合适的树苗栽上。树苗也多是"就地取材"，但单靠这种方式，不能满足用苗需要。"购买苗木要花不少钱"，聪慧勤劳的许炳华老人便用双手就地开辟了几块"良田"作为育苗基地。

当问及老人义务植树二十年，几乎每天都与大山为伴，家里人怎么看待时，许炳华老人说：家人唯一的笑谈是我的布鞋穿得最快，平均20来天就一双；衣服脏得最快，每天都要'大清洗'，隔半年就要穿坏一身。凡是公益活动，家里人都挺支持的。可我就是愿意帮大伙做点事，愿意天天上山，与树木打交道，我高兴。

二十年来，老人每天大部分时间都在山上度过。这里的一树一木、一花一草，都记在老人的心头。每一样树种，他都能如数家珍，每一棵树的故事，他都能娓娓道来。

杨肖虎：永不褪色的军人梦

2019 年 7 月 17 日，在济南市"中国梦·新时代·祖国颂"百姓宣讲比赛（决赛）的现场，代表市中区宣传部参赛的唯一一名选手是来自玉函南社区的杨肖虎。他从市中区、市预赛的 100 多名选手中脱颖而出，他用真挚的情感为大家讲述了他从军、创业、扎根社区的故事，描述了一个老兵永不褪色的军人梦。

另外，我们还了解到杨肖虎是玉函南区社区的文艺骨干，也是社区金话筒；是优秀退役士兵，也是社区优秀共产党员。

自古忠孝难两全

杨肖虎今年 50 岁了，1988 年入伍。他说是部队把他从一名学生培养成一名真正的男子汉。复员后没几年赶上了下岗，他没有抱怨，开始了自己创业的历程。曾经他还是一名非常优秀

的婚礼主持人，并于 2005 年获得了济南市首届婚礼司仪大赛金牌。随后，他成立了济南市第一家以个人名字命名的婚礼策划工作室。杨肖虎说那时候他的梦想就是做最好的婚礼，让更多的新人享受一生一次的幸福与浪漫。然而，天有不测风云，一次突如其来的打击改变了杨肖虎的人生。

那是 2008 年的一天，杨肖虎和他的团队正在滨州市的阳信县准备做一场婚礼，万事俱备，仪式将在上午九点举行。凌晨五点，他突然接到家人的电话，被告知他的父亲病危已被救护车送往医院。噩耗传来震惊了他和房间里所有的人，大家异口同声地说："杨总，咱回去吧！晚了，就赶不上了。"

然而，杨肖虎很快冷静下来，并强忍着悲痛做出了一个自己都没想到的决定："咱们不能走，人家结婚也是一辈子的大事，咱们走了会给人家留下终生遗憾。"之后，他们圆满完成了那场婚礼。可他却因此错过了见父亲最后一面的机会。当急匆匆赶回济南时，父亲已经走了。他扑倒在灵车上哭喊着："我不要什么梦想，我要爸爸！"

杨肖虎说，从此，他便一蹶不振……

他甚至无法面对婚礼上新人感恩父母的环节，最终他关掉了工作室。

柳暗花明又一村

山重水复疑无路，柳暗花明又一村。

2017 年，正当好多同龄人感叹流年不利的时候，杨肖虎的人生迎来了又一个春天。党和国家出台了退役军人优抚政策，还专门成立了退伍军人事务局，为家庭困难的退役军人安置公益岗，每月发放补贴和保险，这对于原本失去收入来源，养老保险已经中断多年的杨肖虎来说，无疑是雪中送炭，他打心底感激国家。他被安置在玉函南区社区居委会公益岗，是六里山街道办事处的模范社区。他说，刚来的时候正好赶上创城，他们公益岗的 12 名退役士兵与社区居民并肩作战，以实际行动报答国家对他们的关怀。今年春节前，他和另外四人被光荣地评为"社区优秀退役士兵"。

　　来到玉函南区社区居委会之后，社区领导听说了杨肖虎的经历，便有意安排他参与社区的各项活动的组织策划和主持。刚开始，社区主任总是对他说："没事，杨啊，简简单单地干就行。"后来就干脆把活动都交给他一个人负责。从此，小区群众业余文化生活搞得更加丰富多彩，各项活动都做得有声有色，引得电视台经常往他们那儿跑。这时候，社区主任就会故意对杨肖虎说："杨啊，咱好好弄，这次济南台来三个频道的记者；杨啊，加把劲，这次咱是和省台合作……"一来二去，杨肖虎便在这些活动中找到了快乐，重拾了自信，心理上的阴影也渐渐地消退，笑容又重新回到了他的脸上。

　　日前，国家又给了杨肖虎等退役士兵至高无上的荣誉，社区领导专门来为他颁发并悬挂了"光荣之家"的牌子。杨肖虎说："这是我的荣誉，也是我全家的荣誉。"他说："那一瞬间，我仿佛看到爸爸当年送我参军时的情景，仿佛又听到爸爸叮嘱我好好干，争取早日入党的声音。"

　　"爸爸，你看到了吗？您种的花都开了！"

甘广民：最美军转干部

今年 78 岁的甘广民，家住英雄山路 186 号，退休之前，他是一名企业军转干部，在单位里是工作骨干。虽然退休多年，一直不忘发挥党员的模范带头作用。甘广民经常到社区转转，看有没有比较适合自己的志愿者活动，盼着为社区居民做点贡献。

扫雪阶头晓未干

下雪为景，除雪为情；下雪寒冷，扫雪暖心。

每当甘大爷听说居民们有困难，他总是抢在前面，主动帮助他们，是社区里的一位热心居民。走进供销社小区，大家深刻地感受到了浓浓的邻里情，而用真情营造小区和谐的邻里氛围，谱写一个个不平凡故事的就是甘广民老人一家。甘广民平时待人热情、善解人意，对邻居和小区居民十分关心，哪家房子出租了、哪家居民入住了、哪家发生紧急情况了，他都能及时地将信息反馈给居委会，并认真协助居委会做好居民的信息采集工作。每次居委会组织社区活动，他总是带领院里的居民积极参加，从不计较个人得失。

每到冬天，如果发现下雪了，无论白天还是晚上，甘大爷会立刻放下手中的活，赶紧往院里跑，把院里的每辆车的雨刷都竖起来，以防雨刷冻在车的玻璃上。随后，再召集全家人把院里的雪打扫得干干净净。

当我们问他在天气如此寒冷的日子里，早早起床去扫雪，不感到辛苦吗？他说："在单位也是这样，天气越不好，特别是下雪天，越要早早地到单位扫雪，由于很多台阶，如果台阶不扫，会摔倒很多人，四十多年就这么过来的，都习惯了。"正是因为他热心帮助邻里、热情服务居民，所以社区中许多上门登记工作和文化活动在他的牵头和发动下，居民都能积极配合和参与，为居委会各项工作的开展打下了坚实的基础，形成了邻里关系和睦、温馨、美好的社会氛围。

我为创城添光彩

得知济南创建全国文明城市，他主动要求加入创卫志愿者行列，老伴担心他的身体，不同意他参加，甘广民却说："能为社会做点事，我觉得很开心，我的身体我会注意的，你就放心吧。"老伴见他如此执着也就同意了。

创城期间社区主干道上总能看到甘大爷的身影，他穿着志愿者的红色马甲、带着标有创卫口号的宣传帽、拿着小铲子、喷壶、铁刷，冒着炎炎烈日与工作人员一起清理小广告。创城如同一场战役，考验着城市的综合素质。这场战役标准严格，包括方方面面的卫生清理工

作。甘大爷毫无怨言，创卫的枪头指向哪里，他就跑向哪里。

一锨一铲，一举手一投足之间都包含了甘大爷对创卫工作的无限热情和对文明家园的无限热爱。他黑黑的脸庞上挂着微笑，额头上沁出劳动的汗珠，瘦削的身体稍稍有点驼背，但干起活来毫不逊色。

有一次甘大爷的小孙子生病了，甘大爷最心疼的就是这个小孙子，高烧 39 度，一直不退烧，在医院打着吊瓶，儿子儿媳工作忙，照顾孙子的任务只能交给身体虚弱的老伴，虽然牵挂着孙子的病情但甘大爷一想到创卫，还是忍痛放下家中的一切，舍小家为大家坚持参加创卫志愿活动。

当有人问他：这样每天风雨无阻地忙碌，为了什么？他平和地说道："作为一名共产党员，不为名利、不求报酬，只求为社区尽一份微薄之力，这也使我晚年生活更加丰富多彩，使我的心境更加充实，身体也因来回走动而更加健康。"

一个个动人的故事说不完，这就是他无私奉献的精神，这就是他晚年人生不倦的追求。

张佩华：社区老人的"贴心闺女"

张佩华是六里山南路社区一名优秀党员、优秀老年志愿者。她结婚十八年来，忙着自己的小家，还照顾着"大家"。而在这个"大家"里有30多名老人，她都给予他们不同程度的照顾，成了大家的"贴心闺女"。

院子里的居民提起张佩华，都称赞她是个非常热心的好人。她是热心的义务监督、宣传员。在创建全国文明城市期间，天天在社区里穿行。有时戴着志愿者小红帽在大街小巷进行文明劝导；有时拿着创建文明城宣传资料，挨家挨户上门宣传讲解。碰见可疑人员，就上前盘问。她非常注重保护环境，希望每个人都具备良好的素质，并始终坚持"保护环境、人人有责"的原则，遇见乱扔乱倒垃圾的住户，就进行说服教育，时刻监督，并且做到垃圾入筒，碰到不文明的情况，她就会主动上前劝导，心平气和地把对方说得心服口服。

电话、手机、门铃成热线

张佩华为人随和、开朗，助人为乐是她的家常便饭，更重要的，她还是个义务调解员，谁家夫妻吵架，婆媳不和，只要她一出面就没有解决不了的矛盾。她所居住的小区是一个老旧小区，污水管道都已老化，经常出现管道堵塞现象，每次出现这种情况都是她跑前跑后，联系疏通、挨家挨户收钱、无一不亲力亲为，经常累得腰酸腿疼，但从来没有任何怨言，只要问题得到解决，她比谁都高兴。她所做的一切，从来不计报酬，不计得失，并且无怨无悔。

张佩华精神十足，身体硬朗，动作利索，总是乐乐呵呵的，并且特别关心社区老年人。

电话、手机、门铃成热线，她说："老人能及时找到我才放心"。

院里有很多老人独自居住，有无儿无女的孤寡老人，有儿女常年不在身边相依为命的老两口，很多老人的子女白天上班无暇照顾他们。"人老了琐碎事也多了，但老人的自尊心都很强，特别不愿麻烦别人，于是我就与他们多聊天多交流，现在老人们越来越信任我了，有困难也愿意找我来帮忙。"

张佩华为两位行动不便的邻居老人申请了"爱心门铃"，把响铃安装在自己家里随时保持联系。不在一个楼栋住的老人，张佩华就把家里的电话和手机号码写在纸上，贴在老人家里的电话机上。78号院一号楼、二号楼、三号楼、六号楼、七号楼共五栋楼的29户老人，谁有困难都能在第一时间找到张佩华。

让孤寡老人感受亲情的快乐是我最大的心愿

七号楼82岁的夏阿姨独自居住从不外出，有一天老人打电话给张佩华，在闲聊中说起自己好久没照过镜子了，很想看看自己什么样子了。张佩华

听后心里一阵酸楚，立即到商场买了一面镜子送到老人家里。老人手里抱着镜子，高兴地照了又照，紧接着又搂着张佩华掉下眼泪："我很长时间没照过镜子了，都快想不起自己长什么样子了"，老人哽咽着说"真是太感谢你了，有家人真好啊。"

一号楼的董贤老人和六号楼的李瑞华老人，常年卧病在床不能出门，基本与外界断绝了联系。张佩华经常前去看望老人，陪他们聊天解闷，帮助整理屋子，得知老人需要什么日常用品马上就去买来。有一次张佩华发现李瑞华老人家里有蟑螂，她前后五次到老人家，买去 20 余包灭蟑螂的药，最终彻底清除了虫患。现在，老人们最爱听张佩华讲社区里的新鲜事和巨大变化，"自从有张佩华经常陪我们聊聊天，我们很快乐，我们的生活都不寂寞了"。

老人家的事最急最重要

张佩华说："不管大事小事，老人家的事最急最重要"。

六号楼的孔老在一个晚上走失了，她的女儿不知怎么办哭着找到张佩华家。得知这一情况，张佩华立即去派出所备了案，一家人全体出动围着小区四处查找。张佩华想起曾和老人一起到附近的山上锻炼，于是一家人不顾天黑又打着手电上山寻找，晚上 10 点多在山上找到了孔庆荣老人。孔老的女儿一定要答谢张佩华一家，张佩华说："谁家没老人，谁家老人没点事啊，不管大事小事老人家的事最急最重要，只要老人平平安安的就最好"。

对门 103 的李玉珍的孩子和对象都在外地，平时一个人居住，白天上班出门就是一天。有时李玉珍的母亲从郊区来看她，可母亲年龄大不会用煤气灶，不会用钥匙开防盗门。李玉珍很着急，就把她家的钥匙寄存在张佩华家，母亲来后张佩华帮她打开家门并帮忙做好饭。钥匙一寄放就是三年，李玉珍的母亲非常感激，总说要让女儿认张佩华作干妈，"有这个邻居真好"。

人人献出一点爱，世界变成美好的人间

张佩华心系环卫工，每年夏天，她为环卫工人送饮料，冬天送暖衣，二月二送炒豆，端午节送粽子，冬至和小年送水饺，环卫工都感动不已，纷纷表示有个热心的阿姨关心着，心里真是暖暖的，干起活来都有劲。一来二去，她和环卫工成了很好的朋友，并为环卫所送去锦旗。

张佩华喜欢唱歌。做饭唱，打扫卫生也唱，她还报了老年大学的声乐班。张佩华说："唱一唱歌，什么烦恼也没有了。"

她说，现在的家庭里，老人每天独处的时间很多，也很怕孤单，就希望有人陪着说说话。所以，张佩华一有时间就会去老人家里串门，给老人们解闷儿。

不光是聊天、收拾收拾屋子，她还经常给他们唱歌听，老人们都爱听她唱歌。张佩华就像一束光，走到哪里照到哪里，给社区老人带去阳光、暖意和温情。

正如歌词中所唱："只要人人献出一点爱，世界将变成美好的人间。"

八里洼起源

　　老济南人都知道，仲宫、柳埠、八里洼、土屋。八里洼分东八里洼、西八里洼，是济南市南部大门的两个自然村，到底哪个村建立得早，因历史悠久，早已无法考证。于是，土生土长的八里洼人康兴贵先生说起了八里洼的起源：

　　民间传说，自济南南门（城墙）西门向南走八里地就到了八里洼了，八里洼的名字由此而来，也许有人会疑惑，为什么不叫八里岗，康兴贵认为，虽说八里洼要比跳伞塔地面高 60 米，但是这个地方四面环山，鸟瞰是一块洼地；还有一点就是听老人言，洼存财、岗流财，故叫洼也就顺理成章了。这大概就是古人的智慧所在。

　　还有一种说法是：相传明洪武二十一年（1388），有王、周、李、于四户人家，从直隶枣强迁至距离杆石桥八里的洼处，故有此名。

　　村庄南北长 1 华里，东西宽 200 米左右，南高北低，西八里洼村基本是老户顺小山坡而建，1949 年新中国成立后，全村共 103 户门牌，总人口在 450 人左右。村中间从南至北有 5 个池塘，本村的村民分别称其为大湾、二湾、三湾、四湾、五湾；村南面是南官井，共有七八口水井。在雨季时，水从南面流淌直至灌满水井，后流向村中的五个池塘，全部灌满后流向北面村外的北土洼，流向现在的东沟，所以说下再大的雨也不会发生水灾。村西面有一座寺庙钟楼，住着和尚。

　　村中村民以张、康、尹、吕、王、杨、田七大姓氏为主，刚入社前互助组后改南社北社。田寿厚为南社社长、康有厚为北社社长，起初 8 个小队，后改为 4 个生产队。1980 年合为一个大队；1988 年归属六里山办事处，分别成立了两个居委会，就是现在的西八南社区和西八北社区。2002 年随着城市的变化大部分居民住进了楼房，2016 年玉函高架桥飞架南北基本结束了八里洼村一户一院的田园生活，土地也随着城市的扩建而被高楼大厦占满西八里洼方圆 5 华里的范围。

西八里洼是一风水宝地，相传此地周围有三条龙，水龙、石龙、土龙合称"三龙戏珠"，西八村边原有一座小山是一颗龙珠。郎茂山为石龙；万灵山地下有水为水龙；土屋庄西向西八里洼方向延伸石棚为土龙。村北面是七里山也叫九顶莲花山；东有金鸡岭老虎山；西有郎茂山万灵山；南有兴隆现在叫玉函山。村南面是兴济河，风水学称"玉带环腰"，东山下是锦阳湖，至市内护城河，终点是大明湖小清河渤海湾。

南山兴隆山，传说泰山老奶奶的妹妹在此山居住，万灵山半山腰有泉水。20 世纪四十年代山下有庙，北山（七里山）九顶莲花山，山前阴家林，有石碑、石人、石马、石牛、石猪、石羊，传说石碑是皇帝所赐，此人是吏部尚书，好比现在的公安部部长。林中树木参天，两个人环抱一棵树。有这样一个传说，此人与皇帝对弈，见皇帝兴致极高，便提出请假几天，回家看看林中树木是否被人砍了。皇帝听后便说，树砍了再冒嘛，此人便双膝跪地，叩谢皇帝。从此，阴家林的树木砍了还可以自己再冒出来。老人说，新中国成立前因树木茂盛，地下树叶可以拿来做饭，没有大人陪着，小孩一般不敢自己进林子。在解放战争时期，国军为了修炮楼把林中的树全部砍光了，现在是济南市刑警支队的所在地，山后是秦书宝的墓地，但是随着时代的变迁，现在已无人知晓古人墓在何处。